KERB-SCHNITZEN

Dennis Moor

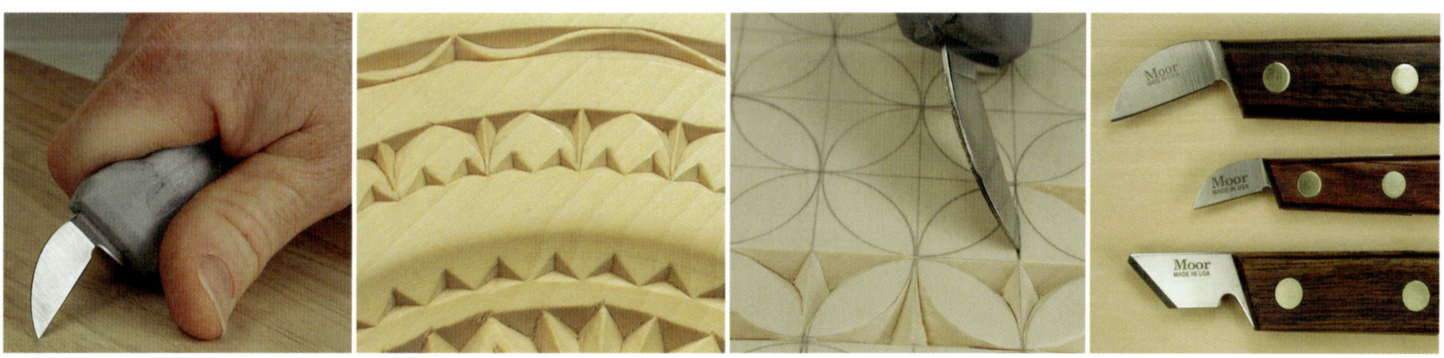

Das große Werkbuch!

stv

Widmung

Es gibt nichts Schöneres, als Großvater zu sein. Und meine drei Enkelkinder Emilee, Turtle und Zane sind natürlich die allerbesten! Ihnen ist dieses Buch gewidmet.

Danksagung

Dass ich mich dem Kerbschnitzen so intensiv und erfolgreich widmen konnte, verdanke ich zu einem großen Teil meinem Sohn Todd. Er hat mir immer wieder Mut gemacht und sich unermüdlich für unser Unternehmen eingesetzt. Als Lehrer, bei Fachmessen und Ausstellungen, auf Reisen und natürlich beim Schnitzen hat er ein unglaubliches Arbeitspensum absolviert. Danke, Todd, für die großartige Zusammenarbeit!

Umschlaggestaltung: DSR Werbeagentur Rypka GmbH, 8143 Dobl, www.rypka.at

Titel der englischen Originalausgabe: Dennis Moor: Chip Carver's Workbook. Teach Yourself with 7 Easy and Decorative Projects. ISBN: 978-1-56523-257-0. © 2005 by Dennis Moor and Fox Chapel Publishing Company, Inc., East Petersburg, PA.

Aus dem Englischen ins Deutsche übertragen von Dr. Claudia Tancsits

Bibliografische Information der Deutschen Nationalbibliothek
Die Deutsche Nationalbibliothek verzeichnet diese Publikation in der Deutschen Nationalbibliografie; detaillierte bibliografische Daten sind im Internet unter http://dnb.d-nb.de abrufbar.

Hinweis: Dieses Buch wurde auf chlorfrei gebleichtem Papier gedruckt. Die zum Schutz vor Verschmutzung verwendete Einschweißfolie ist aus Polyethylen chlor- und schwefelfrei hergestellt. Diese umweltfreundliche Folie verhält sich grundwasserneutral, ist voll recyclingfähig und verbrennt in Müllverbrennungsanlagen völlig ungiftig.

Auf Wunsch senden wir Ihnen gerne kostenlos unser Verlagsverzeichnis zu:
Leopold Stocker Verlag GmbH
Hofgasse 5/Postfach 438
A-8011 Graz
Tel.: +43 (0)316/82 16 36
Fax: +43 (0)316/83 56 12
E-Mail: stocker-verlag@stocker-verlag.com
www.stocker-verlag.com

ISBN 978-3-7020-1710-1

Layout: DSR Werbeagentur Rypka GmbH, 8143 Dobl
Druck: Gorenjski tisk, Kranj – Slowenien

Sicherheitshinweis
Das Arbeiten mit Holz und anderen Materialien birgt die Gefahr von Verletzungen und Schäden in sich. Es kann keine Gewähr dafür übernommen werden, dass die in diesem Buch gezeigten Arbeiten von jedermann gefahrlos ausgeführt werden können. Der Verlag und der Autor lehnen jede Haftung für Verletzungen, Verluste oder Schäden ab, die in wie immer gearteter Art und Weise auf den Inhalt dieses Buches oder den Gebrauch der für die vorgestellten Projekte benötigten Arbeitsgeräte durch den Leser/die Leserin zurückzuführen sind. Der Verlag sowie der Autor legen all denjenigen, die Schnitzarbeiten durchführen, dringend nahe, Projektarbeiten erst dann in Angriff zu nehmen, wenn sie sich über den richtigen Umgang mit allen dazu benötigten Arbeitsgeräten im Klaren sind.

Inhalt

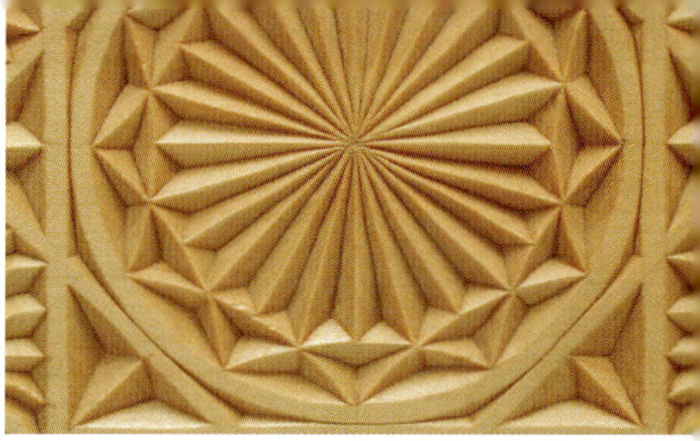

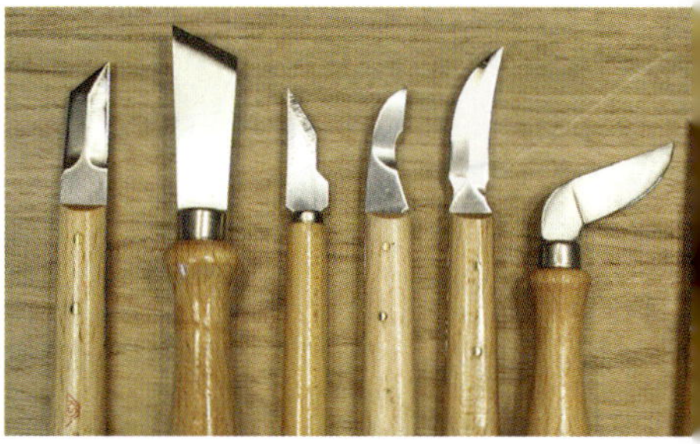

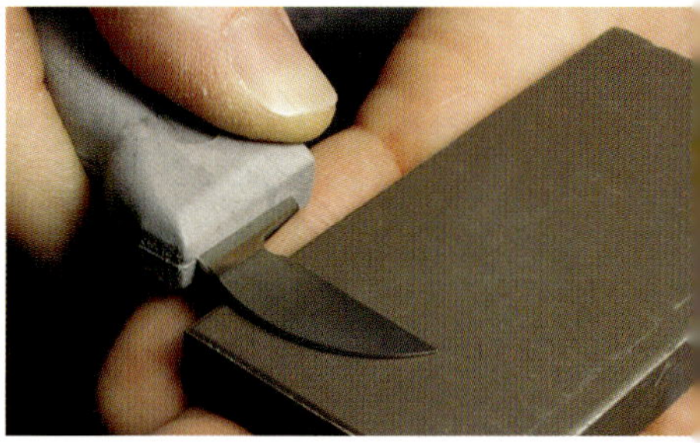

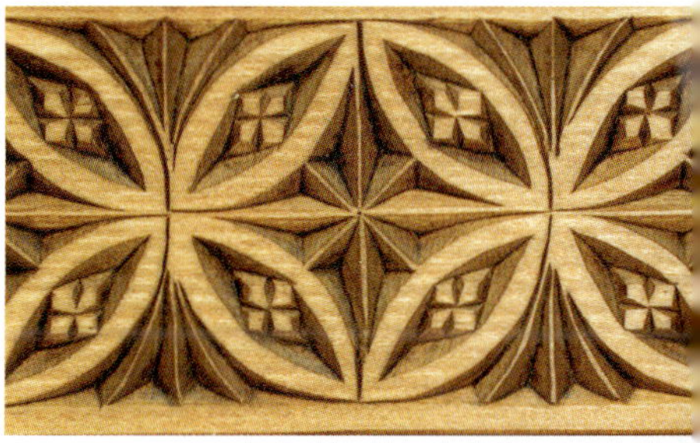

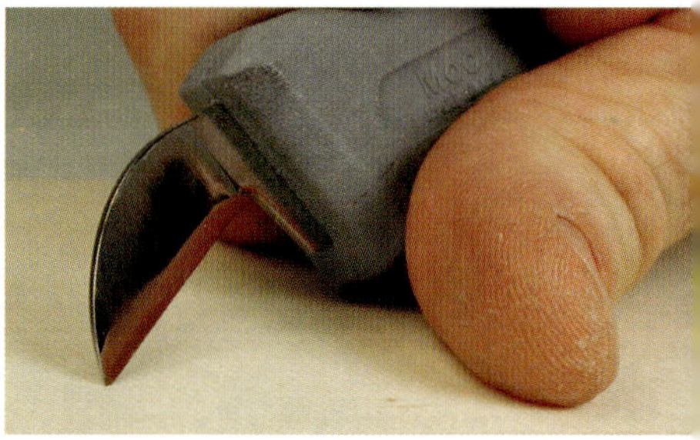

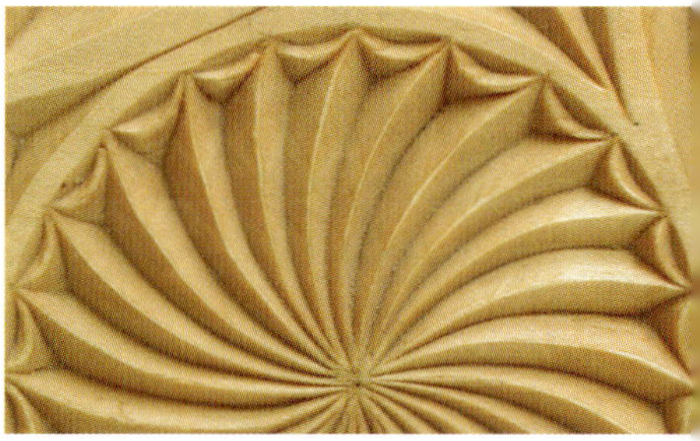

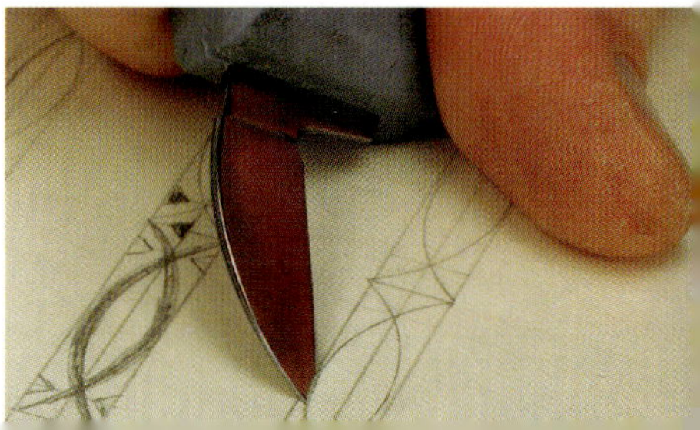

Über den Autor

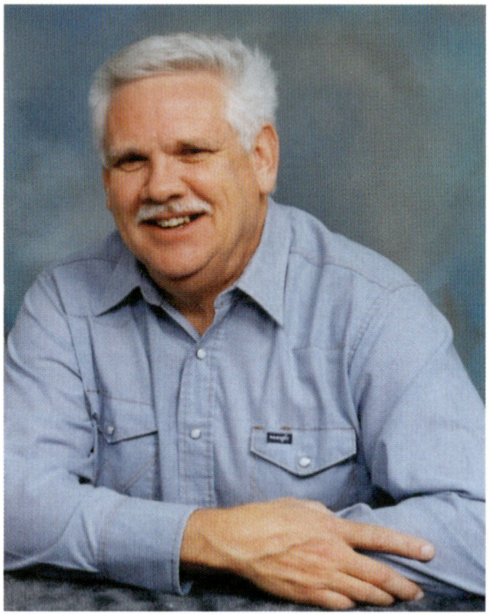

Dennis „Pop" Moor hat die Welt des Holzschnitzens im Sturm erobert und zahlreiche internationale Auszeichnungen erhalten. Er und sein Sohn Todd Moor haben mit ihrer wöchentlichen Fernsehsendung das Schnitzen und andere Holzbearbeitungstechniken einem großen Zuschauerkreis nahegebracht. Auch bei Holzschnitzvorführungen und -wettbewerben war und ist das engagierte Duo sehr gefragt. Ihr großes handwerkliches Können und die unterhaltsame Art der Präsentation verschafften Vater und Sohn einen hervorragenden Ruf als Künstler, Lehrer und Kenner. Kein Wunder, dass die beiden oft „die kanadischen Meister" genannt werden.

Dennis leitet die Firma „Chipping Away", die er gemeinsam mit Todd gegründet hat. Das Unternehmen handelt nicht nur mit Schnitzzubehör, sondern verlegt auch Bücher, firmiert als Autor von Artikeln in Fachzeitschriften, stellt Schnitzwerkzeuge und elektrische Schärfgeräte her und vertreibt einen Teil seiner 4.000 Produkte über kleinere Handelsfirmen. Chipping Away hat Kunden in 20 Ländern auf der ganzen Welt. Zur Unternehmenszentrale in Kitchener in der kanadischen Provinz Ontario gehören auch zwei Vortragsräume. In Abend- und Wochenendkursen kann man hier zahlreiche Schnitztechniken, aber auch Brandmalerei und andere Methoden der künstlerischen Holzbearbeitung erlernen. Unter den Kursleitern sind herausragende Fachleute aus ganz Nordamerika. Auch ein internationaler Holzschnitzkongress, der jedes Jahr im September stattfindet, wird von Chipping Away gesponsert.

In mehr als 60 Arbeitsstunden pro Woche sorgt Dennis Moor dafür, dass bei den vielfältigen Aktivitäten seines Unternehmens alles rund läuft, und freut sich jeden Abend schon auf den nächsten Arbeitstag. Mit seiner Frau Joani ist er seit 42 Jahren verheiratet. Außer ihrem Sohn Todd haben die beiden noch zwei Töchter, drei Enkelkinder und drei Stiefenkelkinder.

Einleitung

Kerbschnitzen

... ist keine Hexerei!

Von Todd Moor

Je komplizierter und stressreicher das Leben wird, desto mehr schätze ich die kleinen Freuden, die es uns erlauben, dem nervenaufreibenden Alltag zu entfliehen. Zum Glück habe ich ein Hobby, das ich zu meinem Vollzeitberuf machen konnte. Der Kerbschnitt hat eine lange Tradition und diente schon seit unvordenklichen Zeiten zum Verzieren von Möbeln und anderen hölzernen Gebrauchsgegenständen, aber auch zum Gestalten von eigenständigen Kunstwerken. Angesichts mancher Kerbschnitzarbeiten, ihrer Schönheit und ihrer feingliedrigen Details könnte man glauben, dass man ein Leben lang braucht, um es zu einer solchen Kunstfertigkeit zu bringen. Dabei ist das Kerbschnitzen erstaunlich leicht zu erlernen. Dies ist zum Großteil ein Verdienst meines Vaters. Von ihm lernte ich eine einfache und zweckmäßige Methode, mit der man eine fast unbegrenzte Vielzahl von Mustern arbeiten kann. Gemeinsam haben mein Vater und ich mehr als 2.000 Schüler und Schülerinnen in dieser Technik unterrichtet – Männer und Frauen, Jugendliche und über Achtzigjährige ebenso wie alle Altersklassen dazwischen. Manche von ihnen hatten ihre Zweifel, ob sie das Kerbschnitzen erlernen würden. Ich habe jedoch kein einziges Mal erlebt, dass es jemand nicht geschafft hätte!

Kerbschnitzen – was ist das?

Beim Kerbschnitzen werden mit einem Schnitzmesser einzelne „Späne" aus der Holzoberfläche herausgeschnitten. Theoretisch gibt es bei Kerbschnitzarbeiten nur zwei Ebenen – die Oberfläche und jene tiefere Ebene, auf der sich die Schnitte treffen. Ein Kerbschnitzmuster kann frei gestaltet sein, es gibt aber auch geometrische Kerbschnitzmuster, die auf Dreiecken oder Kreisen, auf Geraden oder Kurven beruhen. Wenn wir von dieser Definition ausgehen, so hat sich fast jede Kultur in der Menschheitsgeschichte in irgendeiner Form mit der Kerbschnitzerei beschäftigt. Daher wird über den eigentlichen „Ursprung des Kerbschnitzens" heiß diskutiert. Nach meiner Erfahrung hängt die Meinung der Diskutanten sehr stark von ihrem Herkunftsland ab. Wir können annehmen, dass die Kerbschnitztechnik in mehreren Kulturen entstanden ist, die einander nicht notwendigerweise beeinflusst haben. Mir gefällt der Gedanke, dass der Kerbschnitt auf eine lange Tradition zurückgeht und tief in unserer gemeinsamen kulturellen Identität verwurzelt ist.

Je nach ihrem kulturellen Hintergrund bevorzugen Kerbschnitzer unterschiedliche Werkzeuge und Muster. Die einfache Methode, die mein Vater und ich entwickelt haben, hat den Vorteil, dass die Anzahl der Werkzeuge und der zu erlernenden Regeln auf das nötigste Minimum beschränkt wird. Ich bin überhaupt zu dem Schluss gekommen, dass die Ursachen für die Entstehung solcher Regeln größere Beachtung verdienen als die Regeln selbst. In manchen Fällen muss man die Regel brechen; wer die Kerbschnitztechnik wirklich beherrscht, weiß, wann das der Fall ist.

Die „Zehn Gebote des Kerbschnitzens nach ‚Pop' Moor"

Ich habe Ihnen noch gar nicht erklärt, warum mich viele Leute „Pop" nennen. In der Anfangszeit der Firma „Chipping Away" nahmen mein Sohn Todd und ich gemeinsam an Fachmessen teil und unterrichteten auch gemeinsam. Todd hatte mich schon immer „Pop" (Paps) genannt, und wenn er quer durch den Vortragsraum lauthals „Pop!" rief, riefen bald andere mit. Einmal leitete ich einen Kurs in einem Holzschnitzklub in Sierra Vista, Arizona. Don Yadusky, ein Kursteilnehmer, machte sich immer eifrig Notizen. Am Ende des Kurses überreichte er uns die „Zehn Gebote des Kerbschnitzens nach ‚Pop' Moor", die er aufgrund seiner aufmerksamen Beobachtungen während des Kurses zusammengestellt hatte. Hier sind sie:

1. **Schneiden Sie die größten Kerben zuerst.**
2. **Schnitzen Sie die heikelsten Bereiche (z. B. jene mit scharfen Graten) zuletzt.**
3. **Bei Rosetten beginnen Sie mit den Schnitten, die schräg zur Faser verlaufen, und arbeiten Sie kontinuierlich eine Kerbe nach der anderen rund um die Rosette. Dadurch schneiden Sie zuerst die schwer zu entfernenden Späne heraus, die quer zur Faser liegen, und dann die leichter zu entfernenden Späne, bei denen Sie mit der Faser schneiden können.**
4. **Wenn Sie die Mitte einer Rosette schneiden, lassen Sie das Messer bis zu einem Winkel von beinahe 90° abrollen. So verhindern Sie, dass das Holz in der Mitte des Ornaments ausbricht, vor allem, wenn Sie mehrmals in die Mitte hineinschneiden müssen.**
5. **Wenn Sie einen großen Span nicht auf einmal herausschneiden können, gehen Sie schrittweise vor. Wenn Sie kleinere Späne in der Mitte des großen Spanes herausschneiden und deren Größe nach und nach steigern, ist der letzte Span viel leichter herauszulösen. Die Schnitzarbeit wird auch sauberer und exakter.**
6. **Wenn Sie eine neue Kerbe schneiden, muss die Klinge beim ersten Schnitt immer von der vorigen Kerbe weg zeigen.**
7. **Setzen Sie Stoppschnitte ein!**
8. **Der Daumen ruht immer auf dem Messergriff und auf der Holzoberfläche. Dadurch bleibt der Schnittwinkel konstant und die Verletzungsgefahr wird minimiert.**
9. **Suchen Sie immer nach Möglichkeiten, Ihrer Arbeit das „gewisse Etwas" zu geben („Wow-Effekt").**
10. **Die Arbeit soll Spaß machen!**

1 Das Holz auswählen

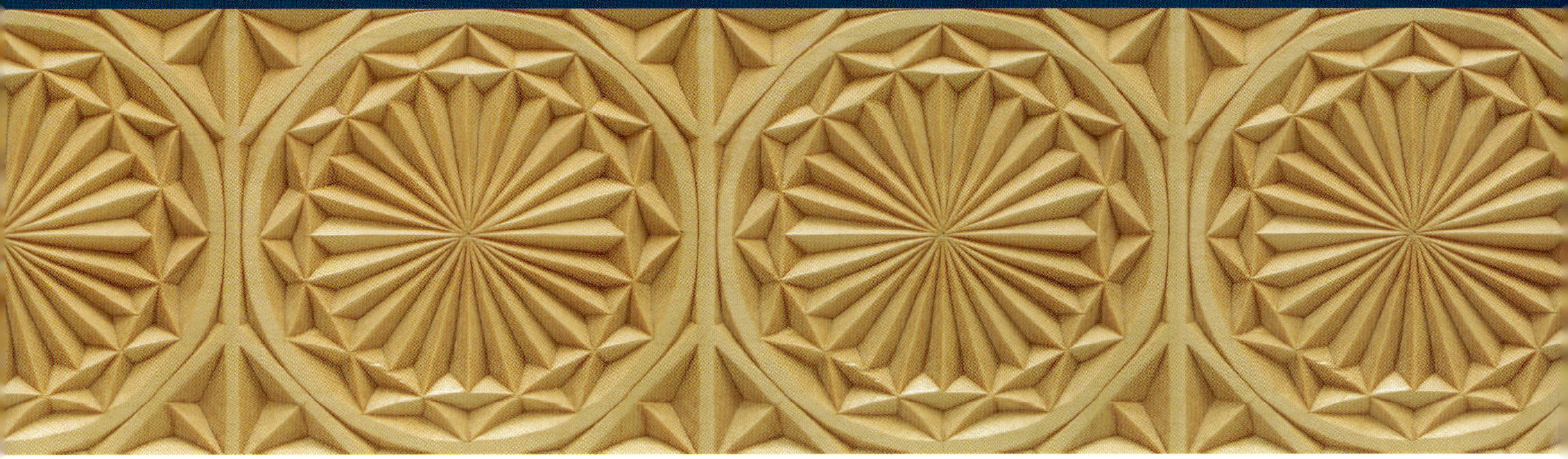

Welches Holz ist am besten geeignet?

Je härter das Holz, desto schwerer lässt es sich schnitzen – das versteht sich eigentlich von selbst. Allerdings bedeutet es nicht, dass Weichhölzer sich am besten zum Kerbschnitzen eignen oder am leichtesten zu schnitzen sind. Außerdem ist aus der Bezeichnung „Hartholz“ und „Weichholz“ nicht unbedingt ableitbar, wie hart das betreffende Holz ist. Manche Harthölzer sind weniger dicht und daher leichter als manche Weichhölzer.

Das Holz aller Bäume, die ihre Blätter im Herbst abwerfen (Laubbäume), gilt als Hartholz. Weichhölzer hingegen stammen von immergrünen Bäumen wie Kiefer und Fichte, die man Nadelbäume oder Koniferen nennt. Harthölzer haben eine dichtere, ebenmäßigere Struktur als Weichhölzer. Beim Schnitzen verhält sich Hartholz berechenbarer als Weichholz.

Harthölzer haben im Allgemeinen zwar eine höhere Dichte (= Gewicht pro Volumeneinheit) als Weichhölzer, zwischen den einzelnen Holzarten variiert die Dichte jedoch stark. So sind Pappel- und Espenholz viel leichter als Eiche, Eiche ist jedoch leichter als Rosenholz und die meisten Tropenhölzer. Sehen wir uns die Eigenschaften einiger beliebter Schnitzhölzer genauer an.

Linde (Hartholz)

Wenn Sie kein Holzschnitzer sind, ist Ihnen Lindenholz vielleicht noch nie untergekommen. Es

Tipp

Wenn Sie Lindenholz beizen wollen, muss es vorher unbedingt versiegelt werden (siehe S. 78).

ist das beste Holz für sämtliche Schnitztechniken. Wegen der gleichmäßigen, engen Maserung und des geringen Gewichts ist es immer eine Freude, mit Lindenholz zu arbeiten **(Abb. 1.1)**. Man kann es auch für aufwändige Schnitzarbeiten nehmen, da seine hellbeige oder gelbe Farbe und die fast unsichtbare Maserung den Betrachter nicht von den Schnitzdetails ablenken können.

Das leicht zu bearbeitende Lindenholz ist eines der beliebtesten Schnitzhölzer. Es hat eine unauffällige Maserung und wird daher oft bemalt. Mit einem farblosen Finish können Schnitzereien aus Lindenholz ein wenig langweilig wirken.
Es stammt aus dem Gebiet der großen Seen (USA, Kanada); das beste (besonders weiße und weiche) Linden-Schnitzholz kommt aus dem nördlichen Minnesota, Wisconsin und Michigan. In den Wäldern Mitteleuropas sind mit der Sommer- und der Winterlinde sowie (am südöstlichen Rand Mitteleuropas) der Silberlinde nur wenige Lindenarten heimisch.

Butternuss (Hartholz)

Der Butternussbaum wächst etwa in denselben Gegenden wie die amerikanische Linde. Butternussholz ist etwa um 20 % schwerer als Lindenholz, lässt sich leicht schnitzen und hält nur wenige „Überraschungen" bereit. Die Farbe ist dunkler und die Maserung stärker sichtbar als bei Lindenholz **(Abb. 1.2)**. Die fertige Schnitzarbeit kommt durch ein farbloses oder leicht getöntes Finish besonders schön zur Geltung.

Mahagoni (Hartholz)

Mahagoni **(Abb. 1.3)** ist zwar kein bevorzugtes Schnitzholz, wird aber für verschiedenste Holzarbeiten gerne verwendet. Mahagoni ist schwerer als Butternussholz und daher schwieriger zu schnitzen. Trotzdem können Sie es durchaus für ein Kerbschnitzprojekt wählen, zum Beispiel, wenn die Arbeit für einen Raum mit Mahagonimöbeln gedacht ist.

Das Muster sollte möglichst einfach sein. Komplizierte oder zarte Muster sollten Sie ebenso meiden wie scharfe Kanten oder Grate: Komplizierte Muster kommen auf Mahagoni nicht gut zur Geltung, scharfe Kanten oder Grate brechen leicht ab. Schriften wirken auf gebeiztem Mahagoni besonders eindrucksvoll.

Kiefer (Weichholz)

Kiefernholz **(Abb. 1.4)** verwendet man gerne für kleine Schnitzfiguren, auch zum Karikaturschnitzen, und zwar eher wegen seiner leichten Verfügbarkeit und seines geringen Preises als wegen seiner Schnitzeigenschaften. Auch zum Kerbschnitzen ist es durchaus geeignet, es wäre aber aus mehreren Gründen nicht meine erste Wahl. Erstens sind feine oder detaillierte Arbeiten durch die grobe Maserung und die geringe Dichte nur begrenzt möglich. Vermeiden

Abb. 1.1 Lindenholz.

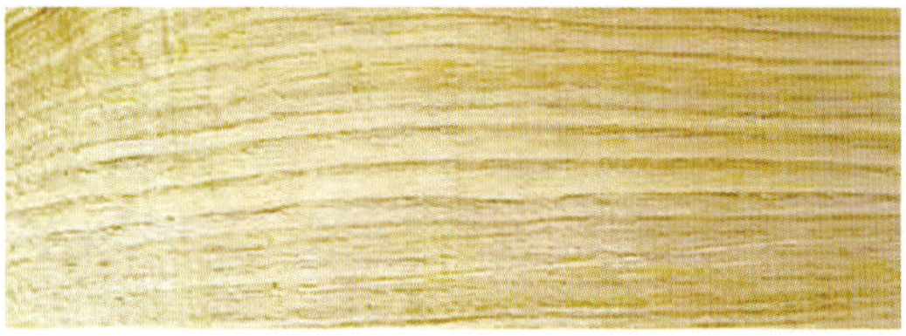

Abb. 1.2 Butternussholz.

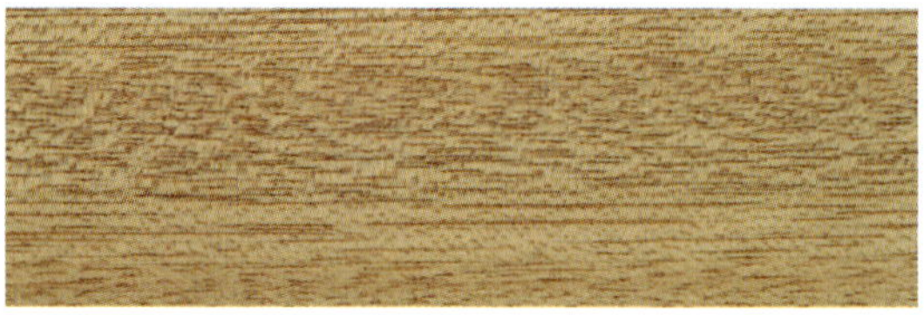

Abb. 1.3 Mahagoni.

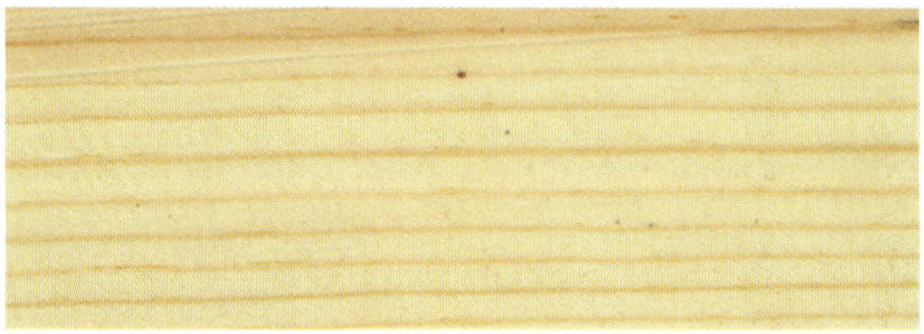

Abb. 1.4 Kiefernholz.

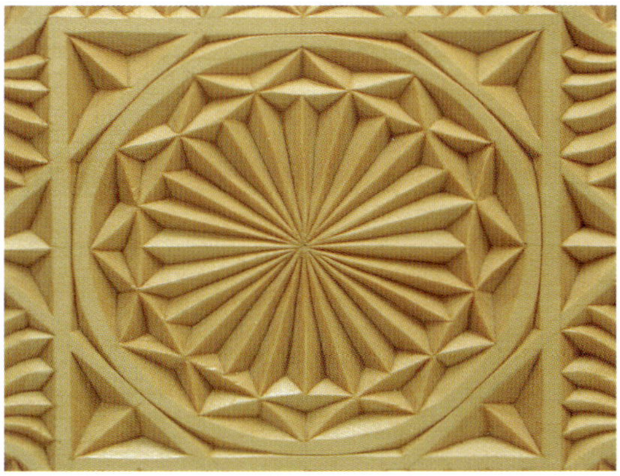

Abb. 1.5 Zu manchen Kerbschnitzmustern gehören scharfe Grate, die bei bestimmten Holzarten leicht abbrechen können.

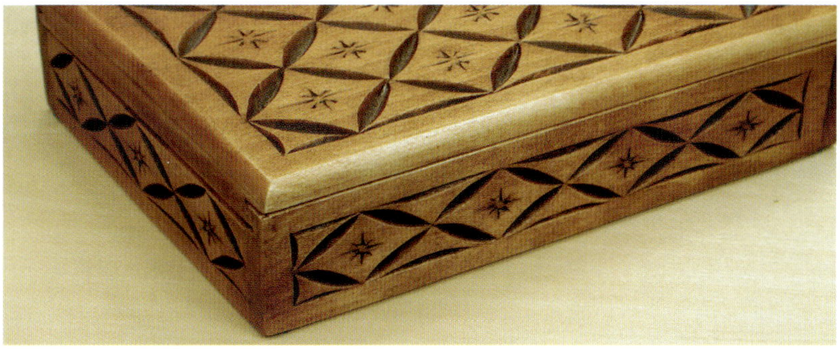

Abb. 1.6 Jim Lindgren aus Red Deer in der kanadischen Provinz Alberta hat diese Kassette aus Lindenholz gearbeitet und in Goldeiche gebeizt. Sie dient zur Aufbewahrung von Spielkarten.

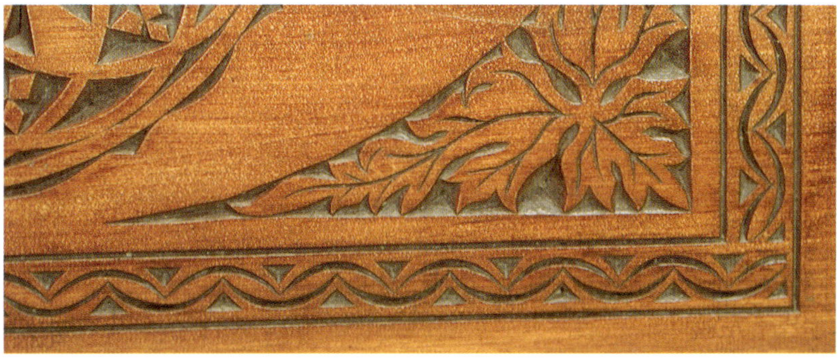

Abb. 1.7 Der Deckel dieser Kassette aus Lindenholz wurde zuerst mit einer Mahagoni- und dann mit einer Kirschbaumbeize behandelt.

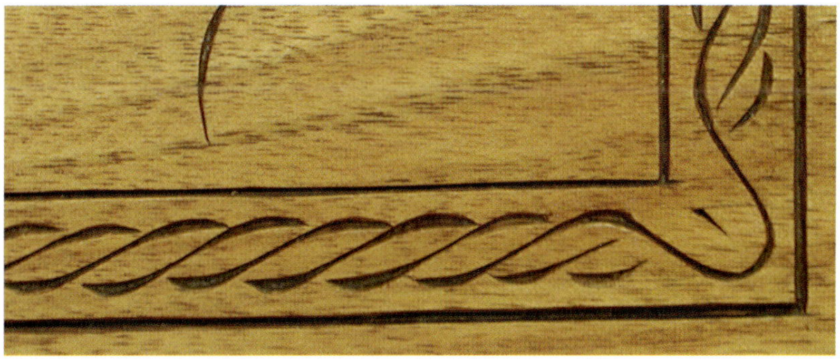

Abb. 1.8 Diese Kassette aus Butternussholz wurde mit Pekannussbeize eingelassen.

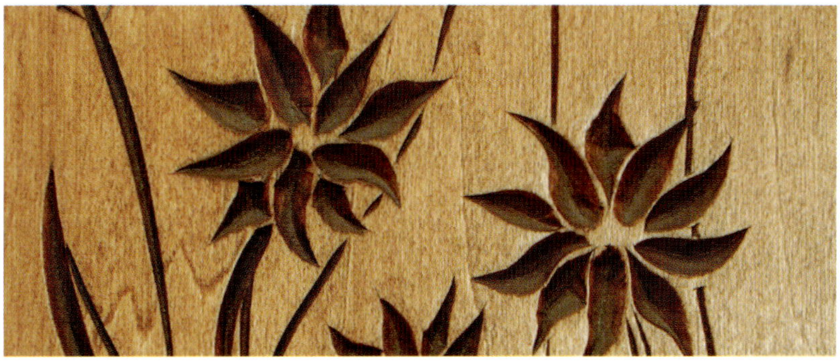

Abb. 1.9 Todd Moor hat diese Blumen freihändig in eine kleine Plakette aus Lindenholz geschnitzt und sie dann mit Mahagonibeize behandelt.

Sie Muster mit scharfen Kanten und Graten (**Abb. 1.5**), damit das Holz nicht ausbricht oder fasert.

Zweitens sind die dunklen Maserungsteile des Kiefernholzes viel härter als die hellen. Beim Schneiden mit der Säge fällt das vielleicht nicht auf, aber wenn Sie ein Kerbschnitzmesser quer zur Faser über ein Kiefernholzbrett ziehen, werden Sie feststellen, dass ein kontrollierter Schnitt nur sehr schwer möglich ist.

Das bedeutet nicht, dass Kiefernholz für Kerbschnitzprojekte überhaupt nicht verwendet werden sollte. Im Gegenteil: Wenn Sie einen geeigneten Gegenstand aus Kiefernholz besitzen oder geschenkt bekommen – zum Beispiel eine einfache Truhe, ein Regal oder eine Spielzeugkiste –, können Sie solche funktionalen Gegenstände natürlich mit Kerbschnitzornamenten ohne scharfe Grate verzieren. Eine Truhe aus Kiefernholz, die mit einem einfachen Motiv oder einem Schriftzug geschmückt ist, kann zu einem hochgeschätzten Stück werden, das von Generation zu Generation weitergegeben wird. Wenn Sie jedoch die Wahl haben, dann arbeiten Sie mit Lindenholz, das sich viel besser schnitzen lässt.

Andere Hölzer

Wahrscheinlich könnte man jedes Holz für Kerbschnitzprojekte verwenden. Das heißt jedoch nicht, dass dies zu empfehlen ist. Logischerweise ist ein Holz umso schwerer zu schnitzen, je härter es ist. Überlegen Sie immer, ob das Ergebnis den Aufwand wert ist.

TIPP

Je auffälliger die Holzmaserung, umso einfacher sollte das Kerbschnitzmuster sein. Ein aufwändiges oder unruhiges Muster und eine auffällige Maserung wetteifern um die Aufmerksamkeit des Betrachters. Dies hat ungünstige Auswirkungen auf den Gesamteindruck der Arbeit und auf den Schnitzvorgang.

Wenn Sie sich ein Kerbschnitzprojekt vornehmen, das zu einem bestehenden hölzernen Gegenstand passen soll, dann können Sie auch Linden- oder Butternussholz verwenden und in einem passenden Holzton beizen. Bei Butternussholz kann man mit einer geeigneten Beize eine verblüffende Ähnlichkeit mit Eiche, Walnuss, Pekannuss oder anderen Hölzern erzielen, bei Lindenholz eine ebenso starke Ähnlichkeit mit Ahorn, Kiefern- oder sogar Kirschholz **(Abb. 1.6–1.9)**.

BEZUGSQUELLEN

Im Baumarkt werden Sie weder Linden- noch Butternussholz bekommen. Die meisten Holzhandlungen haben beide Holzarten lagernd. Wer das Glück hat, in einer Region zu wohnen, wo Linden wachsen, erhält das benötigte Holz zu einem vernünftigen Preis in einem Sägewerk. Wenn Sie Probleme haben, Linden- oder Butternussholz zu bekommen, machen Sie einfach eine Stichwortrecherche im Internet!

HOLZFEUCHTIGKEIT

Holz lässt sich am besten schnitzen, wenn es einen Feuchtigkeitsgehalt von 10–12 % hat. Der richtige Feuchtigkeitsgehalt macht nicht nur die Arbeit leichter und angenehmer, das Ergebnis wird auch viel schöner. Auch mit einem richtig geschärften und polierten Schnitzmesser lässt sich zu trockenes Holz nicht so sauber schneiden und bricht leichter aus, besonders, wenn Sie quer zur Faser schneiden.

Wie kann man als Laie feststellen, ob das Schnitzholz den richtigen Feuchtigkeitsgehalt hat? Eigentlich gar nicht, es sei denn, man legt sich einen hochwertigen Feuchtigkeitsmesser zu, was jedoch nicht notwendig ist.

Wenn Sie ein paar Kerben quer zur Faser schneiden, wissen Sie sofort, ob das Holz zu trocken ist. Machen Sie zuerst einen Test mit einem Stück Abfallholz. Ist das Holz zu trocken, können Sie dafür sorgen, dass es den richtigen Feuchtigkeitsgehalt bekommt, bevor Sie mit dem Projekt beginnen. Wichtig: Auch wenn das Holz den richtigen Feuchtigkeitsgehalt hatte, als Sie es gekauft haben, kann es schon zu stark ausgetrocknet sein, wenn Sie zu schnitzen beginnen wollen.

TIPP

Ein Feuchtigkeitsgehalt von 10–12 % ist zum Schnitzen ideal. Wenn das Holz trockener ist, lässt es sich nicht so leicht und problemlos schnitzen.

Tipps zur richtigen Lagerung:
- Am besten eignet sich ein unbeheizter Raum (z. B. Keller, Garage).
- Wenn Sie das Holz im Wohnbereich lagern müssen, verpacken Sie es luftdicht in Plastikfolie oder in einem geeigneten Behälter.
- Sie können das Werkstück bis zur nächsten Arbeitssitzung in Plastikfolie hüllen, um ein Austrocknen zu verhindern.
- Ein Kellerraum ist nur dann geeignet, wenn er feucht und unbeheizt ist.
- Ein Heizkeller oder anderer Heizraum ist ungeeignet.
- Die Lagerung in klimatisierten Räumen ist nicht zu empfehlen, weil dem Holz dabei Feuchtigkeit entzogen wird.

Richtige Lagerung

Die richtige Lagerung erspart Ihnen eine Menge Frust. Ich lagere mein Lindenholz in einer unbeheizten Garage und nicht im Haus, denn in einem geheizten Wohnraum trocknet es aus. Auch die klimatischen Bedingungen spielen eine Rolle: Ich wohne im südlichen Ontario, wo die Luftfeuchtigkeit relativ hoch ist. In einem trockeneren Klima gelten andere Regeln.

Wenn ich an einem Projekt arbeite, das mehr als ein bis zwei Tage zur Fertigstellung braucht, bewahre ich die angefangene Schnitzarbeit bis zur nächsten Arbeitssitzung in der Garage auf oder umwickle sie fest mit Plastikfolie, damit das Holz nicht zu stark austrocknet.

Holz wieder befeuchten

Wenn Sie merken, dass das Holz zu trocken geworden ist, können Sie mit einem selbst gebauten, behelfsmäßigen Befeuchter Abhilfe schaffen.

Besorgen Sie sich einen passenden Karton. Er muss so groß sein, dass Ihr Projekt hineinpasst, aber klein genug, um seinerseits in einen Plastiksack (z. B. in einen Müllsack) zu passen.
Nun bauen Sie einen Ständer, auf dem Sie Ihre Projektarbeit so aufstellen können, dass sie auf allen Seiten von zirkulierender Luft umgeben ist. Sie können z. B. mehrere Drahtstifte so in ein Stück Sperrholz einschlagen, dass sie weit genug vorstehen, um das Werkstück abzustützen (**Abb. 1.10** und **1.11**).

In den Karton (dessen Klappen Sie zunächst geöffnet oder möglicherweise entfernt haben) stellen Sie nun den Ständer mitsamt dem Werkstück sowie eine kleine Schale mit einem Schwamm, der vollständig mit Wasser angesaugt ist. In der Schale sollte sich außerdem eine kleine Wassermenge befinden, die der Schwamm nicht mehr aufnehmen kann. Stecken Sie den Karton mit Inhalt in einen großen Plastiksack und verschließen Sie ihn luftdicht mit einem Bindedraht.

In 2–3 Tagen nimmt das Holz ausreichend Flüssigkeit auf und ist dann bereit zum Schnitzen. Um den Vorgang zu beschleunigen, können Sie eine „Mini-Sauna" erzeugen, indem Sie den Befeuchter in direktes Sonnenlicht stellen. Die Feuchtigkeit dringt aber tiefer in das Holz ein, wenn Sie den Befeuchter 2–3 Tage stehen lassen.

Noch ein Tipp: Den Karton werden Sie wieder brauchen, wenn das Finish auf die Schnitzarbeit aufgetragen wird.

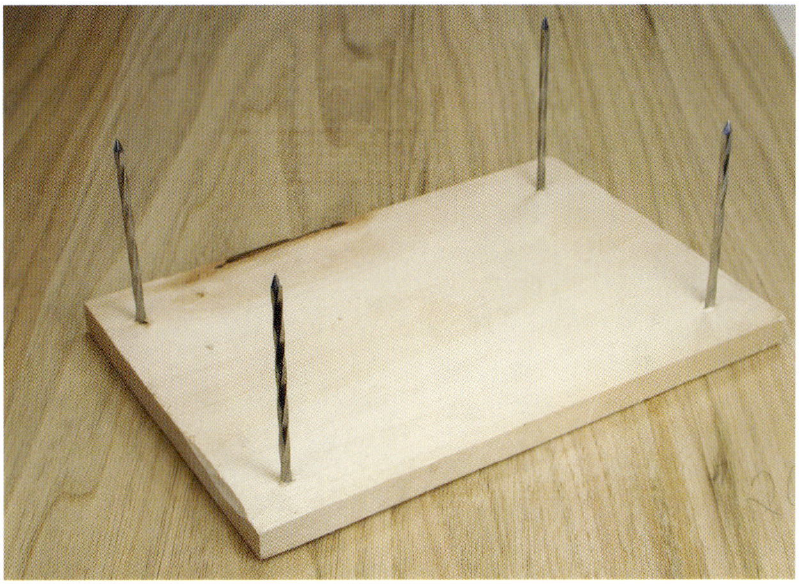

Abb. 1.10 Für einen einfachen Ständer schlagen Sie mehrere Drahtstifte so in ein Stück Sperrholz ein, dass sie weit genug vorstehen, um das Werkstück abzustützen.

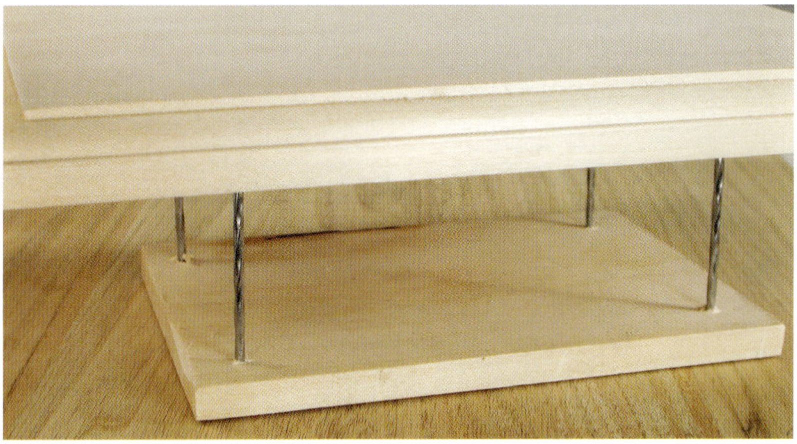

Abb. 1.11 Hier rastet das Werkstück auf dem selbst gebauten Ständer auf. Die freie Luftzirkulation ist auf allen Seiten gewährleistet.

Holz verzieht sich

Holz kann sich verziehen, wenn es auf einer Seite schneller trocknet oder die Feuchtigkeit schneller aufnimmt als auf der anderen. Das kann besonders dann passieren, wenn das Holz nicht versiegelt und die Oberfläche unbehandelt ist. Kerbschnitzprojekte sind besonders betroffen, weil sie oft aus relativ dünnem Holz bestehen und/oder eine große Oberfläche aufweisen (z. B. ein Serviertablett).

In manchen Fällen lässt sich das Problem allmählich beheben, wenn Sie das Werkstück lange genug mit der verzogenen Oberfläche nach unten liegenlassen. Um den Vorgang zu beschleunigen, können Sie es auch mit der verzogenen Oberfläche nach unten so auf den Rasen legen, dass es direktem Sonnenlicht ausgesetzt ist. Die Wärme der Sonnenstrahlen trägt dazu bei, dass Feuchtigkeit aus dem Erdboden in das Holz aufsteigt. Am besten ist es jedoch, wenn der Schaden erst gar nicht entsteht: ein Grund mehr, den Empfehlungen zur richtigen Lagerung zu folgen!

2 Werkzeug

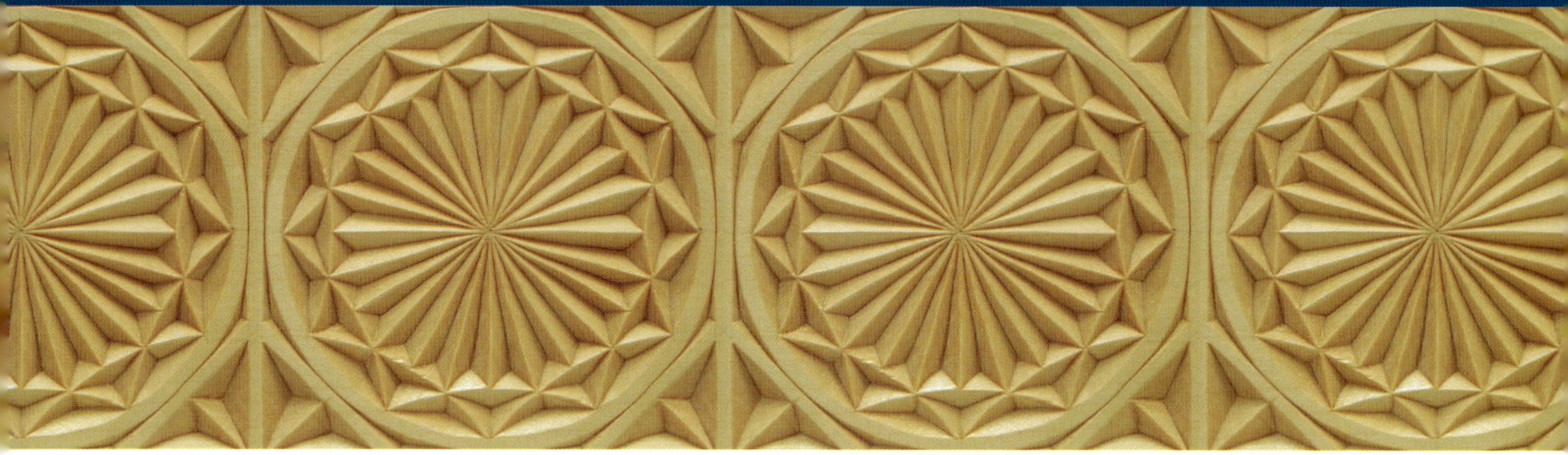

Kerbschnitzmesser

Wie schon gesagt, ist das Kerbschnitzen eine besonders einfache Technik – man braucht nur wenig Werkzeug und muss nur wenige Arbeitsschritte erlernen. Es war jedoch nicht immer so einfach. Früher verwendete man auch beim Kerbschnitzen eine Vielzahl von Schnitzmessern und anderen Werkzeugen. Welche Werkzeuge und welche Techniken zum Einsatz kamen, hing meist davon ab, aus welchem Land der Schnitzer stammte. Ein herkömmliches Schnitzmesser ist zum Kerbschnitzen nicht geeignet, weil die Klinge nicht angewinkelt ist (**Abb. 2.1**). In den Niederlanden verwendete man verschiedene rasiermesserartige Klingen, in Großbritannien Geißfüße und einseitig gefaste gerade und schräge Balleisen, in Skandinavien verschiedene Messer und Balleisen sowie einen Pickel zum Versäubern des Kerbgrundes. Noch heute bietet ein deutscher Hersteller einen Satz Kerbschnitzwerkzeuge mit zehn verschiedenen Klingenformen an (**Abb. 2.2**). Außerdem brauchte man früher eine Werkbank mit Haltevorrichtungen und konnte daher nicht schnitzen, wo man wollte.

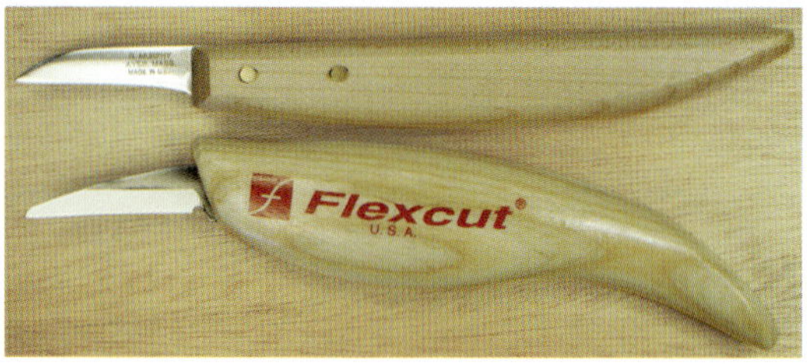

Abb. 2.1 Ein herkömmliches Schnitzmesser (oben) ist zum Kerbschnitzen nicht geeignet, weil die Klinge gerade und nicht nach unten abgewinkelt ist.

Alles neu macht … die Schweiz

Ursprünglich wurden auch in der Schweiz vielteilige Werkzeugsätze angeboten. Dann verfeinerten die Schweizer jedoch ihre Technik und entwickelten ein Verfahren, das nur zwei grundlegende Werkzeuge erfordert. Das wichtigste Werkzeug ist ein Kerbschnitzmesser; dazu kommt noch ein Stecheisen („Stecher"). Wayne Barton, ein hochangesehener amerikanischer Kerbschnitzer, absolvierte in der Schweiz eine Ausbildung, die auf der Arbeit mit diesen beiden Werkzeugen aufgebaut war **(Abb. 2.3 und 2.4)**.

Durch die Reduzierung der Werkzeuge auf zwei wurde das Erlernen des Kerbschnitzens sehr erleichtert und es kam auch nicht mehr so teuer. Nicht nur die Schnitztechnik wurde einfacher, man brauchte auch keine Werkbank, keine Klemmen und keines der vielen Werkzeuge und Hilfsmittel, die gemeinhin mit dem Schnitzen assoziiert werden. Man kann sich vorstellen, dass die Beliebtheit des Kerbschnitzens einen enormen Aufschwung nahm.

Die beiden grundlegenden Kerbschnitzwerkzeuge konnten jedoch noch weiter verbessert werden. Anfang der 1990er-Jahre entwickelte ich aufgrund einer Vielzahl von Vorschlägen und Anregungen meiner Schüler einen dreiteiligen Werkzeugsatz, mit dem ein optimales Arbeiten sowohl nach der althergebrachten als auch nach der modernen Technik des Kerbschnitzens möglich war.

Auf der **Abb. 2.5** sehen Sie, dass die Klinge des Messers Nr. 1 zwischen der Schneide und dem Klingenrücken einen besonders kleinen Radius hat. Dadurch verdrängt die Klinge weniger Holz und flattert beim Schneiden einer gekrümmten Kerbe weniger stark. Außerdem lässt sich der breitere Messergriff besser halten und vergrößert den Sichtbereich des Schnitzers. Das Messer Nr. 2 ist für Personen mit kleineren Händen gedacht – für sie macht es einen Riesenunterschied! Außerdem zeichnen sich die neuen Messer durch einen besonders hochwertigen Stahl und eine geringere Klingenstärke aus und sind präzisionsgeschliffen. Dadurch

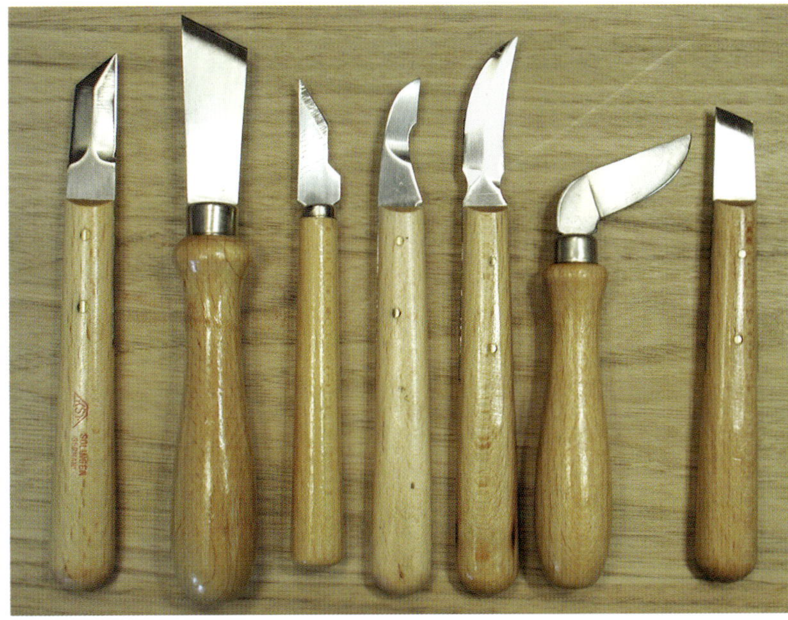

Abb. 2.2 Ein deutscher Hersteller bietet zum Kerbschnitzen einen Werkzeugsatz mit zehn verschiedenen Klingenformen an – hier sind sieben davon zu sehen.

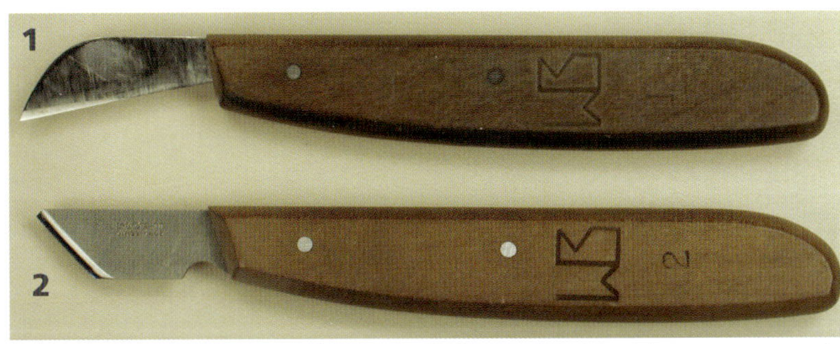

Abb. 2.3 In der Schweiz wurde eine Technik entwickelt, zu der man nur zwei Werkzeuge braucht: das Kerbschnitzmesser (Nr. 1) und das Stecheisen (den Stecher – Nr. 2).

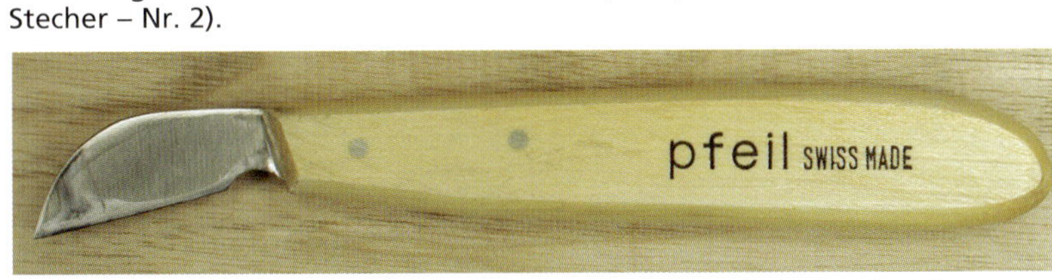

Abb. 2.4 Die Klinge ist nach unten abgewinkelt. Diese bahnbrechende Innovation sorgt für gleichmäßige Schnitte und hilft beim Einhalten des Schnittwinkels.

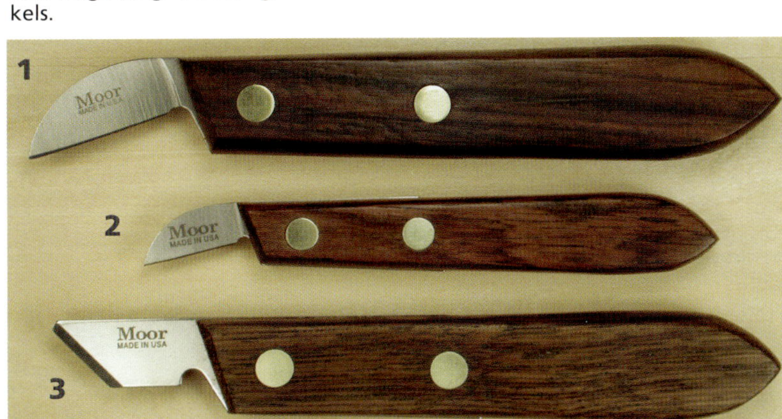

Abb. 2.5 Anfang der 1990er-Jahre entstand dieser dreiteilige Werkzeugsatz, der sowohl für die althergebrachte als auch für die moderne Kerbschnitztechnik optimal geeignet ist.

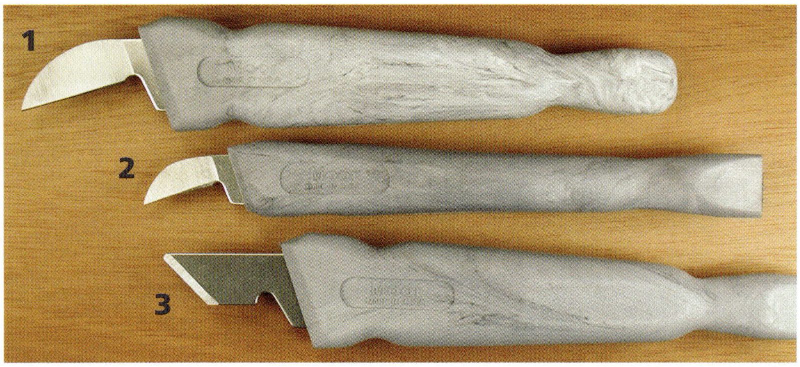

Abb. 2.6 Die neuen, verbesserten Moor-Messer Nr. 1 und Nr. 3 erhielten einen ergonomisch geformten Kunststoffgriff; der Griff des Messers Nr. 2 wurde verlängert.

TIPP

Moor-Schnitzmesser sind entweder vorgeschärft oder ungeschärft erhältlich. Welche Ausführung Sie auch wählen – Sie müssen sie scharf halten! Tipps zum Schärfen siehe Kapitel 3.

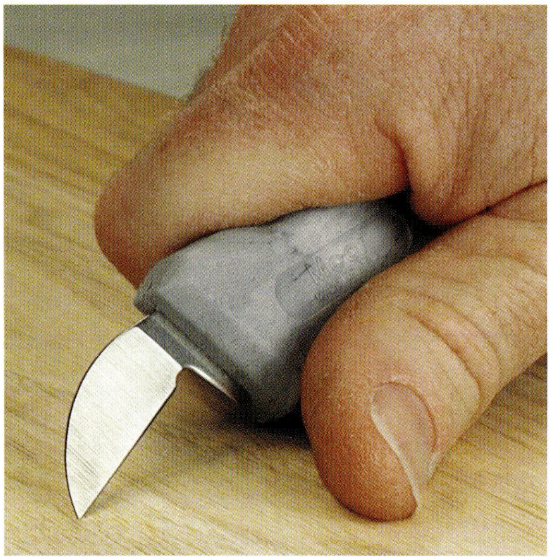

Abb. 2.7 Der ergonomisch geformte Griff erleichtert die richtige Handhaltung.

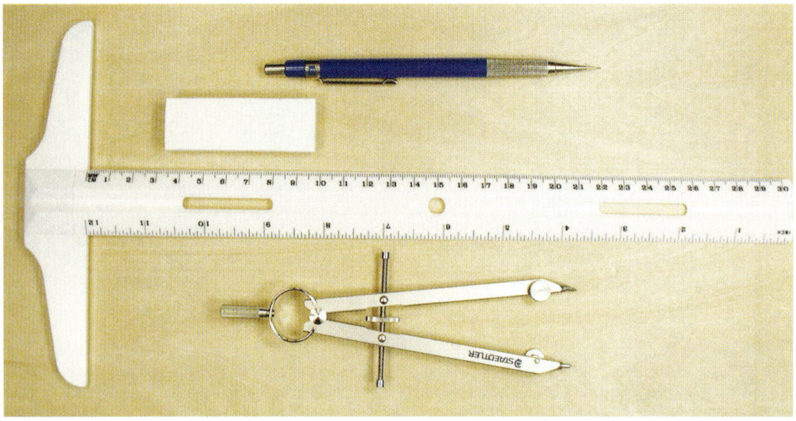

Abb. 2.8 Die wichtigsten Zeichengeräte: ein mechanischer Bleistift (Minenstärke 0,5 mm, Härtegrad B), ein weißer Kunststoffradierer, eine 300-mm-Reißschiene und ein 150 mm langer Fallnullenzirkel.

haben sie eine hohe Schnitthaltigkeit, lassen sich mit weniger Kraftanstrengung durch das Holz ziehen und brauchen in neuem Zustand weniger Zeit zum Schärfen.

Der allerneueste Werkzeugsatz

Trotz der allgemeinen Beliebtheit der ursprünglichen Moor-Kerbschnitzwerkzeuge war doch immer noch „Luft nach oben". Mit dem kleinen Messer Nr. 2, das sich für schwierige, kleinteilige Muster **(Abb. 2.6)** als besonders geeignet erwies, waren Schnitzer mit kleinen Händen zwar sehr zufrieden; Personen mit größeren Händen wünschten sich aber einen längeren Griff. Zusammen mit dem Hersteller entwarf ich außerdem einen ergonomisch geformten Griff für das Messer Nr. 1, der sowohl für Rechts- als auch für Linkshänder optimal geeignet ist **(Abb. 2.7)**.

Die Griffe der neuen Moor-Werkzeuge haben eine angeraute Oberfläche. Durch den hohen Friktionskoeffizienten lassen sie sich besser festhalten. Die hochbelastbaren Kunststoffgriffe erhalten ihre Form durch eine Innenbefestigung, die Klingen werden aus demselben hochwertigen Stahl gefertigt wie bei der ursprünglichen Version und die Herstellung erfolgt nach wie vor in den USA.

ZEICHENGERÄT

Da Sie nur wenige Werkzeuge und Zeichengeräte brauchen, ist das Kerbschnitzen eine relativ kostengünstige Schnitztechnik. Einsteiger sollten sich so gute Geräte zulegen, wie es ihre Geldbörse zulässt!

TIPP

Zum Kerbschnitzen brauchen Sie:

- 1–2 Kerbschnitzmesser
- Stecheisen (Stecher)
- Mechanischer Bleistift (Minenstärke 0,5 mm, Härtegrad B)
- 300-mm-Reißschiene mit metrischer und angloamerikanischer Skala
- Fallnullenzirkel, Länge 150 mm
- Weißer Kunststoffradierer

Die wichtigsten Zeichengeräte

Für dünne, exakte Linien ist ein mechanischer Bleistift (Minenstärke 0,5 mm, Härtegrad B) ein Muss **(Abb. 2.8)**. Eine 300-mm-Reißschiene mit metrischer und angloamerikanischer Skala ist von unschätzbarem Wert, ebenso ein Fallnullenzirkel mit einer Länge von 150 mm. Zum Entfernen oder Korrigieren der Bleistiftlinien nehme ich einen weißen Kunststoffradierer – ich kaufe immer gleich eine Großpackung!

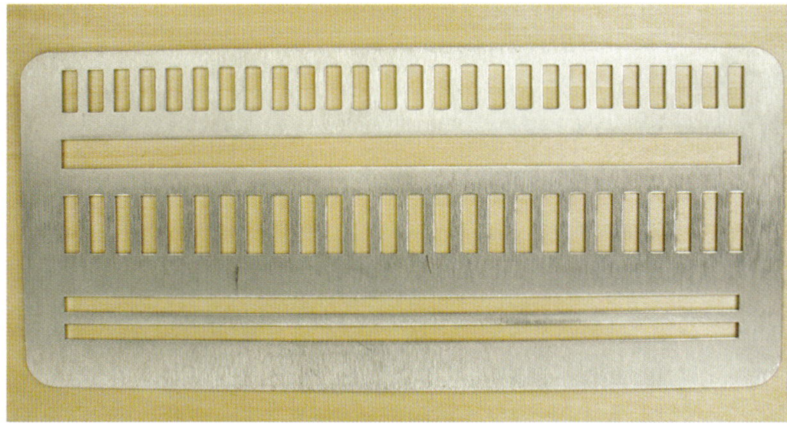

Abb. 2.9 Eine Raster-Schablone für Bordüren.

Lineale und Schablonen

Mit einer Raster-Schablone **(Abb. 2.9)** sparen Sie beim Zeichnen des Rasters für eine Bordüre eine Menge Zeit **(Abb. 2.10)**. Ein biegsames, 150 mm langes Lineal mit angloamerikanischer und metrischer Skala, einen Winkelmesser, mit dem Sie Kreise teilen können, eine Radien-Schablone, ein biegsames Kurvenlineal und eine Kreisschablone, eventuell auch eine Ellipsenschablone werden Sie sich vielleicht später zulegen wollen **(Abb. 2.11 und 2.12)**.

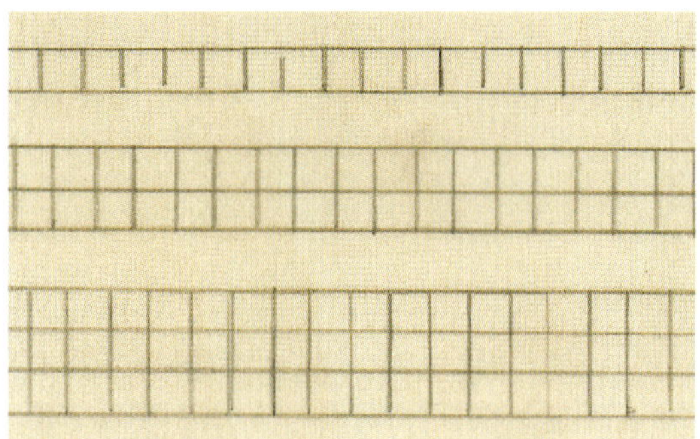

Abb. 2.10 Diese Rasterlinien werden Sie oft als Vorlage für Bordüren brauchen.

SICHER IST SICHER!

Kerbschnitzen hat noch einen großen Vorteil: Die Verletzungsgefahr ist gering. Wenn Sie das Messer korrekt halten, rastet die Arbeitshand auf dem Holz auf und Sie können sich eigentlich gar nicht schneiden. Bei einer falschen Handhaltung kann es jedoch ganz schnell zu einem „unerwünschten Farbeffekt“ kommen! Die richtige Handhaltung wird in Kapitel 4 besprochen.

TIPP

Die Bleistiftmarkierungen lassen sich von der fertigen Arbeit besser entfernen, wenn das Holz vorbehandelt ist (siehe S. 84).

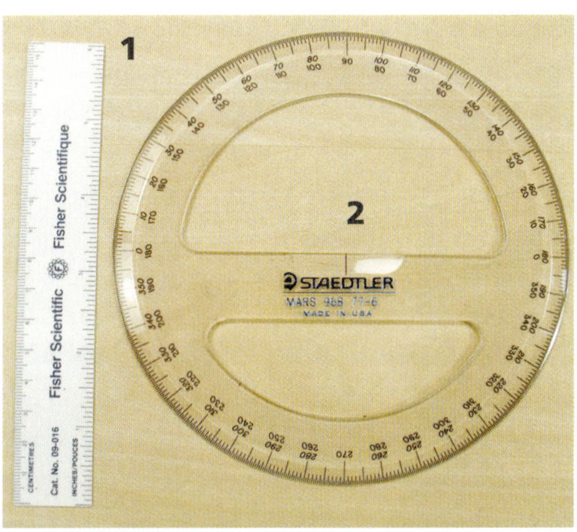

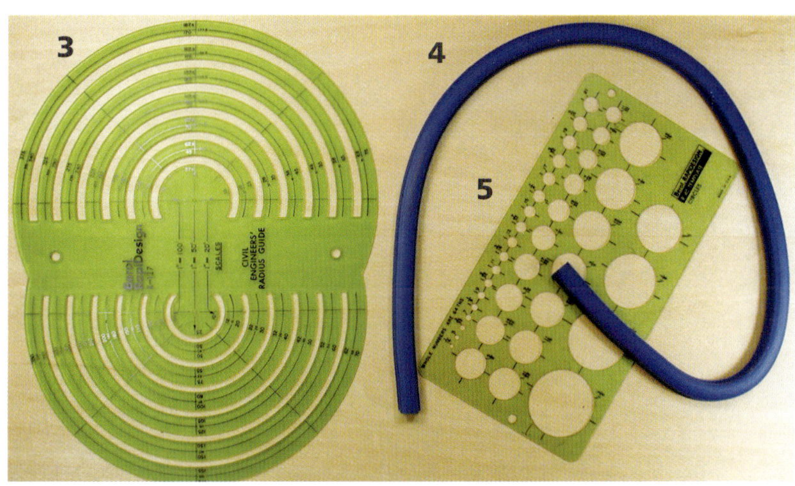

Abb. 2.11 und Abb. 2.12 Folgende Lineale und Schablonen können für Sie von Nutzen sein: ein 150 mm langes Kunststofflineal (1), ein Winkelmesser (2), eine Radien-Schablone (3), ein biegsames Kurvenlineal (4) und eine Kreisschablone (5).

Tipp

Halten Sie das Schnitzmesser richtig – bei einer falschen Handhaltung kann ganz schnell ein „unerwünschter Farbeffekt" entstehen!

Da wir auf dem Schoß und nicht auf einer Werkbank schnitzen, müssen Sie Ihren Körper vor Verletzungen schützen, z. B. mit einer Schnitzschürze. Warum schnitzen wir auf dem Schoß? Dafür gibt es zwei Gründe.

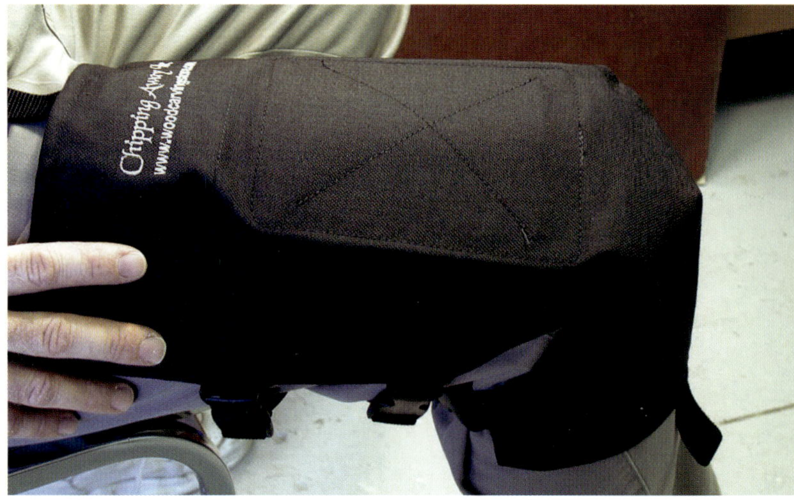

Abb. 2.14 Eine dicke Synthetikpolsterung schützt das Bein und die Kleidung, wenn das Messer einmal abrutscht.

Erstens fällt das Kerbschnitzen viel leichter und ist nicht so ermüdend, wenn die Kraft aus dem Oberarm und dem Oberkörper kommt und nicht aus dem Handgelenk. Dies fällt wiederum leichter, wenn die Arme an den Ellbogen abgewinkelt sind – so wie beim Arbeiten auf dem Schoß. Wenn das Werkstück auf einem Tisch oder einer Werkbank liegt, können Sie die Kraft des Oberarms und des Oberkörpers nicht so gut einsetzen.

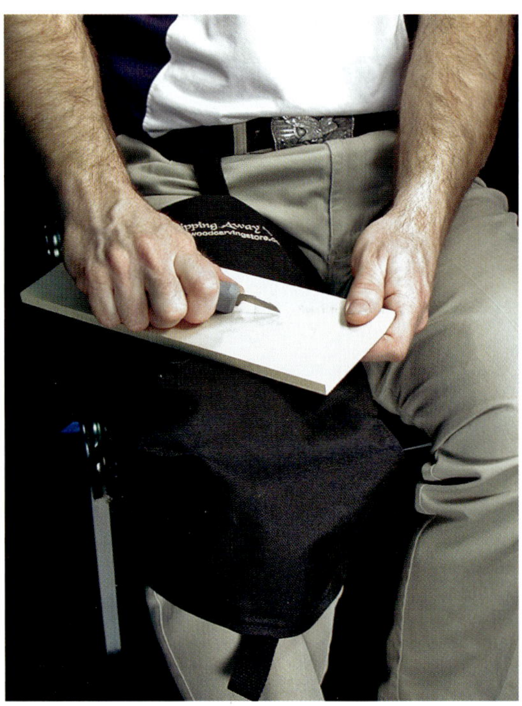

Abb. 2.13 Beim Kerbschnitzen arbeite ich auf dem Schoß. Um meinen Körper dabei zu schützen, trage ich eine Spezialschürze.

Zweitens: Wenn Sie Messer und Werkstück immer in derselben Position halten, bleibt der Schnittwinkel konstant und Sie können gleichmäßige Kerben schneiden. Beim Kerbschnitzen sind Sie nicht ortsgebunden; Sie können das Schnitzmesser und das Werkstück mit sich herumtragen und überall arbeiten, wo Sie wollen. Wenn Sie dabei verschiedene Arbeitstische und Werkbänke benutzen, entsteht ein Problem, weil diese meist nicht gleich hoch sind wie der Tisch oder die Werkbank bei Ihnen zu Hause. Ihr Schoß ist eine Arbeitsfläche, die Ihnen überall zur Verfügung steht.

Es gibt mehrere Möglichkeiten, Ihren Körper und Ihre Kleidung zu schützen. Eine tragbare hölzerne Arbeitsplatte eignet sich ebenso wie eine Lederschürze. Ich verwende eine einseitige Spezialschürze **(Abb. 2.13)**, die von der kanadischen National Wood Carving School entwickelt wurde. Sie hat eine Schlaufe, mit der ich sie am Gürtel befestigen kann, und drei Riemen mit Schnellverschluss, um sie am Bein zu fixieren. Mit der Schürze kann ich das Knie abbiegen, ich kann mich damit hinsetzen, aber auch damit gehen; sie wärmt auch weniger als eine beidseitige Schürze. Ihre Oberfläche ist mit einer dicken Synthetikpolsterung unterlegt, die das Bein und die Kleidung schützt, wenn das Messer einmal abrutscht **(Abb. 2.14)**.

3

Schärfen

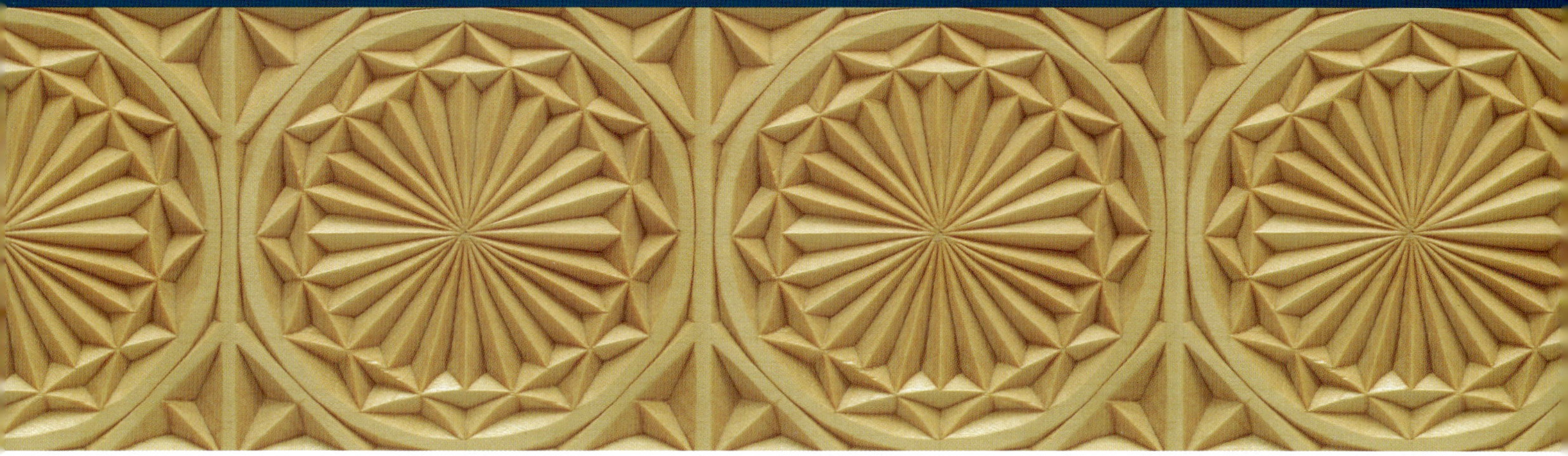

Wenn Sie sich zu diesem Thema technische Daten und elektronenmikroskopische Aufnahmen der geschärften Schneide erwartet haben, muss ich Sie leider enttäuschen. Ein Übermaß an Detailinformationen wirkt auf mich nur verwirrend und ich glaube, dass es auch den meisten anderen Menschen so geht. Sollten Sie aber einfach nur wissen wollen, wie man ein Kerbschnitzmesser schärft, glaube ich, Ihnen weiterhelfen zu können!

Das Schärfen bereitet vielen Schnitzern Kopfzerbrechen. Im Laufe der Jahre habe ich fünf Ursachen dafür dingfest gemacht:
1. Die zahlreichen Schärf-Experten, die zu viele Daten liefern und darauf beharren, dass „ihre" Schärfmethode die einzig richtige ist,
2. den Schärfwinkel,
3. die Bewegung, mit der die Klinge über das Schärfmittel gezogen wird,
4. das verwendete Schärfmittel,
5. den Zeitaufwand.
Sehen wir uns diese fünf Ursachen genauer an.

Schärf-Experten

Lassen Sie sich durch technische Daten nicht irremachen! Informationen über die Ausrichtung von Stahlmolekülen, über verschiedene Legierungen und ihren Kohlenstoffgehalt braucht nur ein Metallurg. Wenn Sie sich dafür interessieren, wenden Sie sich an entsprechende Fachleute. Auch von jenen Experten, die behaupten, ihre Schärfmethode sei die „einzig richtige", sollten Sie sich nicht ins Bockshorn jagen lassen. Es gibt viele Arten, ein Messer zu schärfen. Mit der Methode, die ich verwende, bin ich ebenso zufrieden wie Hunderte meiner Schüler. Wenn Sie jedoch eine Methode beherrschen, mit der Sie zufrieden sind, dann wenden Sie sie weiter an.

Schärfwinkel

Die Klingen verschiedener Geräte und Werkzeuge in Ihrer Werkstatt haben je nach ihrer Verwendung unterschiedliche Schärfwinkel. Für die Hobelmesser in Ihrer Dicken- oder Abrichthobelmaschine ist ein Schärfwinkel von 40–45° optimal **(Abb. 3.1)**, für einen Stechbeitel ein Schärfwinkel von 30–35° **(Abb. 3.2)**, für einen Lochbeitel ein Schärfwinkel von 25–30° **(Abb. 3.3)**. Bei einem Taschenmesser, einem Tranchiermesser oder einem Küchenmesser beträgt der optimale Winkel 20°.

Mit einem Hobelmesser, einem Stechbeitel oder einem Lochbeitel „hobelt" oder „schält" man kleine Holzmengen ab, bis das gewünschte Ergebnis erreicht ist. Mit dem Kerbschnitzmesser hingegen schneidet man direkt in das Holz, zieht die Klinge durch und schneidet einen v-förmigen „Span" heraus. Die Klinge wird daher von beiden Seiten geschärft; dadurch wird die Schneide zentriert. Bei Kerbschnitzmessern sollte der Winkel zwischen Klinge und Schärfstein auf jeder Seite 10° oder weniger betragen. Beide Seiten der Klinge müssen gleichmäßig geschärft werden **(Abb. 3.4)**.

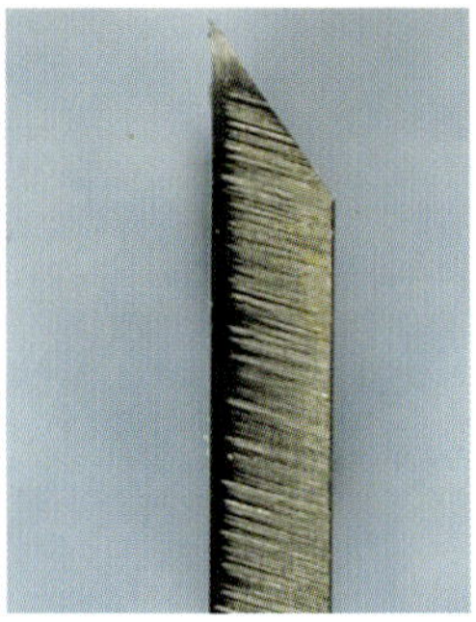

Abb. 3.1 Ein Hobelmesser aus einer Abrichthobelmaschine mit einem Schärfwinkel von etwa 45°.

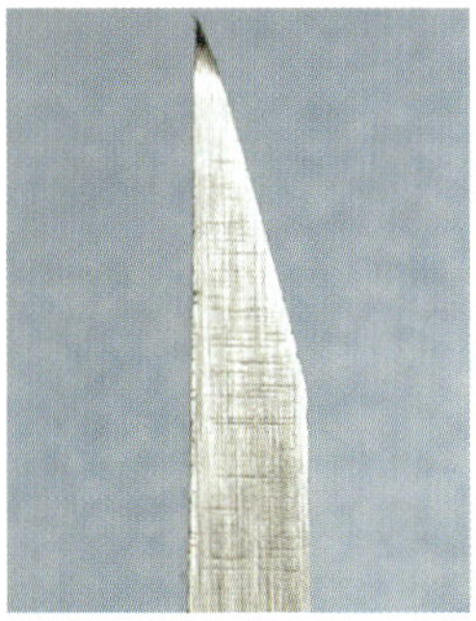

Abb. 3.3 Ein Lochbeitel mit einem Schärfwinkel von etwa 25°.

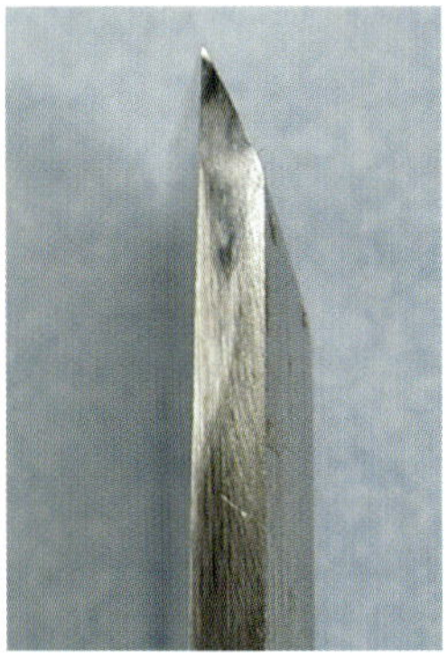

Abb. 3.2 Ein Stechbeitel mit einem Schärfwinkel von etwa 35°.

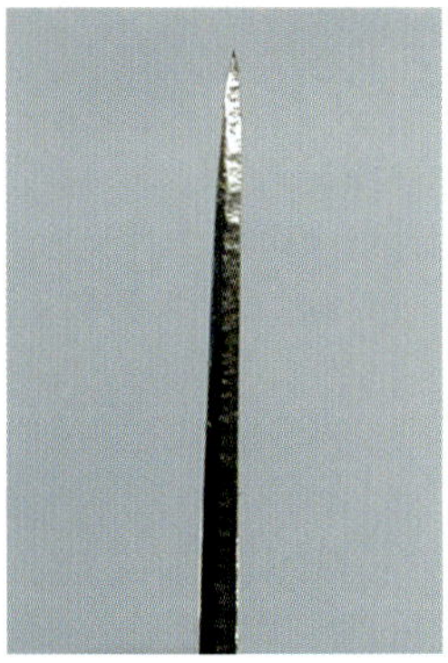

Abb. 3.4 Der Schärfwinkel eines Kerbschnitzmessers, vom Messerrücken aus gesehen.

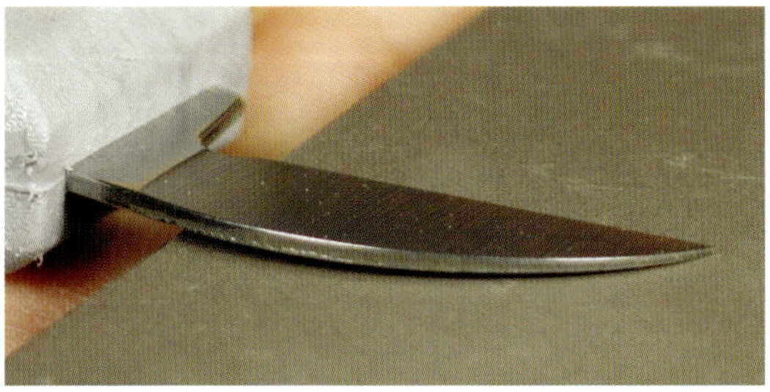

Abb. 3.5 Der Messerrücken soll mit der Oberfläche des Schärfsteins einen Winkel von etwa 10° bilden (entspricht in etwa der Dicke des Messerrückens).

Wenn Sie das Kerbschnitzmesser zu schärfen beginnen, halten Sie es so, dass der Messerrücken mit der Oberfläche des Schärfsteins einen Winkel von etwa 10° bildet **(Abb. 3.5)**. Wenn Sie die Klinge in einem steileren Winkel halten, brauchen Sie mehr Kraft, um die fertig geschärfte Klinge in das Holz zu senken und durchzuziehen. Der Stecher wird in einem anderen Winkel geschliffen (siehe S. 19).

Später erhalten Sie auch Informationen zum maschinellen Schärfen – momentan gehe ich davon aus, dass Sie von Hand schärfen.

Schärfbewegung

Manche bestehen darauf, dass man die Klinge von der Schneide weg über den Schärfstein ziehen muss, andere wieder sind dafür, die Klinge auf die Schneide zu über den Stein zu schieben; wieder andere empfehlen kreisende Bewegungen. Ich glaube nicht, dass es einen Unterschied macht. Ich empfehle folgende Methode (siehe dazu die Fotos auf S. 19):

Zuerst schieben Sie das Messer mit einer streichelnden Bewegung auf die Schneide zu **(Abb. 3.6–3.8)**. Dann ziehen Sie es von der Schneide weg, ohne es von der Oberfläche des Schärfsteins abzuheben oder den Winkel zu ändern **(Abb. 3.9. und 3.10)**. Diese gleichförmige Vor-und-Rück-Bewegung erleichtert die Einhaltung des Winkels von 10° und beschleunigt den

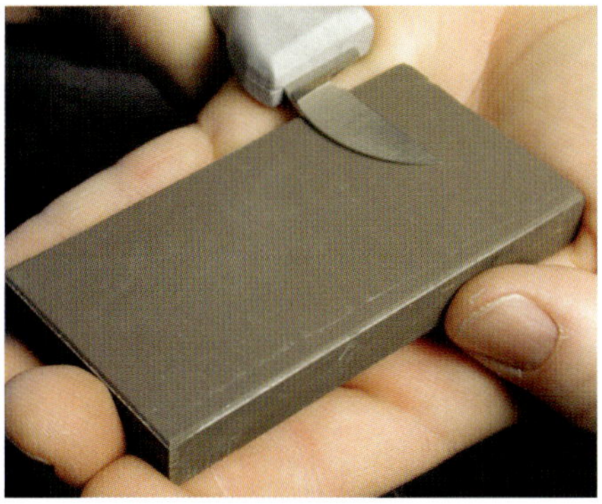

Abb. 3.6

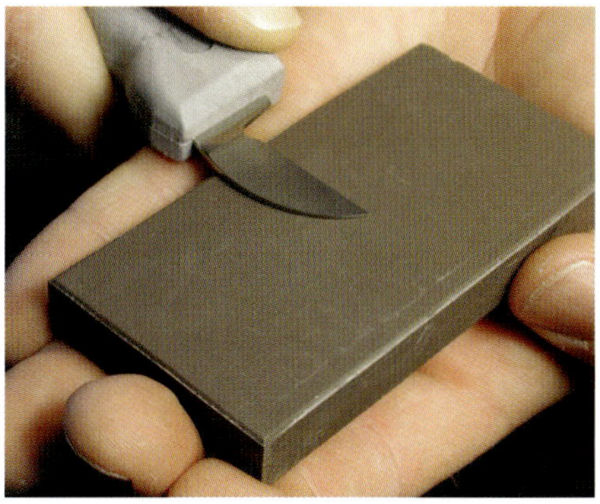

Abb. 3.7

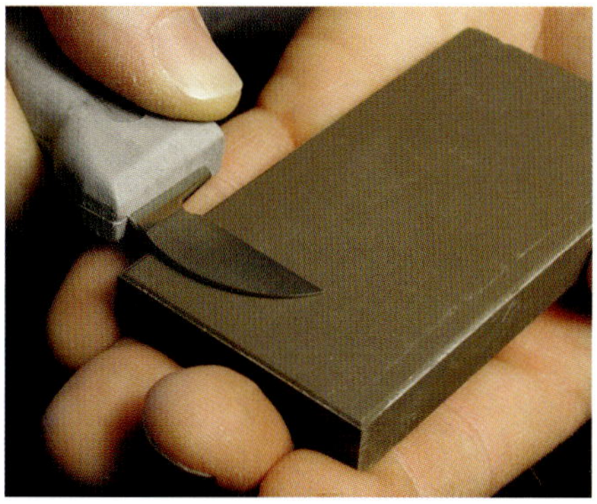

Abb. 3.8

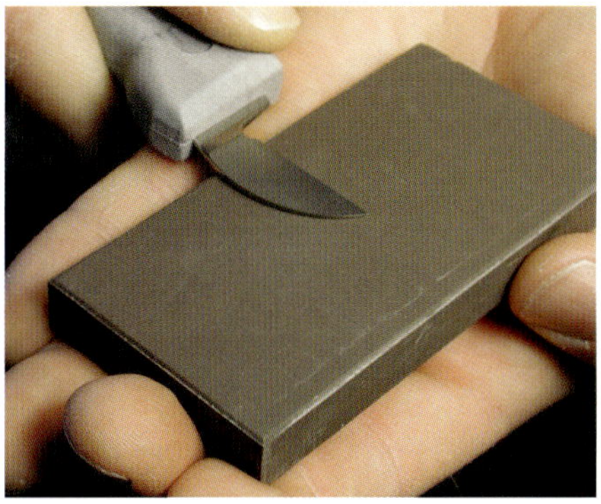

Abb. 3.9

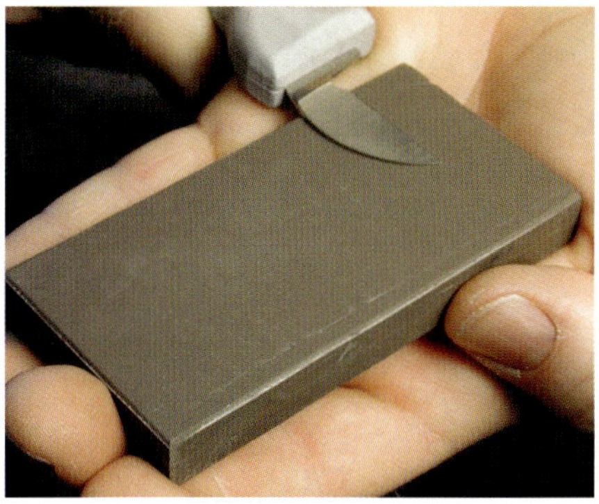

Abb. 3.10

TIPP

Heben Sie die Klinge nicht von der Oberfläche des Schärfsteins ab, sondern bewegen Sie sie vor und zurück und halten Sie dabei einen Winkel von 10° ein. Vorsicht: Beide Seiten der Schneide gleichmäßig schleifen!

Schärfvorgang. Nochmals: Die Klinge nicht von der Oberfläche des Schärfsteins abheben!

SCHÄRFMITTEL

Ich nehme am liebsten Keramiksteine. Erstens nützen sie sich nicht ab und bleiben plan. Zweitens können sie trocken (ohne Öl oder Wasser) verwendet werden, daher entsteht beim Schärfen kein Schmutz. Meiner Erfahrung nach sind alle Schnitzer, die einmal Keramiksteine probiert haben, so zufrieden, dass sie nie mehr zu anderen Schärfsteinen zurückkehren. (Wohlgemerkt: Ich spreche von Keramik*steinen* – Keramik*fliesen* sind nicht zum Schärfen geeignet!)

Öl- und Wassersteine nutzen sich stark ab – die Oberfläche wird dabei ungleichmäßig abgetragen. Aus diesem Grund sind diese Schärfsteine auch so dick (ein durchschnittlicher Ölstein hat eine Stärke von mindestens 30 mm).

Wenn Sie Hohleisen und schmale Schnitzeisen mit Öl- oder Wassersteinen schärfen, werden Sie bald bemerken, dass sich die Oberfläche des Steines „hohl schleift". Auf einem solchen Stein kann man eine Klinge mit gerader Schneide nicht mehr schärfen. Öl- und Wassersteine kann man zwar wieder plan machen („abrichten"), die meisten Schnitzer sind jedoch nicht bereit, Zeit und Mühe dafür aufzuwenden. Ein weiterer Nachteil: Wie der Name schon sagt, können Ölsteine nur mit Öl, Wassersteine nur mit Wasser verwendet werden. Das ist ohne Schmutz nicht zu bewerkstelligen. Für all jene, die (so wie ich) gern im Wohnzimmer, unter einem schattigen Baum im Garten oder im Wartebereich eines Einkaufszentrums schnitzen, während die Partnerin/der Partner Besorgungen erledigt, ist es zu umständlich.

Diamantsteine sind ziemlich aggressiv und auch der feinkörnigste Diamantstein ist meiner Meinung nach immer noch zu grob. Gewiss können Sie einen mittleren oder auch einen feinen Diamantstein zum Schärfen und Formschleifen von Kerbschnitzmessern nehmen, aber für den Feinschliff, der dem Abziehen unmittel-

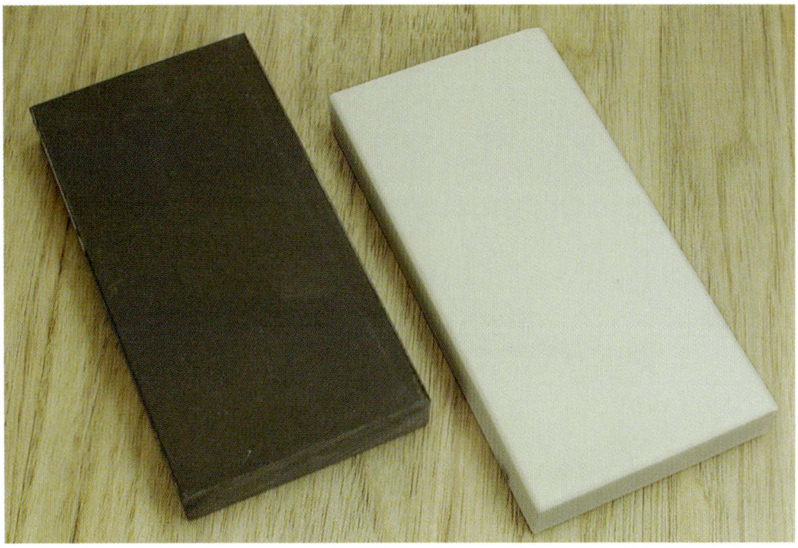

Abb. 3.11 Der dunkle Keramikstein (links) hat eine Körnung von etwa 800, der weiße Keramikstein (rechts) eine Körnung von ungefähr 8.000.

bar vorausgeht, gibt es nichts Besseres als einen superfeinen Keramikstein.

Der Schärfvorgang besteht aus drei Phasen – dem Herstellen des Schärfwinkels (Formschleifen, Grobschliff), dem Feinschliff und dem Abziehen. Ich empfehle für das Formschleifen und den Feinschliff Keramiksteine mit einer Größe von etwa 50 x 100 mm.

Diese Steine sind in zwei Körnungen erhältlich: beim dunklen Keramikstein entspricht die Körnung etwa 800, beim weißen Keramikstein etwa 8.000 **(Abb. 3.11)**. Die praktische Größe ermöglicht es, den Stein mit der Hand zu halten. Das ist wichtig, um einen konstanten Schärfwinkel zu erzielen.

Phase 1: Formschleifen

Nehmen Sie den dunklen, aggressiveren Keramik-Schärfstein, um mit der schon beschriebenen Vor-und-Rück-Bewegung einen Winkel von 10° herzustellen. Achten Sie darauf, beide Seiten der Schneide gleichmäßig zu schleifen. Bei einem funkelnagelneuen, ungeschärften Messer kann dies zwischen 10 und 40 Minuten dauern. Teurere, individuell gefertigte Messer können Sie auch vorgeschärft kaufen, massengefertigte Messer sind meist ungeschärft. Da Sie jedoch jedes Messer früher oder später selbst schärfen müssen, ist es wichtig, dass Sie den Vorgang erlernen.

Folgen Sie den auf S. 18 („Schärfbewegung") erklärten Arbeitsschritten. Schon bald werden Sie den Metallabrieb als Verfärbung auf der Oberfläche des Schärfsteins sehen. Durch genaue Beobachtung der Verfärbung können Sie feststellen, ob Sie das Messer richtig halten und auf der ganzen Breite des Steines gleichmäßigen Druck ausüben.

Die Dauer des Formschleifens hängt weitgehend davon ab, wie viel Druck Sie ausüben. Mit leichtem Druck dauert es natürlich länger, aber wenn Sie zu starken Druck ausüben, bevor Sie die nötige Erfahrung haben, kann schnell ein Schaden entstehen, der nur mühsam wieder behoben werden kann.

Welcher Schaden kann entstehen? Beobachten Sie genau, wie sich der Schärfstein verfärbt. Wenn nur im Bereich der Messerspitze eine Verfärbung zu sehen ist, üben Sie vielleicht an der Spitze mehr Druck aus. Dadurch kann es passieren, dass die „Spitze" bald nicht mehr spitz, sondern rund ist. Wenn die Verfärbung nur im Bereich des Klingenansatzes zu sehen ist, üben Sie am Klingenansatz mehr Druck aus als an der Spitze. Dies kann zur Verformung des Klingenansatzes führen. Wenn Sie beim Formschleifen zuerst den dunklen, aggressiveren Stein verwenden, ist es möglich, dass im Bereich der Spitze und des Klingenansatzes eine Verfärbung zu sehen ist, im mittleren Bereich jedoch nicht. Das ist normal, solange die Verfärbung an mehr als einer Stelle sichtbar ist. Wenn Sie dem optimalen Winkel von 10° näherkommen, wird die Verfärbung immer gleichmäßiger werden **(Abb. 3.12)**.

Phase 2: Feinschleifen

Zum Feinschleifen wechseln wir zum weißen Keramikstein, der sich mit seiner 8.000er Körnung mehr wie Glas als wie ein Schärfstein anfühlt. Viele Leute zweifeln daran, dass man mit einem so glatten Stein eine Klinge schärfen kann. Man kann es – und zwar unglaublich gut! Die Verfärbung, die wir auf dem Stein wahr-

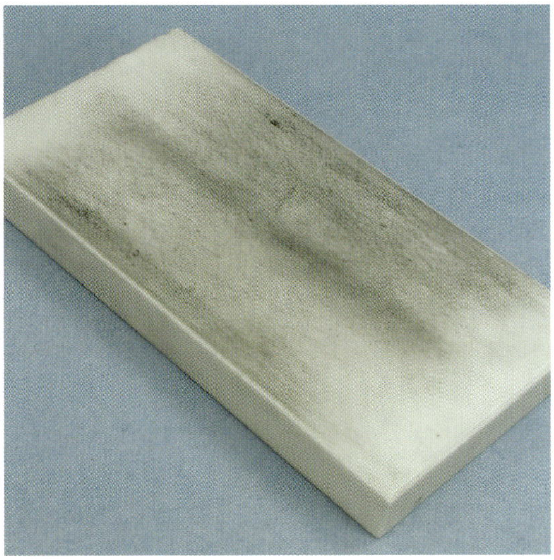

Abb. 3.12 Das Foto zeigt das typische Abriebmuster, das beim Formschleifen entsteht. Die beiden kräftigen dunklen Linien links sind am Anfang des Schärfvorgangs entstanden; im weiteren Verlauf hinterließ auch der mittlere Bereich Abrieb auf dem Stein. Der Abtrag wurde immer gleichmäßiger; nun wurde der Stein umgedreht und das Messer wurde auf der anderen Seite des Keramiksteins geschliffen.

nehmen und die aus Metallpartikeln besteht, beweist, dass tatsächlich Metall abgetragen wird.

Durch das Feinschleifen werden die Rillen geglättet, die beim Formschleifen entstanden sind; ein allfälliger Grat wird entfernt. Ein Grat ist nichts anderes als ein ganz feiner Metallfaden an der Schneide, der nicht abgefallen ist. Der Grat entsteht während des Schärfvorgangs und fällt oft unbemerkt von selbst ab. Wenn Sie also merken, dass sich ein Grat gebildet hat, ist dies kein Grund zur Beunruhigung.

Während des Feinschleifens werden Sie merken, dass die Schneide immer glatter poliert wird. Wenn die gesamte Schneide gleichmäßig glänzt und spiegelt, können Sie zur dritten Phase, zum Abziehen, übergehen.

Phase 3: Abziehen

Mit einem hochwertigen Abziehgerät aus Leder können Sie die Schneide spiegelglatt polieren **(Abb. 3.13)**. Einfach ausgedrückt: Je glatter und glänzender die Schneide, umso leichter lässt sich das Messer durch das Holz ziehen und umso glatter fallen die Schnitte aus. Das Abziehen kann man nicht übertreiben!

Zum händischen Abziehen empfehle ich, auf beiden Seiten eines 300 mm langen, etwa 30 mm breiten Stoßriemens einen schweren Lederriemen aufzukleben **(Abb. 3.14)**, wobei auf einer Seite des Stoßriemens die raue Seite des Leders nach außen zeigen sollte, auf der anderen Seite die glatte.

Tragen Sie auf die raue Seite großzügig Abziehmasse auf. Nach Wunsch können Sie etwas Feinöl (Mineralöl, 3-in-one-Öl, Honöl usw.) auf die raue Seite auftragen, damit sie geschmeidig bleibt. Auf die glatte Seite wird keine Abziehmasse aufgetragen. Es gibt verschiedene Abziehmassen, ein Farbcode weist auf die Körnung hin: Rot bedeutet eine ganz feine Körnung, Grün eine etwas aggressivere. Weiße und goldene Abziehmassen sind die aggressivsten. Alle diese Produkte sind von guter Qualität; suchen Sie sich eines aus, das Ihnen zusagt.

Ziehen Sie das Messer über die gesamte Länge des Abziehriemens und halten Sie es dabei flach! Wenn Sie das Ende des Abziehriemens erreichen, heben Sie das Messer gerade in die Höhe, ohne es über die Kante zu ziehen und ohne das Handgelenk zu drehen – dadurch würden Sie die Schneide abrunden und ihr die rasiermesserartige Schärfe nehmen. Ziehen Sie beide Seiten der Klinge ab!

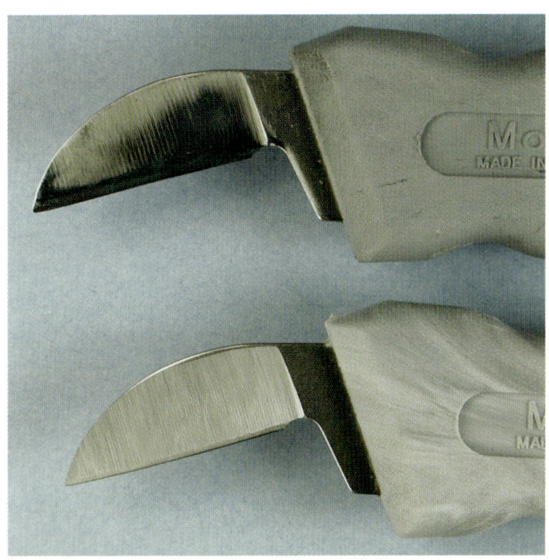

Abb. 3.13 Vergleichen Sie die polierte Schneide der oberen Klinge mit der unpolierten unteren Klinge.

TIPP

Jedes Kerbschnitzmesser wird von beiden Seiten geschärft und ist daher sowohl für Links- als auch für Rechtshänder geeignet. Auch die Handhaltung ist immer gleich (siehe dazu Kapitel 4).

TIPP

Je länger Sie die Klinge abziehen, umso leichter lässt sie sich durch das Holz ziehen und umso glatter werden die Schnitte.

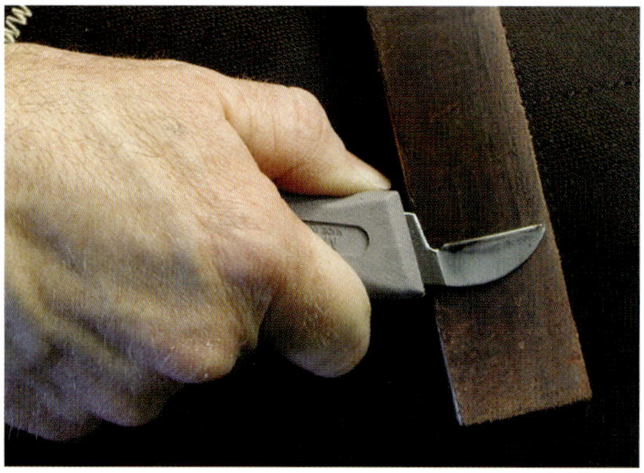

Abb. 3.14 Halten Sie das Messer beim Abziehen unbedingt flach!

Eine häufige Frage lautet: „Wie oft soll ich das Messer schärfen?“ Wenn Sie mit einem optimal geschärften Messer arbeiten, merken Sie, wenn es wieder geschärft gehört. Wenn Sie mehr Kraft aufwenden müssen, um die Klinge durch das Holz zu ziehen, wenn die Schnitte nicht mehr so glatt ausfallen wie anfangs oder wenn Sie einfach „das Gefühl haben, dass die Klinge nicht ganz in Ordnung ist“, sollten Sie nachschärfen. Wenn ich schnitze, muss ich mein Kerbschnitzmesser etwa alle 2–3 Stunden abziehen.

Dies hängt auch von verschiedenen Umständen wie dem verwendeten Holz und dem anfänglichen Zustand der Schneide ab. Noch ein Vorschlag: Wenn Sie die Klinge 5–6-mal abgezogen haben, bearbeiten Sie sie das nächste Mal etwa zwei Minuten mit dem weißen Keramikstein und ziehen Sie sie erst dann ab. Wenn Sie 5–6-mal den weißen Keramikstein verwendet haben, nehmen Sie das nächste Mal zuerst den dunklen Keramikstein, dann den weißen Keramikstein und erst dann das Abziehleder.

TIPP

Nicht vergessen: Beim Schärfen gibt es 3 Phasen. Wenn Sie mit dem dunklen Keramikstein geschärft haben, müssen Sie danach den weißen Stein und das Abziehleder einsetzen.

Das Stecheisen schärfen

Mit dem Stecheisen schneidet man kein Holz weg, man sticht es ins Holz ein. Dadurch werden Holzfasern verdrängt, und es entsteht ein Einstich in Form des Klingenquerschnitts (Stechschnitt). Die Schneide ist in einem Winkel von etwa 25° abgeschrägt, ähnlich wie beim schon gezeigten Lochbeitel. Anders als beim Schnitzmesser kommt es beim Stecheisen nicht auf den Winkel oder die Fase an, sondern auf die Breite der Klinge.

Beachten Sie, dass die Spitze des Stecheisens nicht wie eine Messerspitze zugespitzt, sondern abgefast wird. Dadurch dringt sie leichter ins Holz ein und hinterlässt einen sauber konturierten Einstich (**Abb. 3.15**). **Abb. 3.16** zeigt den Schärfwinkel von 25°. So wie beim Schnitzmesser ist das Schärfen auch beim Stecheisen ein Drei-Phasen-Prozess: Zuerst kommt der Stein der Körnung 800 zum Einsatz, dann der Stein der Körnung 8.000 und dann das Abziehleder.

Scharf oder nicht scharf?

Zur Überprüfung der Schärfe eines Schnitzmessers gibt es allerlei Vorschläge. Man kann probieren, ob man sich mit dem Messer die Haare vom Handgelenk oder vom Handrücken abrasieren kann, oder die Klinge schräg halten und mit wenig oder ganz ohne Druck am Daumennagel aufsetzen, um zu überprüfen, ob sie greift, ohne abzurutschen; man kann auch ein Stück Papier zu schneiden versuchen. Ich hätte da noch eine ganz ausgefallene Idee: Versuchen Sie doch ein Stück Holz zu schneiden!

Das Messer soll sich mit nur wenig Druck glatt und sauber durch das Holz führen lassen, ohne Spuren oder Fasern zu hinterlassen. Wenn das Messer träge ist oder am Holz haften bleibt, müssen Sie es sich noch einmal genauer ansehen.

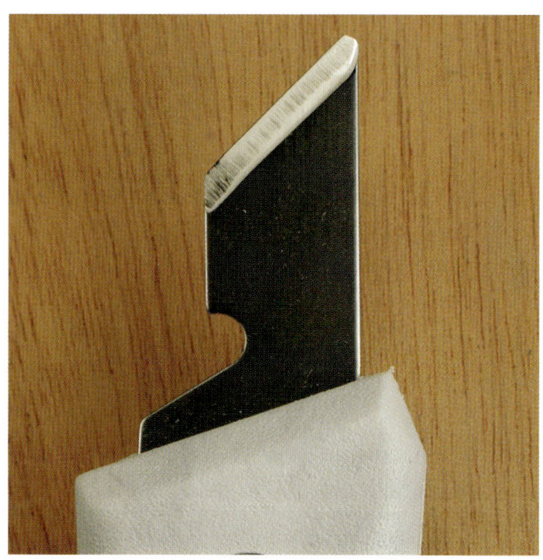

Abb. 3.15 Die Spitze des Stecheisens wird nicht wie eine Messerspitze zugespitzt, sondern abgefast.

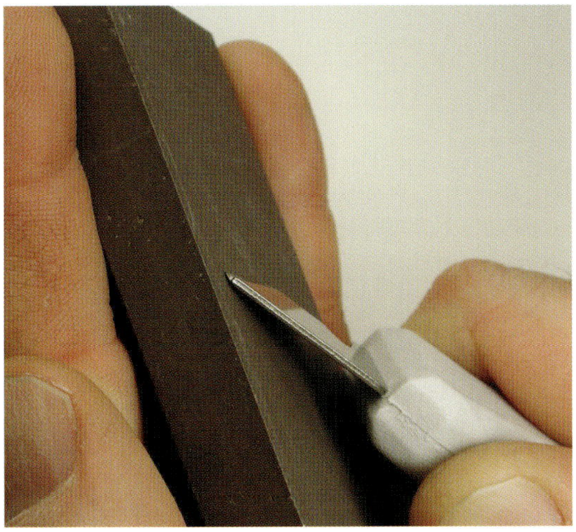

Abb. 3.16 Beim Stecheisen beträgt der Schärfwinkel etwa 25°. Dieses vorgeschärfte Eisen muss nur noch ganz kurz geschärft werden – schon ist es einsatzbereit.

In 85 % der Fälle liegt das Problem daran, dass es nicht richtig geschärft und abgezogen wurde. Wenn Sie ganz sicher sind, dass das Messer tadellos in Ordnung ist, Ihre Schnitte aber nicht so glatt und sauber sind, wie sie sein sollten (vor allem, wenn Sie quer zur Faser schneiden), kann es am Holz liegen. Wenn die Holzfeuchtigkeit weniger als 10 % beträgt, können Sie manchmal sogar hören, wie das Holz beim Schneiden springt.

Zeitaufwand

Viele Schärfprobleme lassen sich darauf zurückführen, dass mit dem Schärfen aufgehört wird, wenn die Schneide schon fast (aber eben noch nicht ganz) perfekt ist. Mich erinnert dieses Phänomen an die Empfehlung, die auf den meisten Sprühfarbdosen zu lesen ist: „Vor Gebrauch 1 Minute schütteln.“ Das Schütteln ist nervend und langweilig und erfordert Geduld, daher schütteln wir meist nur etwa zehn Sekunden. Und doch entsteht nach ausreichendem Schütteln ein viel schönerer Farbüberzug. Und mit einem gut geschärften Messer gelingt die Schnitzarbeit besser. Also nehmen Sie sich das bisschen extra Zeit und schließen Sie den Schärfvorgang ab! Ein neues Messer zum Schnitzen vorzubereiten, kann etwas länger dauern. Aber wenn die Schneide einmal perfekt geschärft ist, braucht es nicht viel Zeit und Mühe, sie in gutem Zustand zu erhalten.

Elektrische Schärfgeräte

Wenn Sie im Schnitzen ein vollkommener Neuling sind – und vor allem, wenn Sie hauptsächlich mit dem Schnitzmesser arbeiten wollen –, würde ich Ihnen nicht empfehlen, sich gleich ein elektrisches Schärfgerät zu kaufen. Lernen Sie das Schärfen von Hand – Sie werden es nicht bereuen!

Anders liegt die Sache, wenn Sie das Schärfgerät für Ihre Schnitzeisen (nicht für die Messer) oder für andere Holzbearbeitungsgeräte brauchen. Elektrische Schärfgeräte gibt es in allen möglichen Größen, Ausführungen und Preisklassen. Ich habe schon elektrische Schärfgeräte verwendet, die mehrere Hundert (oder sogar Tausend) Dollar gekostet haben. Ich habe jedoch nie ein besseres Gerät gefunden als einen ganz einfachen, umgebauten Bandschleifer mit einem 25 mm breiten Schleifband **(Abb. 3.17)**. Schärfgeräte mit senkrecht montierten Schärfrädern eignen sich gut für Balleisen und Hohleisen, aber ein Messer oder ein Hobeleisen lässt sich nur sehr schwer damit schärfen. Dazu bräuchte man ein waagrecht montiertes Schärfrad, das aber wegen seines hohen Preises für viele nicht in Frage kommt.

Das Schleifband des improvisierten Schleifgerätes muss aus Sicherheitsgründen vom Bediener weg und nicht auf ihn zu laufen. Bei den meisten Bandschleifern kann man diesen Umbau ohne größere Probleme durchführen, indem man den Motor neu verkabelt. Die ideale Geschwindigkeit für ein solches Gerät beträgt etwa 1.300 rpm. Bei einer wesentlich höheren Geschwindigkeit muss damit gerechnet werden, dass die Klinge überhitzt wird und ihre Härte verliert. Für solche Geräte gibt es auch Lederbänder, mit denen das Abziehen zum Kinderspiel wird.

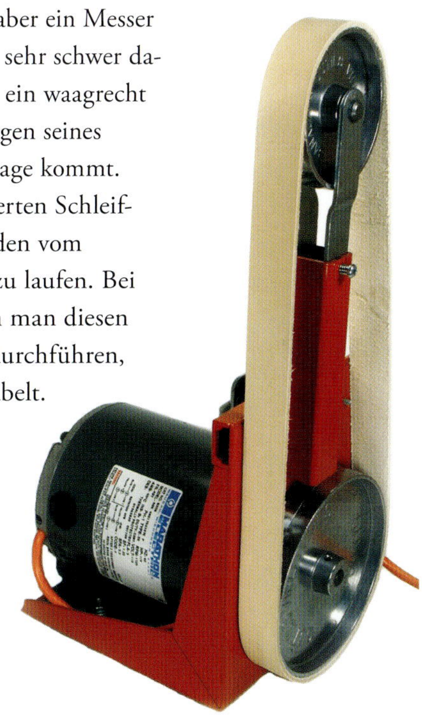

Abb. 3.17 Ich kenne kein besseres elektrisches Schärfgerät als einen einfachen, umgebauten Bandschleifer mit einem 25 mm breiten Schleifband.

Tipp

Nehmen Sie sich Zeit, den Schärfprozess abzuschließen! Wenn die Schneide einmal perfekt geschärft ist, braucht es nicht viel Zeit und Mühe, sie in gutem Zustand zu erhalten.

4 Richtige Handhaltung

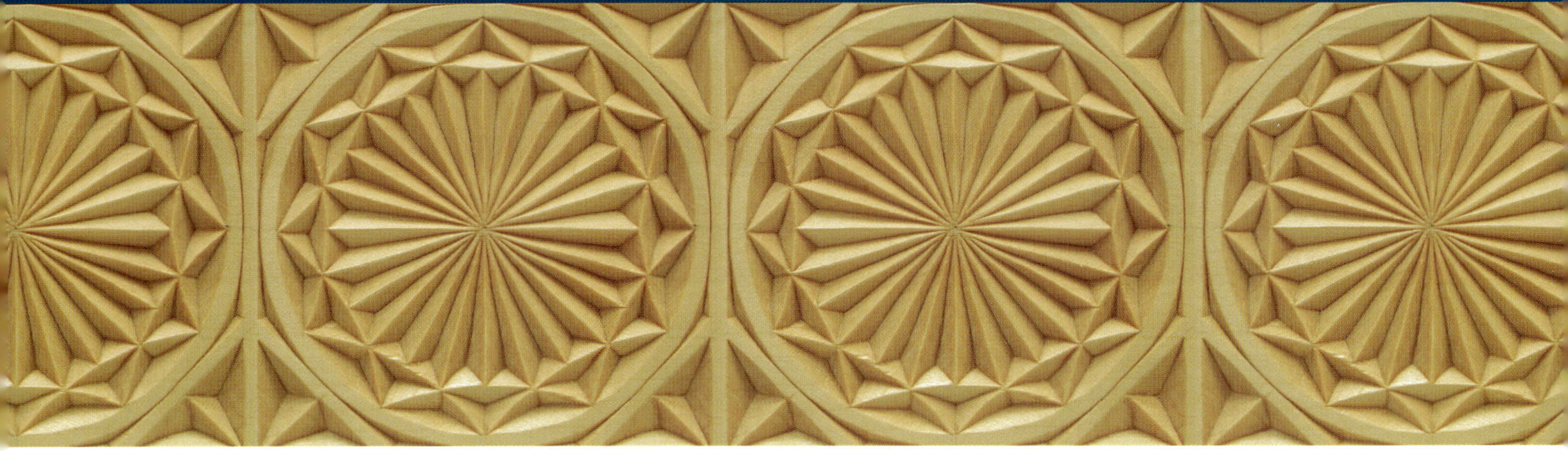

Ist die richtige Handhaltung überhaupt wichtig? Und ob! Eine Kerbschnitzarbeit verdankt ihre Schönheit zum großen Teil den Licht- und Schatteneffekten, die auf der Holzoberfläche entstehen, und der Gleichmäßigkeit des Schnittwinkels. Natürlich kommt es auch auf die Motive und das Muster an. Doch wenn die Ausführung zu wünschen übrig lässt, sieht auch das prächtigste Muster nicht mehr so prächtig aus. Gleichmäßige Schnittwinkel können Sie erzielen, indem Sie
a) immer in derselben Körperhaltung und
b) immer mit derselben Handhaltung schnitzen.

Sie wissen ja: Wenn Sie auf dem Schoß arbeiten (oder zumindest die Arme am Ellbogen abwinkeln – siehe S. 12), nehmen Sie automatisch immer dieselbe Körperhaltung ein, ganz gleich, wo Sie sitzen!

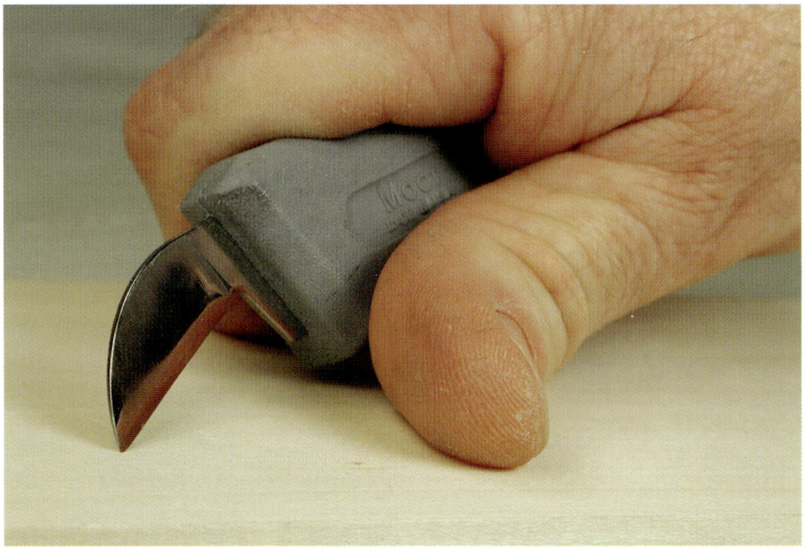

Für eine schön ausgeführte Kerbschnitzarbeit ist die richtige Handhaltung unverzichtbar.

Der Schnittwinkel

Der Schnittwinkel wirkt sich entscheidend auf die Licht- und Schatteneffekte und auf den Gesamteindruck der Arbeit aus. Sie wissen bereits: Um einen Span herauszuschneiden, müssen Sie mindestens zwei Schnitte führen, die einander gegenüberliegen und schräg zur Holzoberfläche verlaufen, sodass sie eine v-förmige Kerbe bilden.

Es macht einen enormen Unterschied, in welchem Winkel Sie die Schnitte setzen. Bei einem Winkel von 45° Grad (falsch!) werden die Kerben vollständig ausgeleuchtet; bei einem Winkel von 65° (richtig!) entstehen scharf und geradlinig umgrenzte Licht- und Schattenbereiche. Beim Schnitzen neigt man dazu, zu flach zu schneiden. Das ist verständlich, denn bei einem Winkel von 45° treffen sich die Schnitte auf dem Kerbgrund, ohne dass man sehr tief schneiden muss. Bei einem Winkel von 65° muss viel tiefer ins Holz geschnitten werden, damit die Schnitte aufeinandertreffen und eine V-Form entsteht **(Abb. 4.1–4.4)**.

Schnitzmesser halten: Position 1

Sie wissen jetzt, warum der Winkel von 65° wichtig ist. Wie können Sie sicher sein, diesen Winkel immer einzuhalten? Ganz einfach: indem Sie das Messer immer in derselben Position halten. Das ist ganz leicht:

Wie Sie auf **Abb. 4.5** sehen, hat der Griff des großen Schnitzmessers zwei Fingerrillen. Die Rille an der Oberseite des Griffes ist für den Zeigefinger gedacht. Auf **Abb. 4.6** sehen Sie, wie der Zeigefinger beim Schnitzen in der Rille liegt und auf dem Holz aufrastet. Die Rille für den Daumen befindet sich an der gegenüberliegenden Seite, knapp bei der Klinge. **Abb. 4.7** zeigt, wie der Daumen in der Rille liegt und auf dem Holz aufrastet. Sehen Sie sich die Fotos an und probieren Sie die Handhaltung aus. Das ist Position 1. Da es nur zwei Positionen gibt, haben Sie damit die Schnitztechnik schon zur Hälfte erlernt!

Nun überprüfen Sie, ob Sie das Messer auch richtig halten, um in einem Winkel von 65° zu schneiden **(siehe Abb. 4.4)**. Wichtig: Wenn Sie dabei feststellen, dass der Winkel nicht stimmt,

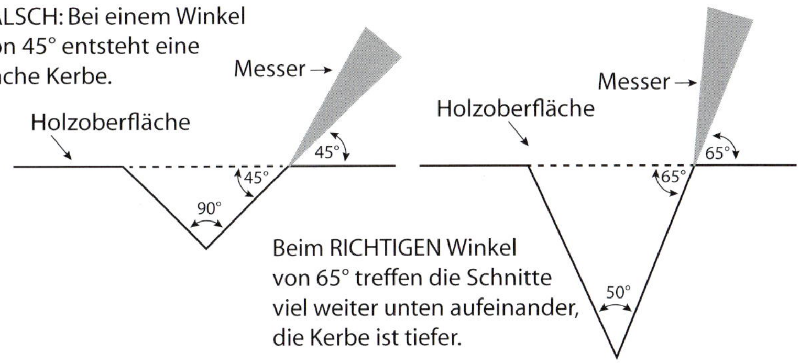

Abb. 4.1 Bei einem Winkel von 65° müssen Sie viel tiefer schneiden als bei einem Winkel von 45°.

Abb. 4.2 Die linke Kerbe wurde mit einem Winkel von 45° in ein Stück Lindenholz geschnitzt, die rechte Kerbe mit einem Winkel von 65°. Beachten Sie den markanten Schatten in der rechten Kerbe, während in der linken Kerbe kaum ein Schatten zu sehen ist! Nun können Sie sich den Unterschied bei einem ganzen Kerbschnitzprojekt vorstellen.

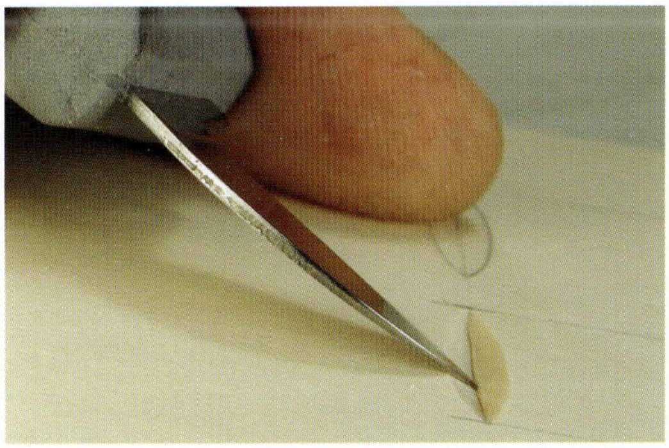

Abb. 4.3 Hier wird das Messer in einem Winkel von 45° gehalten (falsch).

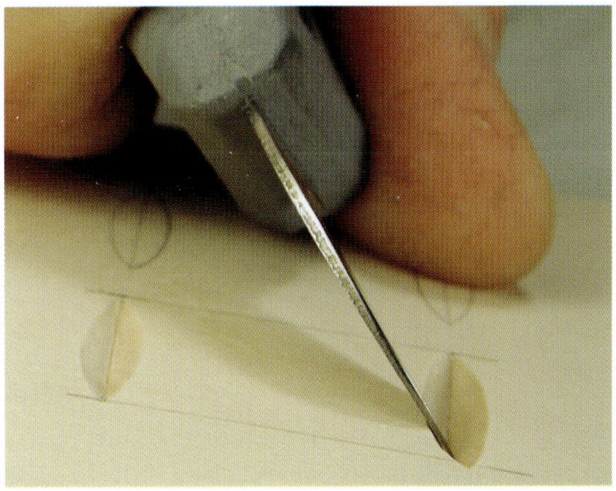

Abb. 4.4 Hier beträgt der Winkel 65° (richtig).

Tipp

Wenn Sie von kleiner Statur sind und Ihre Fußsohlen nicht zur Gänze am Boden aufliegen, wenn Sie auf einem Sessel sitzen, legen Sie einen Holzklotz, ein Telefonbuch oder Ähnliches unter Ihre Füße. So ein „Schemel" hilft auch allen Schnitzern, die an Rückenschmerzen leiden!

Tipp

Die Schönheit einer Kerbschnitzerei hängt zum Großteil von den Schatteneffekten ab, die durch den richtigen, einheitlichen Schnittwinkel entstehen.

Tipp

Vom Schnittwinkel hängen die Schatteneffekte ab, die für den Gesamteindruck der Arbeit entscheidend sind. Hier zeigt sich ein geradezu unglaublicher Unterschied zwischen einem Schnittwinkel von 45° und einem Schnittwinkel von 65°.

verdrehen Sie nicht die Hand oder das Handgelenk, um einen Winkel von 65° zu erzielen – sonst entsteht eine unnatürliche Handhaltung. Lockern Sie Ihren Griff und drehen Sie den Messergriff in der Hand, bis die Klinge in einem Winkel von 65° aufrastet. Dann halten Sie das Messer wieder fester.

Wenn Sie das Messer immer in dieser Position halten, können Sie sicher sein, stets im richtigen Winkel zu schneiden. Achten Sie auch darauf, dass Zeigefinger und Daumen ständig das Werkstück berühren. Dieser Kontakt gehört nicht nur zur richtigen Handhaltung, sondern macht es auch so gut wie unmöglich, dass Sie sich verletzen. Beim Schnitzen verschiebt sich die Hand am Messergriff, und da sich Ihre Hand mit dem Messer bewegt, wird der Sicherheit automatisch Genüge getan. Vorsicht: Sollten Sie Lust bekommen, den Daumen vom Messergriff zu lösen und fest auf dem Holz zu platzieren, um ihn als Hebel zu benutzen, tun Sie es nicht! Wenn das Messer abrutscht, landet es im Daumen!

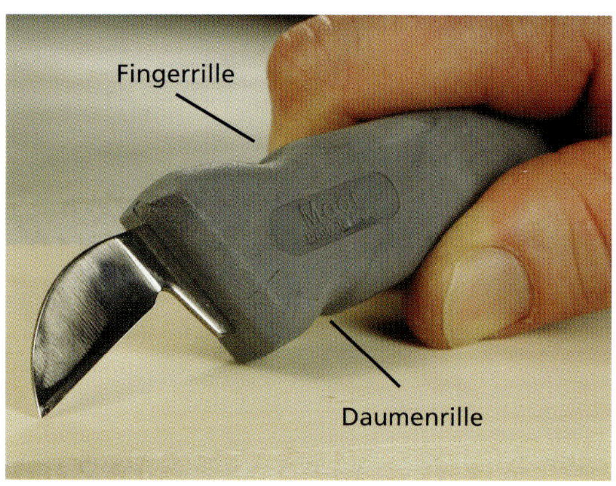

Abb. 4.5 Der ergonomische Griff hat eine Finger- und eine Daumenrille, die die richtige Handhaltung erleichtern.

Schnitzmesser halten: Position 2

Bei 95 % Ihrer Schnitte wird Position 1 zum Einsatz kommen. Es gibt allerdings noch eine zweite Position, die Ihnen gute Dienste leisten kann. Dabei zeigt die Klinge in die entgegengesetzte Richtung wie bei Position 1, nämlich von Ihrem Daumen und Ihrem Körper weg statt auf Ihren Daumen und Ihren Körper zu **(Abb. 4.8)**.

Bei Position 2 ruht der Daumen nicht nur auf dem Messergriff, sondern auch auf dem Messerrücken. Achten Sie darauf, dass Ihre Finger ständig mit dem Holz in Berührung bleiben **(Abb. 4.9)** – dies dient zur Stütze und zur Stabilität.

Da Sie bei Position 2 sowohl den Daumen als auch den Zeigefinger nicht auf dem Holz abstützen und als „Haltevorrichtung" benützen können, ist es schwieriger, den Winkel von 65° ständig einzuhalten. Mit etwas Übung werden Sie aber auch diese Handhaltung erlernen.

Wann wird Position 2 verwendet? Erstens, um ein Spalten des Holzes zu verhindern. Wenn Sie in Position 1 mit der Faser schneiden, kommt es vor, dass sich das Holz vor der Klinge zu spalten beginnt (ähnlich wie beim Spalten von Brennholz). Wenn Sie Anzeichen dafür bemer-

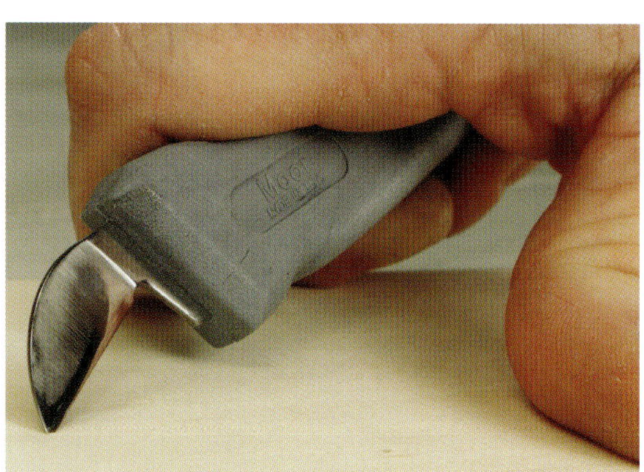

Abb. 4.6 Beim Schnitzen rastet der Zeigefinger auch auf dem Holz auf.

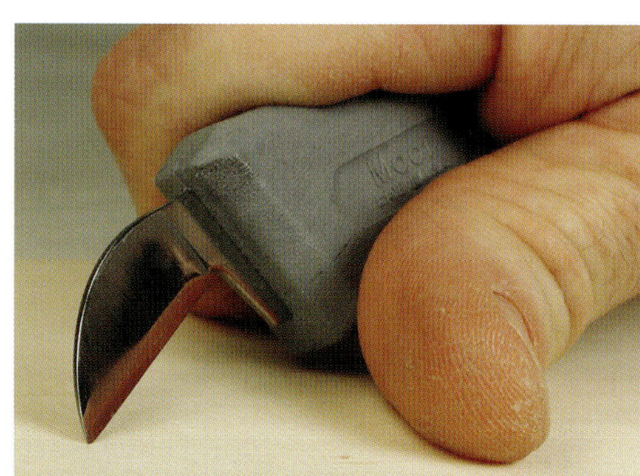

Abb. 4.7 Position 1 mit dem großen Schnitzmesser. Auch der Daumen rastet auf dem Holz auf.

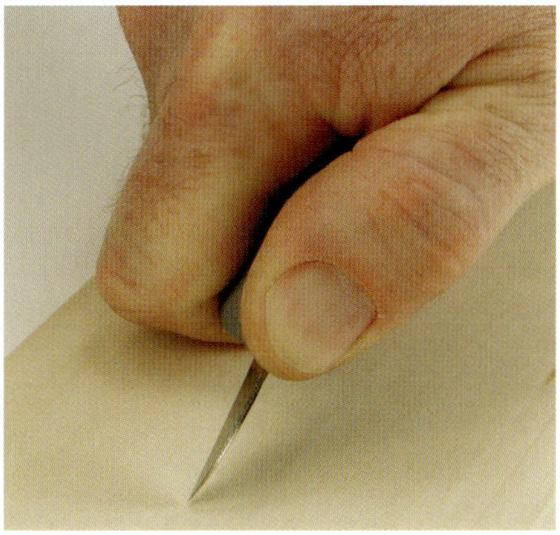

Abb. 4.8 So schneiden Sie mit dem großen Schnitzmesser in Position 2.

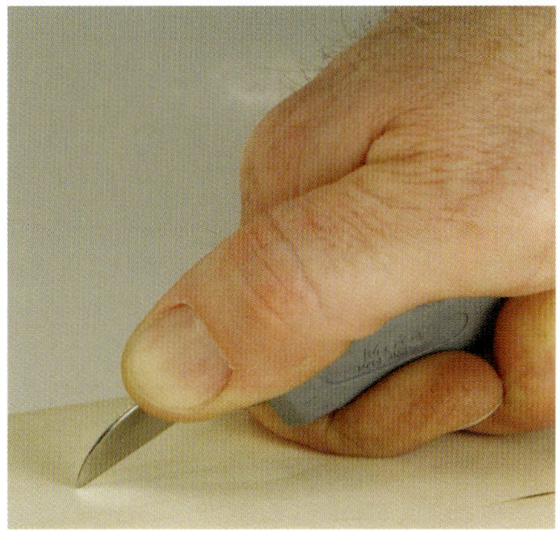

Abb. 4.9 Der Daumen ruht auf dem Messerrücken und auf dem Griff. Die Finger berühren ständig das Werkstück.

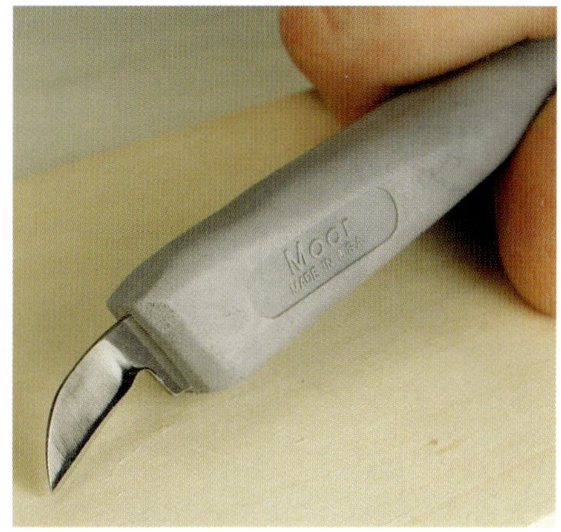

Abb. 4.10 Der Griff ist ausgestellt, damit er sich besser festhalten lässt.

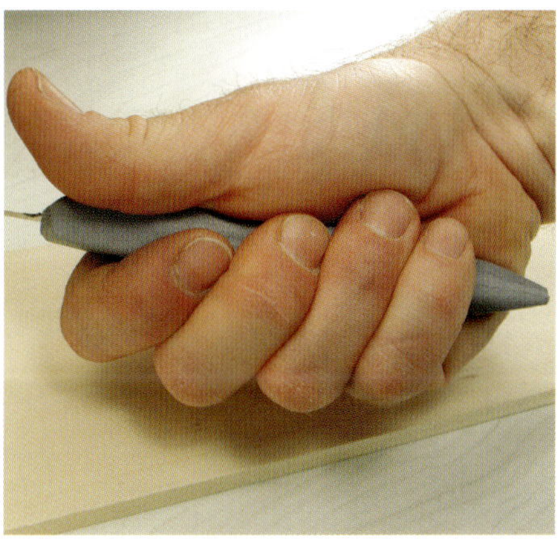

Abb. 4.11 Der Griff des kleineren Messers ist so lang, dass sein Ende aus der Handfläche hervorsteht.

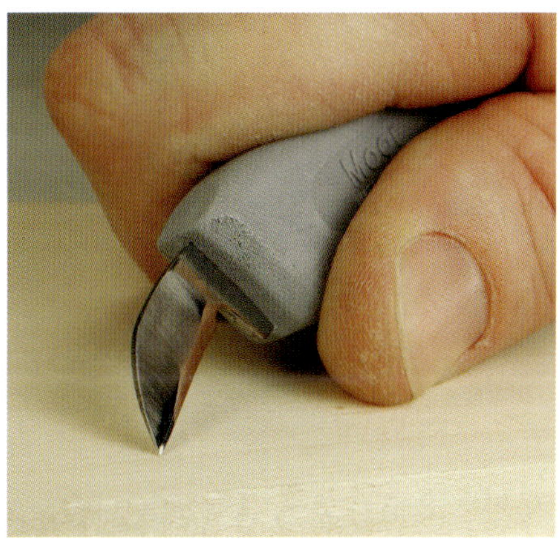

Abb. 4.12 Halten Sie das kleine Schnitzmesser ebenso wie das große in einem Winkel von 65°.

Tipp

Linkshänder halten das Messer genau wie beschrieben, nur eben mit der linken Hand! Da die Klinge von beiden Seiten geschärft wurde, können Sie mit der linken Hand genauso schneiden wie mit der rechten.

ken, hören Sie sofort zu schneiden auf, wechseln Sie zu Position 2 und schneiden Sie wieder in den Schnitt hinein, den Sie schon in Position 1 ausgeführt haben.

Zweitens brauchen Sie Position 2 für den zweiten Schnitt bei dreieckigen Kerben. Den Grund dafür erfahren Sie in Kapitel 5.

Drittens ist diese Position in räumlich eng begrenzten Bereichen von Nutzen. Bei einer Holzkassette wären das z. B. die Innenseite oder die Seitenflächen. Sie werden Position 2 nicht oft brauchen, in manchen Situationen ist sie aber Gold wert.

Handhaltung beim kleinen Schnitzmesser

Beim kleinen Schnitzmesser ist die Handhaltung (Position 1 und 2) genau gleich wie beim großen. Der Griff hat allerdings keine Fingerrillen. Seine spezielle Form hilft Ihnen jedoch, das Messer richtig zu halten – ob Sie nun große oder kleine Hände haben!

Abb. 4.10 zeigt die ausgestellte Form des Messergriffes. Sie werden merken, dass der Griff gut in der Hand liegt und die ergonomische Form Ihnen hilft, das Messer richtig zu halten. Auf **Abb. 4.11** sehen Sie, dass der lange Griff aus der Hand hervorsteht. Die zusätzliche Länge ist auf jeden Fall ein Gewinn für

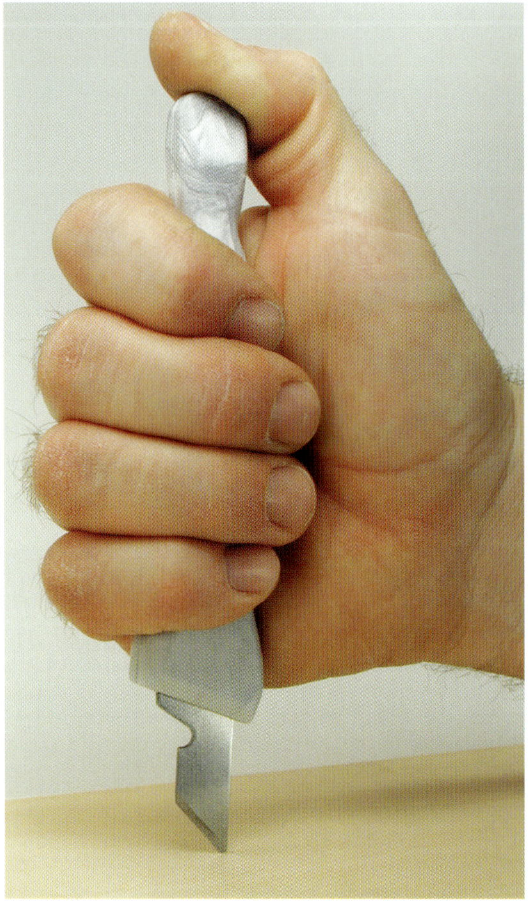

Abb. 4.13 So hält man das Stecheisen mit der Schneide nach außen.

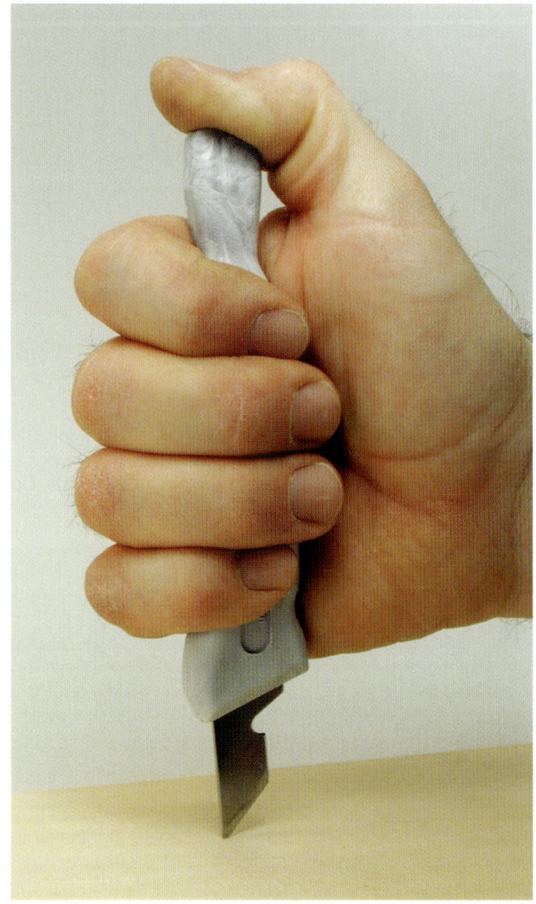

Abb. 4.14 So hält man das Stecheisen mit der Schneide nach innen.

Abb. 4.15 Hier wurde das Stecheisen senkrecht ins Holz getrieben (Stechschnitt).

Personen mit größeren Händen, die die kleine Klinge für schwierige Schnitte einsetzen wollen. **Abb. 4.12** zeigt, dass die richtige Handhaltung und der Schnittwinkel von 65°, die zuvor anhand des größeren Messers besprochen wurden, auch beim kleinen Schnitzmesser zur Anwendung kommen. Auch Position 2 wird mit dem kleinen Messer ebenso ausgeführt wie mit dem großen **(siehe Abb. 4.8 und 4.9)**.

Stecheisen richtig halten

Das Stecheisen hat seinen Namen von seinem Zweck und der Art, wie es gehalten wird. Die Wichtigkeit dieses einfachen Werkzeugs, das einen ebenso einfachen Zweck erfüllt, wird oft unterschätzt. Zuerst zur richtigen Handhaltung: In **Abb. 4.13** wird das Stecheisen mit der Schneide nach außen, in **Abb. 4.14** mit der Schneide nach innen gehalten.

Je nachdem, wie der Stechschnitt **(siehe Abb. 4.15)** aussehen soll, kann die Schneide nach außen, nach innen oder zur Seite zeigen.

Nun setzen Sie die Spitze auf der Holzoberfläche auf und stechen Sie die Klinge in das Holz. (Vorsicht: Nicht von weiter oben auf die

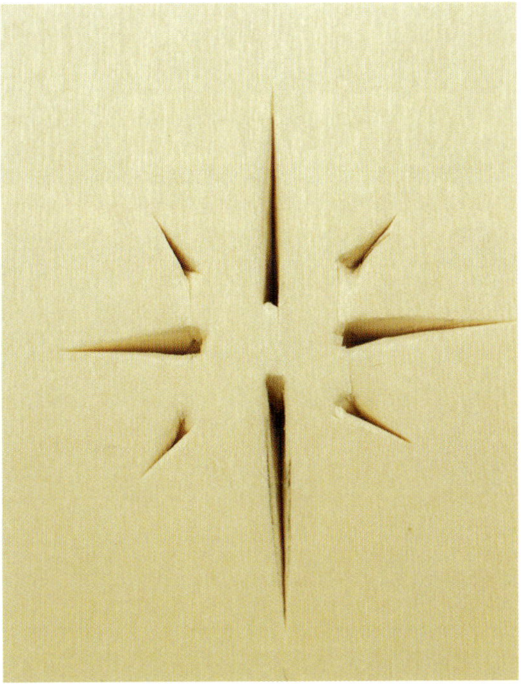

Abb. 4.16 Ein einfaches, aber effektvolles Sternmotiv aus acht Stechschnitten.

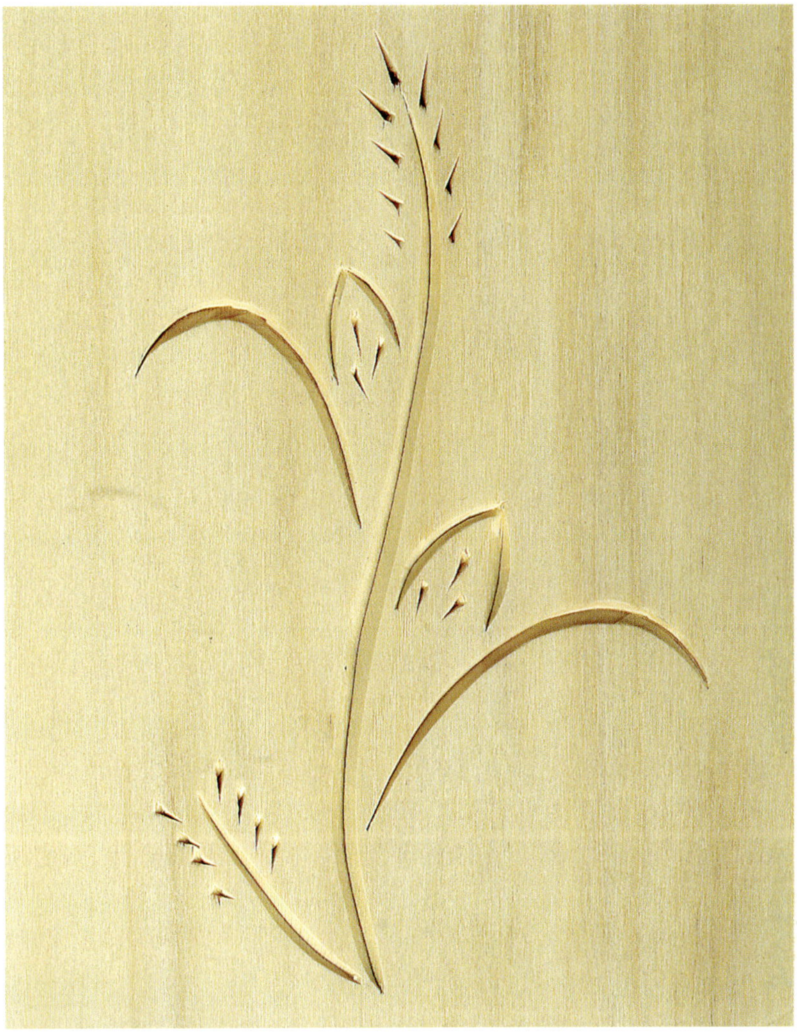

Abb. 4.17 Das Blumenmotiv bekommt erst durch die Stechschnitte das gewisse Etwas.

Holzoberfläche „zielen" und die Klinge ins Holz rammen – Sie könnten danebentreffen und sich am Bein verletzen!)

Der Stechschnitt kann je nach der Breite der Klinge und der Art, wie sie geschärft wurde, verschieden aussehen. Vielleicht sind Sie der Meinung, dass er alles andere als eindrucksvoll aussieht. Mit dieser Ansicht sind Sie nicht allein. Trotzdem sollten Sie seine Bedeutung nicht zu gering einschätzen. Ein Stern aus acht Stechschnitten **(Abb. 4.16)** ist schnell fertig und bildet eine schöne Ergänzung für ein Kerbschnitzornament. Oder sehen Sie sich das Blumenmotiv auf **Abb. 4.17** an und versuchen Sie sich die Stechschnitte wegzudenken!

Das Stecheisen schiebt die Holzfasern gerade so weit auseinander, dass sich die Stechschnitte nicht wieder schließen, sondern je nach ihrer Größe nur ein bisschen zusammenziehen, wenn Sie das Finish auftragen.

5 Die drei Grundformen

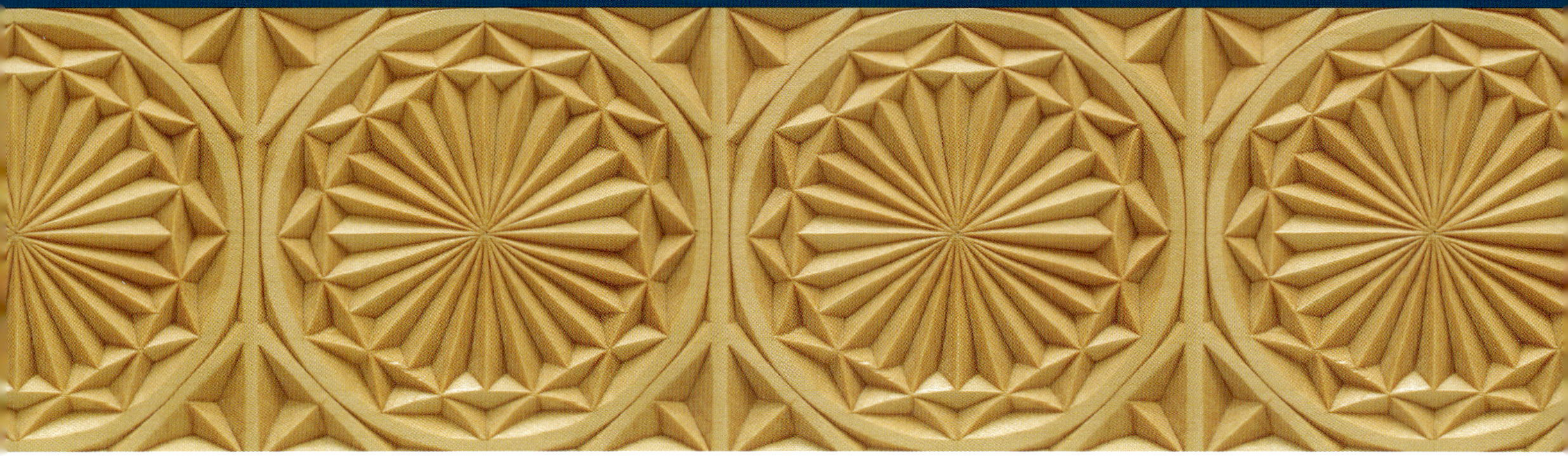

Kaum zu glauben, aber wahr: Beim Kerbschnitt gibt es nur drei Grundformen. Auf den ersten Blick erscheint eine Kerbschnitzerei kompliziert und schwer zu arbeiten. Wenn Sie sie jedoch in einzelne Kerben „zerlegen", werden Sie drei Formen erkennen: den Zweischnitt (Mandelschnitt), den Dreischnitt und den furchenförmigen Schnitt (Linienschnitt).

Zweischnitt (Mandelschnitt)

Der Zweischnitt ist besonders formen- und variantenreich **(Abb. 5.1)**. Außerdem ist er am leichtesten zu schnitzen: Ziehen Sie das große oder das kleine Kerbschnitzmesser in Position 1 in einem Winkel von 65° an einer Seite der Kerbe entlang.

Ziehen Sie die Klinge aus dem Holz, drehen Sie das Werkstück um 180° und schneiden Sie die andere Seite der Kerbe genauso **(Abb. 5.2**

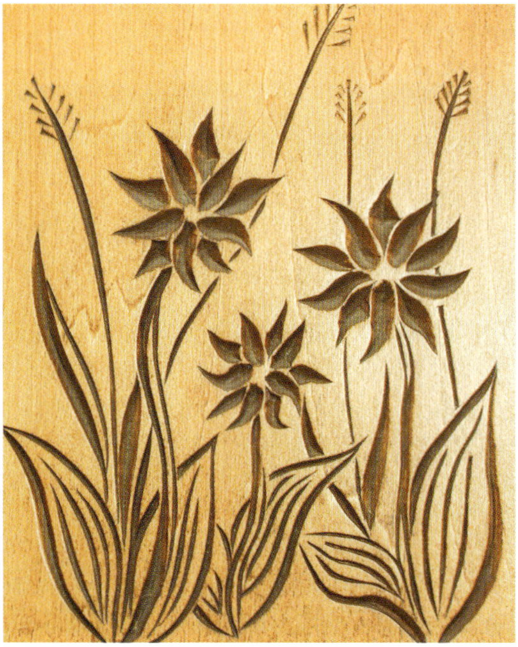

Abb. 5.1 Dieses Blumenmotiv besteht fast ausschließlich aus Zweischnitten – mit Ausnahme der Stechschnitte und zweier Blütenblätter. Können Sie sie erkennen?

und **5.3**). Zur Übung versuchen Sie gleich einige der Kerben auf Seite 32 zu arbeiten **(Abb. 5.4)**. Sie brauchen dazu ein Übungsbrett (Maße etwa 9 x 100 x 300 mm).

Haben Sie die erste Kerbschnitzübung hinter sich gebracht? Und hat sich der Span auf Anhieb herauslösen lassen? Nein? Seien Sie nicht enttäuscht, das war zu erwarten. Sie haben einfach nicht tief genug geschnitten, daher konnten die beiden Schnitte (bei einem Schnittwinkel von jeweils 65°) nicht aufeinandertreffen. Dafür kann es verschiedene Ursachen geben:

- Die Kerbe ist zu groß.
- Das Schneiden quer zur Faser ist schwieriger als das Schneiden mit der Faser.
- Sie haben nicht genug Kraft eingesetzt.
- Sie sind nicht kräftig genug.
- Ihr Messer ist nicht scharf genug und wurde nicht gründlich abgezogen.
- Es war Ihr erster Versuch.

Keine Sorge: Das Problem lässt sich auf jeden Fall lösen.

Abb. 5.5 zeigt ein Übungsbrett mit lauter großen mandelförmigen Kerben. Bei Kerbe **Nr. 2** in der oberen Reihe wurde zuerst ein Schnitt im Winkel von 65° auf Seite **A** gesetzt, dann wurde das Brett um 180° gedreht und ein ebensolcher Schnitt auf Seite **B** geführt. Das Ergebnis: Der Span ist noch da! Bei Nr. 3 wurden die Schnitte auf beiden Seiten mit dem gleichen Schnittwinkel wiederholt. Diesmal gelang es, den Span herauszulösen oder vielmehr herauszubrechen – leider sieht das Ganze aus, als wäre ein Biber mit wackeligen Zähnen am Werk gewesen! Bei der letzten Kerbe in der oberen Reihe wurden beide Schnitte im selben Winkel nochmals ausgeführt, um die Spuren des Missgeschicks zu beseitigen. Nach drei Versuchen lässt also das Ergebnis immer noch zu wünschen übrig. Ich gebe gerne zu, dass viele meiner ersten Kerbschnitzversuche so ausgesehen haben. Moral: Versuchen Sie nicht, eine solche Kerbe mit einem einfachen Doppelschnitt zu schneiden!

Wie man es richtig macht, sehen Sie an den Kerben in der zweiten Reihe. Innerhalb der Vorlagelinie für die große Kerbe wird zuerst ein kleinerer Span herausgeschnitten – das geht ganz leicht, weil nur wenig Holz weggenommen wird. Dadurch entsteht ein Hohlraum. Nun kann man das restliche Holz mit zwei weiteren Schnitten sauber herauslösen. Auch das geht ganz leicht, weil Sie wieder nur wenig Holz wegnehmen müssen und sich das Holz beim Schneiden in den Hohlraum verschieben lässt. Und das Ergebnis sieht tadellos aus!

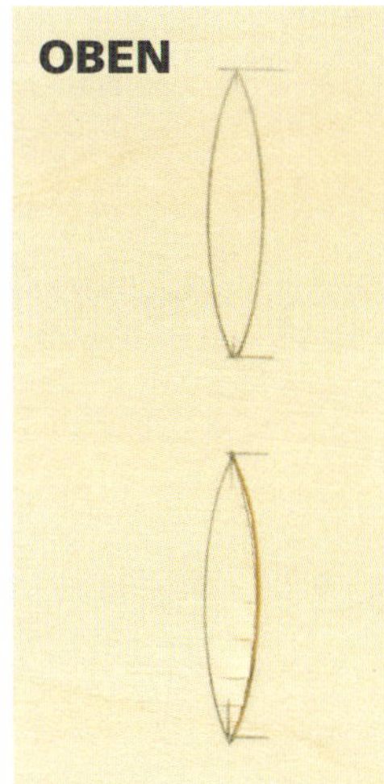

Abb. 5.2 Beim Zweischnitt (Mandelschnitt) halten Sie das Schnitzmesser in einem Winkel von 65° in Position 1. Schneiden Sie an einer Seite der Kerbe entlang.

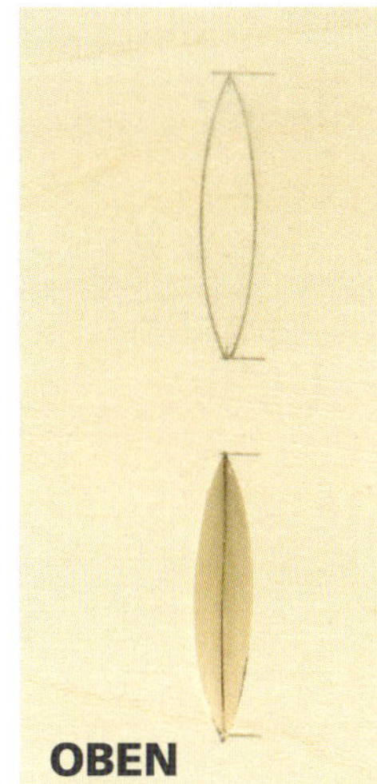

Abb. 5.3 Ziehen Sie das Messer aus dem Holz, drehen Sie das Brett um 180° und schneiden Sie die andere Seite genauso.

Tipp

Sie sollten aus zwei Gründen nie versuchen, einen hartnäckigen Span herauszustemmen: Erstens wird der Span abbrechen, was unschön aussieht. Zweitens kann das Messer beschädigt werden. Lindenholz ist leicht, aber hart! Nachdem Sie das Messer mühsam geschärft und poliert haben, wollen Sie gewiss nicht riskieren, dass die Spitze abbricht. Daher: Schneiden, nicht herausstemmen!

Tipp

Wir arbeiten wie immer auf dem Schoß. Tragen Sie unbedingt eine Schnitzschürze oder sorgen Sie auf andere Weise für Ihre Sicherheit!

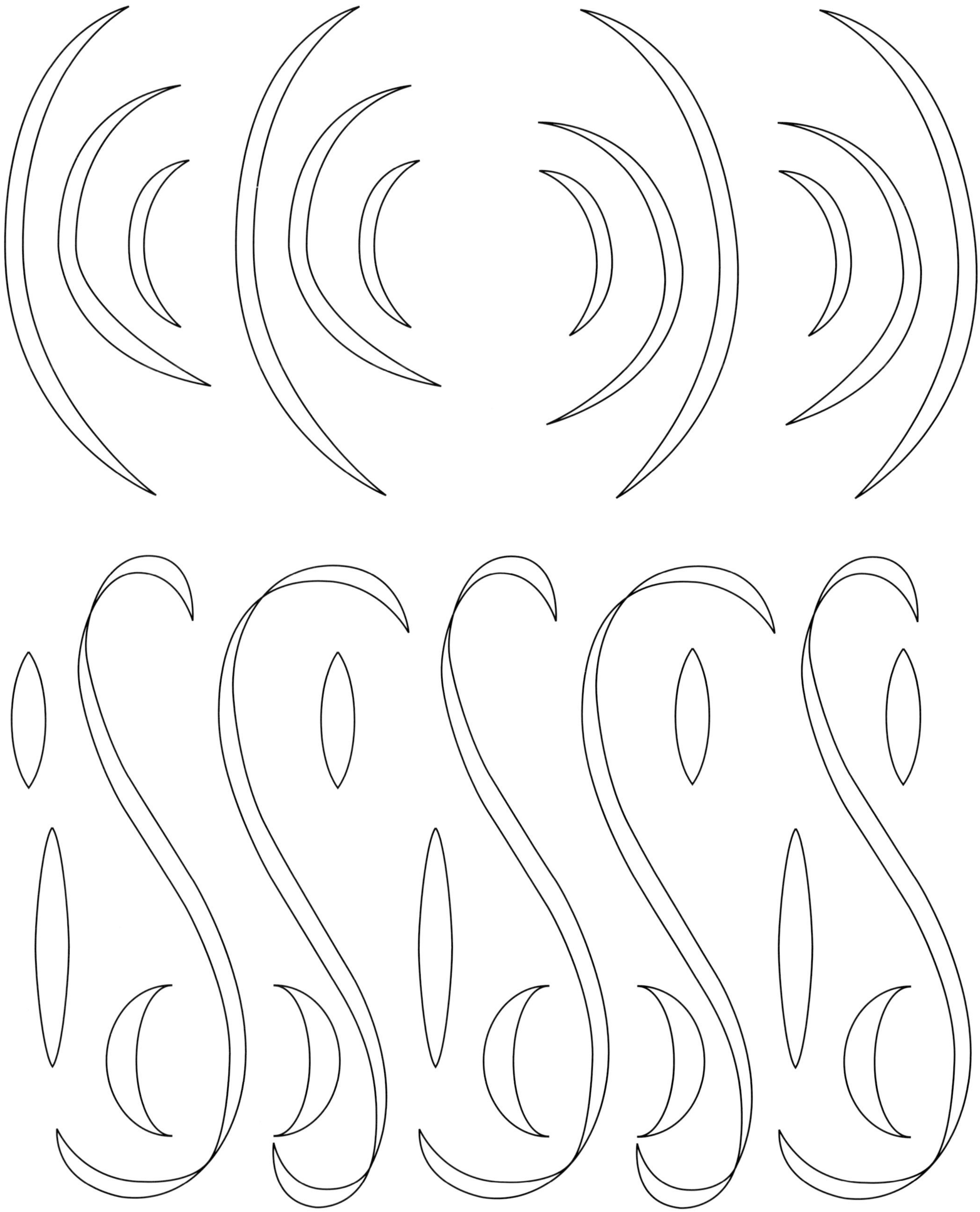

Abb. 5.4 Diese Einsteigerübungen sind nicht allzu schwer und lassen doch erahnen, wie vielseitig der Zweischnitt ist. Gewöhnen Sie sich an die Arbeit mit dem Kerbschnitzmesser und finden Sie heraus, wie sich das Holz beim Schnitzen verhält. Schneiden Sie einige Kerben mit der Faser, andere quer zur Faser. Am besten nehmen Sie Lindenholz. Kopf hoch, es ist nur eine Übung, es kann nichts schiefgehen!

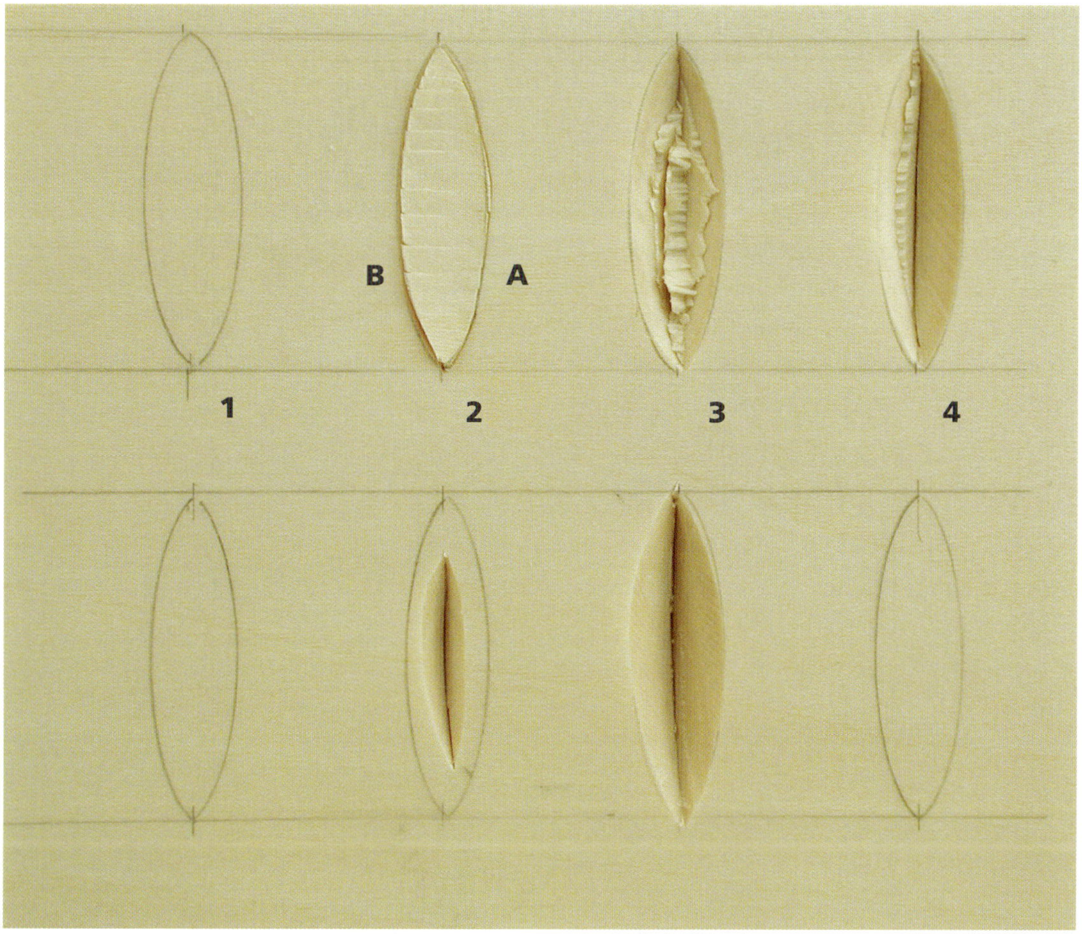

Abb. 5.5 Die obere Reihe zeigt den vergeblichen Versuch, eine große Kerbe mit einem einfachen Doppelschnitt zu schneiden. In der unteren Reihe wurde zuerst ein kleiner Span in der Mitte herausgeschnitten und dann das restliche Holz sauber entfernt.

Tipp

Wenn sich der Span nicht aus der Kerbe löst, war einer der beiden Schnitte nicht tief genug. Probieren Sie die nächste Kerbe in derselben Größe zu schneiden. Diesmal schneiden Sie zuerst einen kleinen Span aus der Mitte heraus (siehe **Abb. 5.5** und die Anleitung auf S. 31) und arbeiten Sie sich von innen nach außen vor.

Kerbschnitzer hören oft die Frage: „Wir schaffen Sie es, dass sich die beiden Schnitte genau an der richtigen Stelle treffen, damit sich der Span löst?“ Ach, wenn man wirklich so genau schneiden könnte! Das kann jedoch kein Mensch. Eines können wir jedoch tun: Wir können darauf achten, dass der zweite der beiden Schnitte etwas tiefer ist als der erste! Ich höre schon die nächste Frage: „Warum ist dann kein Spalt am Kerbgrund zu sehen? Die Kerbe sieht doch perfekt aus.“ Ganz einfach: Der Spalt hat sich nachher wieder geschlossen. Ich möchte dieses Phänomen durch einen Vergleich illustrieren: Wenn Sie sich am Finger einen harmlosen Schnitt beibringen, der nicht genäht werden muss, lässt sich die Blutung durch einen einfachen Verband stillen, die Wunde heilt schnell und hinterlässt keine Narbe. Nur bei einem sehr tiefen Schnitt bleibt eine Narbe zurück. Die oben beschriebene Kerbschnitztechnik funktioniert genauso: Wenn der zweite Schnitt nicht tiefer geht als notwendig, ziehen sich die Holzfasern zusammen und der Spalt schließt sich – spätestens dann, wenn Sie den ersten Überzug eines Oberflächenbehandlungsmittels auftragen, das vom Holz aufgesogen wird.

Dreischnitt

Nun wird es etwas schwieriger, denn beim Dreischnitt ist eine Seite mehr zu schneiden als beim Zweischnitt. Meist findet man ihn in einer

Bordüre, die ein Kerbschnitzprojekt umrahmt. Seltener begegnen uns Dreischnittkerben bei freihändig geschnitzten Motiven und Rosetten. In Kapitel 6 werden wir Bordüren schnitzen, die ausschließlich aus Dreischnittkerben bestehen. Nehmen Sie sich daher Zeit für eine kurze Übung. Auf **Abb. 5.6–5.8** sehen Sie den Raster (die Vorlagelinien) für einen typischen Dreischnitt (die Abbildungen sind nicht maßstabgetreu!). Die Schritt-für-Schritt-Fotos **(Abb. 5.9–5.14)** zeigen, wie er gearbeitet wird.

MASSE UND ANORDNUNG BEIM DREISCHNITT

Wie schon gesagt: Für das Übungsbrett (ideale Maße: 9 x 100 x 300 mm) ist Lindenholz am besten geeignet. Sie können den Raster mit einem mechanischen Bleistift (Härtegrad B) und einer 300-mm-Reißschiene direkt auf das Holz

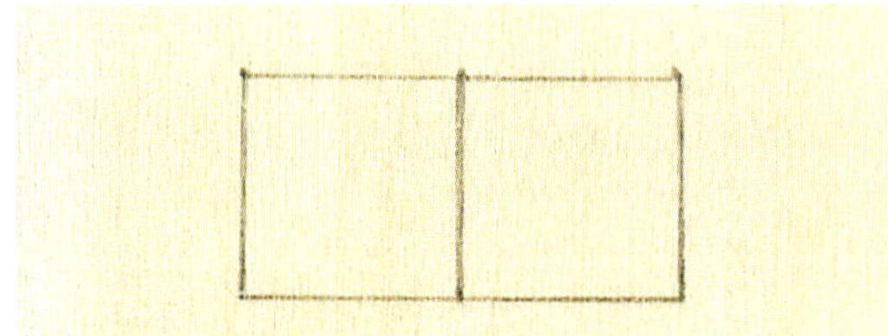

Abb. 5.6 Der einfachste Raster besteht aus zwei aneinandergereihten Quadraten.

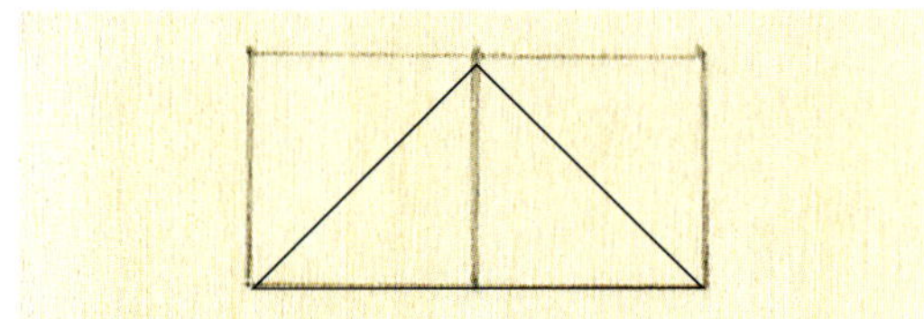

Abb. 5.7 Zeichnen Sie ein Dreieck in die beiden Quadrate.

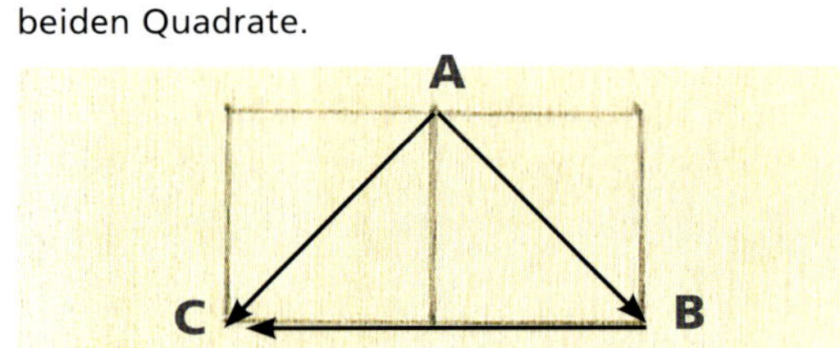

Abb. 5.8 Halten Sie das Messer in Position 1 und schneiden Sie zuerst von A nach B. Dann halten Sie das Messer in Position 2 und schneiden Sie von A nach C. Drehen Sie das Brett auf dem Schoß, bis Sie bequem arbeiten können, halten Sie das Messer in Position 1 und schneiden Sie von B nach C. Drehen Sie das Brett wieder in eine bequeme Position.

DREISCHNITT: SO GEHT'S

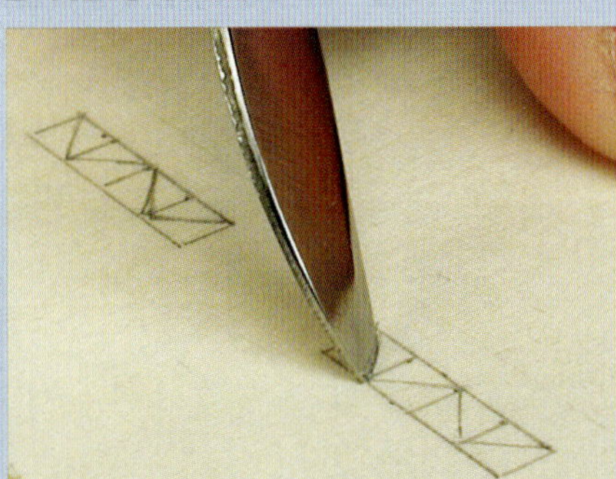

Abb. 5.9 Beim ersten Schnitt halten Sie das Messer in Position 1. Daumen und Zeigefinger ruhen auf dem Brett.

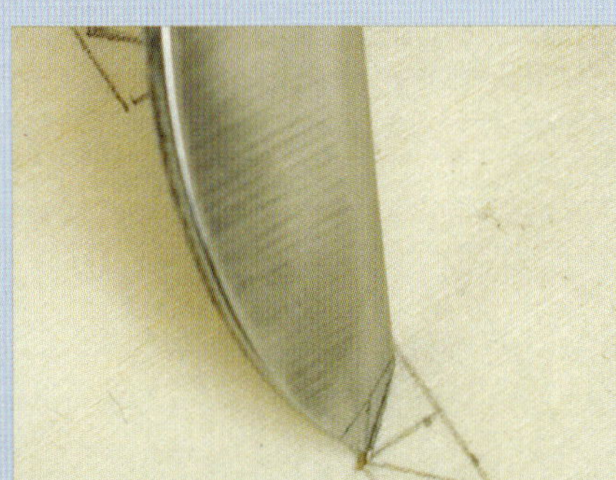

Abb. 5.10 Der erste Schnitt in Großaufnahme.

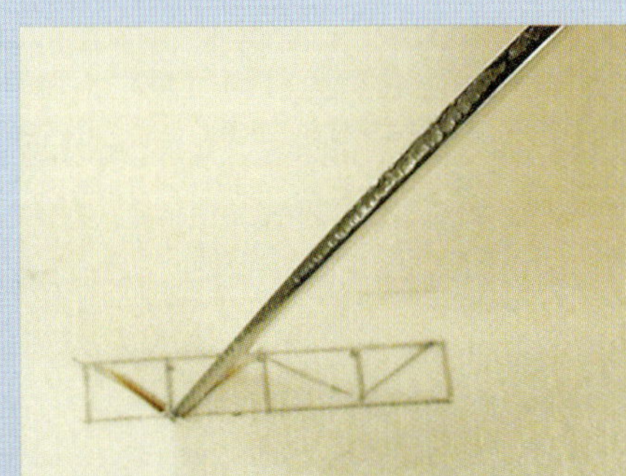

Abb. 5.11 Beim zweiten Schnitt halten Sie das Messer in Position 2 (siehe dazu Abb. 4.8 und 4.9 auf Seite 27).

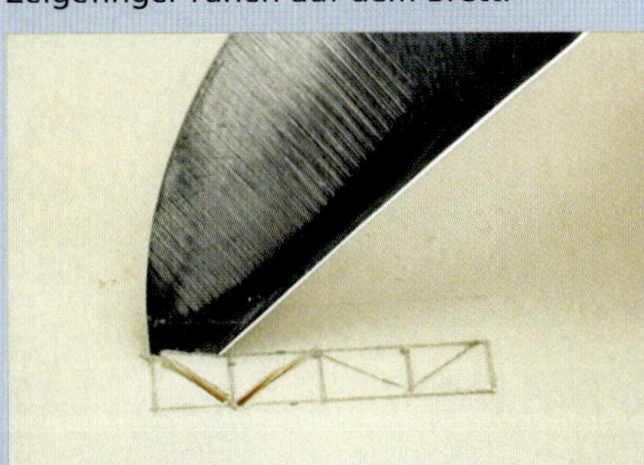

Abb. 5.12 Beim dritten Schnitt halten Sie das Messer wieder in Position 1. Daumen und Zeigefinger ruhen auch hier auf dem Brett.

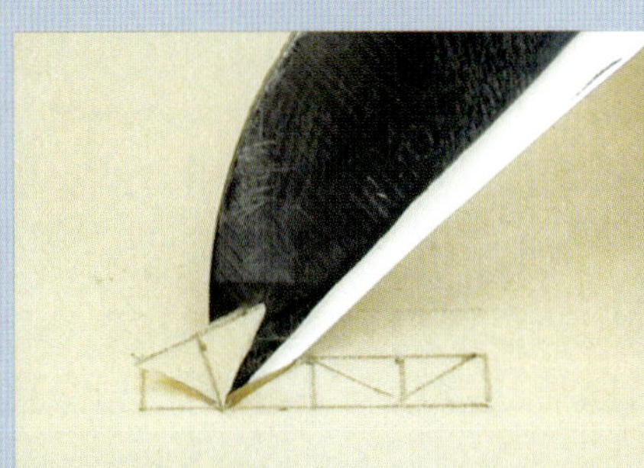

Abb. 5.13 Beim dritten Schnitt ziehen Sie das Messer an der gesamten Basis des Dreiecks entlang, um den Dreischnitt abzuschließen.

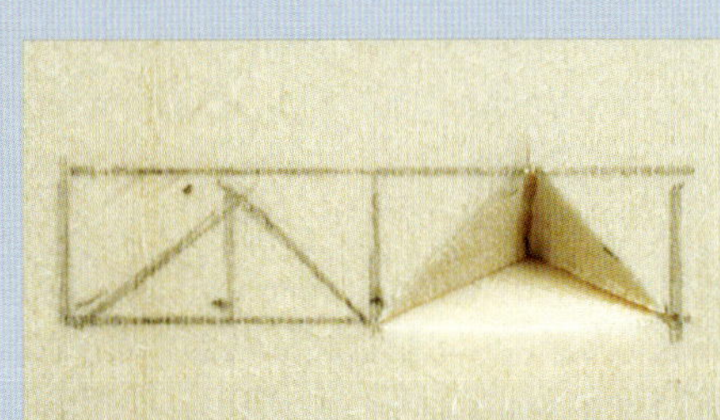

Abb. 5.14 Der fertige Dreischnitt in Großaufnahme.

zeichnen oder eine Schablone verwenden (siehe Kapitel 2). Ziehen Sie die Linien nicht zu nahe an der Kante des Übungsbretts – vermeiden Sie es vorläufig überhaupt, zu nahe an der Kante zu schnitzen.

So, nun kann es losgehen! Üben Sie und lassen Sie die Dinge an sich herankommen **(siehe Abb. 5.15)**. Noch eine Empfehlung für den Anfang: Schnitzen Sie zunächst immer einen Dreischnitt nach dem anderen. Widerstehen Sie der Versuchung, die ganze Reihe entlang nur den ersten Schnitt, dann nur den zweiten und dann nur den dritten Schnitt zu arbeiten. Der Vorteil: Wenn Sie beim Üben einen Fehler machen, können Sie ihn schnell erkennen und beheben, anstatt bei allen Kerben denselben Fehler zu wiederholen. Wenn Sie sehen, dass sich die Späne anstandslos herauslösen lassen, können Sie gerne dazu übergehen, zuerst den ersten, dann den zweiten und dann den dritten Schnitt in der gesamten Reihe zu wiederholen. Dies ist sogar zu empfehlen, denn die Wiederholung hilft Ihnen, gleichmäßige Schnittwinkel einzuhalten.

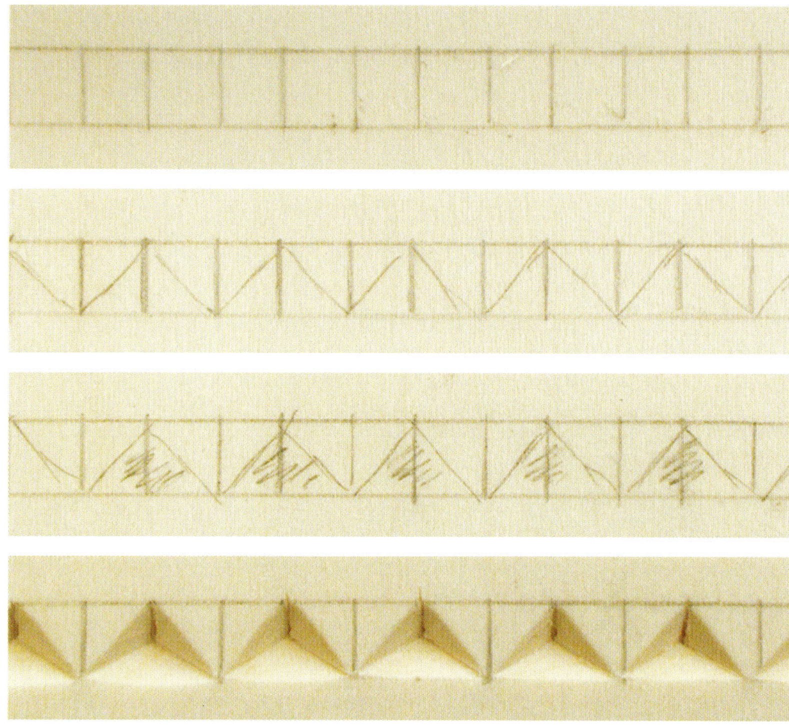

Abb. 5.15 Jedes Quadrat in diesem Raster ist 4 x 4 mm groß. Ziehen Sie zuerst die waagrechten Linien und bringen Sie alle 4 mm eine Markierung an. Dann ziehen Sie mit der Reißschiene die senkrechten Linien. Nun können Sie die Diagonalen freihändig zeichnen. Die Dreiecke, die Sie herausschneiden wollen, können Sie schraffieren oder schwarz einfärben, wie ich es in der dritten Reihe gemacht habe.

Tipp

Angloamerikanische und metrische Maße
Lineale und Reißschienen mit metrischer und angloamerikanischer Skala sind praktisch, wenn Sie auch nach Anleitungen aus dem angloamerikanischen Raum arbeiten wollen.

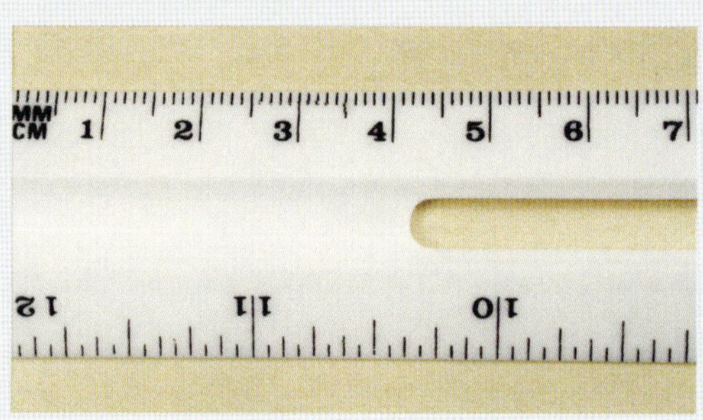

Abb. 5.16 Eine Reißschiene mit metrischer und angloamerikanischer Skala in Großaufnahme.

Tipp

Den Dreischnitt müssen Sie üben, üben und nochmals üben, bis Sie ihn beherrschen. Diese Technik ist besonders schwer zu perfektionieren, aber Sie gewinnen dabei auch die notwendige Fertigkeit für den Zweischnitt und den Linienschnitt.

Gibt's Probleme?

Sehen wir uns einige Probleme an, die beim Kerbschnitzen häufig auftreten **(Abb. 5.17)**.

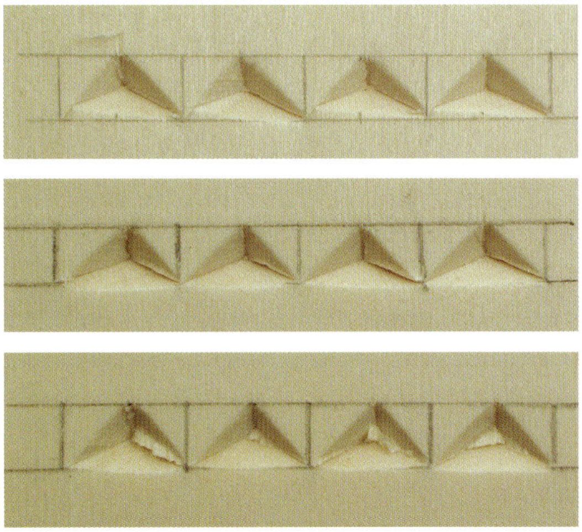

Abb. 5.17 Diese drei Fehler treten beim Kerbschnitzen häufig auf. Von oben nach unten: Irrläufer, aufgerollter Rand, Biberzähne.

Irrläufer

Wenn Ihr letzter (dritter) Schnitt immer wieder von der Linie abkommt, versuchen Sie, den Ellbogen näher am Körper zu halten!

Aufgerollter Rand

Dieser ungewollte Effekt entsteht, wenn Sie das Messer am Anfang des dritten Schnittes zu tief ins Holz drücken. Sie werden noch üben müssen, um den Schnitt perfekt hinzukriegen – keine Sorge, Sie schaffen das schon! Den aufgerollten Rand können Sie zum Verschwinden bringen, indem Sie das Messer so wie beim ersten Schnitt aufsetzen. Der aufgerollte Rand wird dabei nicht abgeschnitten, sondern zurückgeschoben. Danach sieht der Schnitt sauber und glatt aus.

Biberzähne

Hier hat wieder der Biber mit dem Wackelzahn zugebissen. Zu diesem Effekt kommt es vor allem am Kerbgrund, und zwar dann, wenn Sie nicht tief genug geschnitten haben. Schneiden Sie noch einmal sämtliche Schnitte im richtigen Winkel und in der richtigen Tiefe nach. Überzeugen Sie sich vorher, dass die Messerspitze nicht durch unsachgemäßes Schärfen rund geworden ist.

Furchenförmiger Schnitt (Linienschnitt)

Der Linienschnitt wird meist für Bordüren oder zum Einrahmen der Schnitzarbeit verwendet. Wie bei einem Bilderrahmen soll der Blick des Betrachters in die Mitte geführt werden, damit er sich auf die eingerahmte Arbeit konzentriert und nicht durch die Umgebung abgelenkt wird. So wie Sie ein Gemälde nie ohne Rahmen an die Wand hängen würden, sollten Sie eine Schnitzarbeit nicht ohne Bordüre oder Umrahmung belassen.

Sehen Sie sich **Abb. 5.18** und **5.19** an: Beide zeigen dieselbe Bordüre aus erhabenen Karos. In **Abb. 5.19** wurde sie mit zwei einfachen Linienschnitten ergänzt; außerdem wurden die Rasterlinien ausradiert. Ein erstaunlicher Unterschied! (Zu erhabenen Karos siehe Kapitel 6, S. 38.)

Der Linienschnitt entsteht, indem Sie das Messer in Position 1 halten und im Winkel von 65° an einer Seite der Kerbe entlangschneiden. Dann drehen Sie das Brett und schneiden Sie an der anderen Seite der Kerbe in entgegengesetzter Richtung entlang. Um den Span herauszulösen, machen Sie an jedem Ende einen winzigen Stoppschnitt. Die Technik ist ganz einfach, die Wirkung enorm!

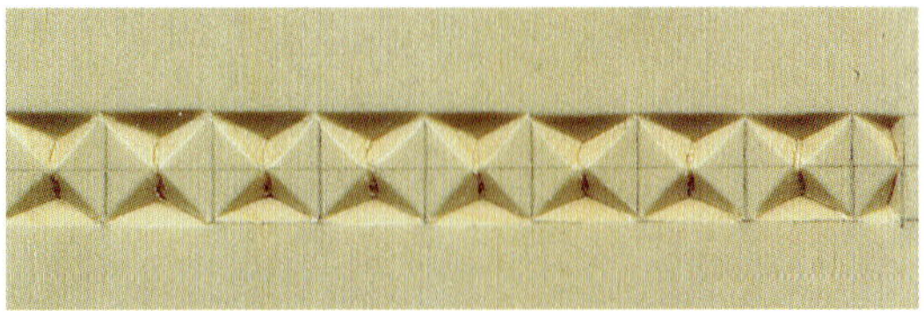

Abb. 5.18 Bordüre aus erhabenen Karos ohne Linienschnitt.

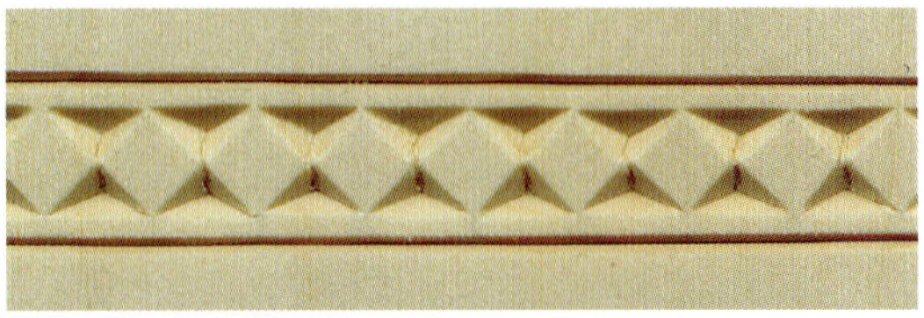

Abb. 5.19 Bordüre aus erhabenen Karos mit Linienschnitt.

Mit etwas Übung können Sie ganz gerade schneiden, besonders wenn die Linie nur bis zu etwa 100 mm lang ist. Bei längeren Linien können Schwierigkeiten auftreten, weil Sie irgendwann den Arm und/oder das Werkstück bewegen müssen, um das Ende zu erreichen. Probieren Sie folgende Methode, mit der ich gute Erfahrungen gemacht habe **(Abb. 5.20)**: Ritzen Sie das Holz entlang der Vorlagelinie ganz leicht mit einem Stanleymesser mit Abbrechklinge (ritzen Sie nur die Oberfläche, schneiden Sie nicht ins Holz hinein; legen Sie ein Metalllineal an der Linie an – siehe **Abb. 5.21**). Dann schneiden Sie mit dem Kerbschnitzmesser – natürlich im richtigen Winkel – an der vorgeritzten Linie entlang. Sie werden staunen, wie gerade der Schnitt ausfällt!

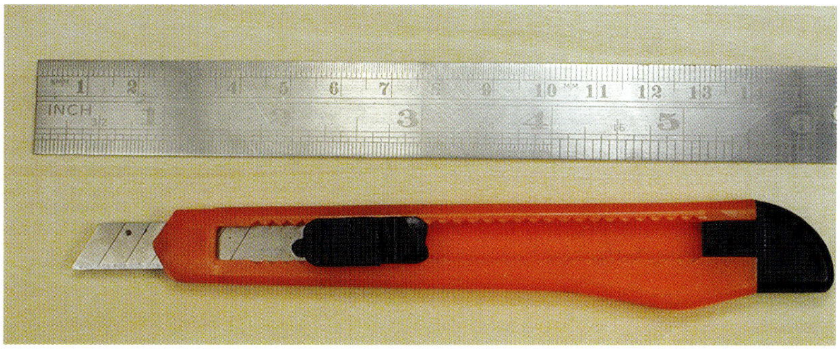

Abb. 5.21 Ein Metalllineal und ein Stanleymesser zum Vorritzen des Holzes.

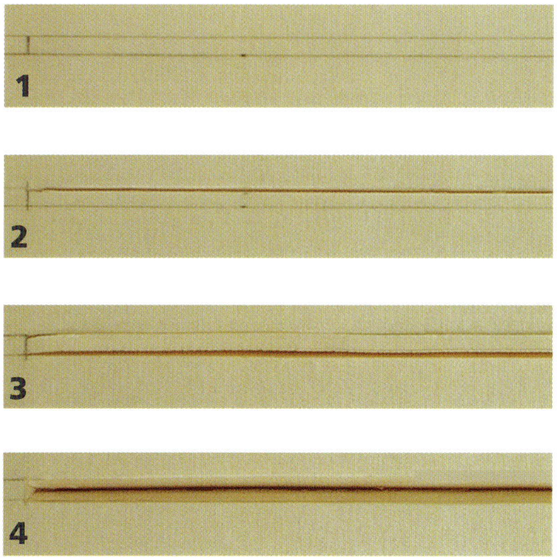

Abb. 5.20

1: Hier sehen Sie die Vorlagelinien für einen 2 mm breiten Linienschnitt. Die Breite variiert je nach der Größe Ihres Projekts.

2: Ritzen Sie das Holz an einer Seite entlang mit einem Stanleymesser und einem Metalllineal. Dann schneiden Sie an der Linie entlang und halten Sie das Messer dabei in Position 1.

3: Drehen Sie das Brett um 180°; ritzen und schneiden Sie die andere Seite.

4: Machen Sie an beiden Enden Stoppschnitte. Der lange Span sollte sich auf einmal herauslösen.

Tipp

Ritzen Sie das Holz ganz oberflächlich mit dem Stanleymesser – schneiden Sie nicht zu tief! Sonst wird eine zweite, schartige Kante sichtbar, wenn Sie den Span im Winkel von 65° herausschneiden.

Tipps für den Linienschnitt

- Drehen Sie das Handgelenk nach außen, sodass die Messerklinge und der Messergriff mit der Hand und dem Arm bis zum Ellbogen eine gerade Linie bilden. Versteifen Sie das Handgelenk in dieser Position. So „wandert" die Klinge nicht herum, wenn Sie der Vorlagelinie folgen.

- Halten Sie den Ellbogen dicht am Körper. Auch dadurch können Sie ein Wandern der Klinge verhindern. Vielleicht müssen Sie ein bisschen üben, bis Sie den Dreh heraushaben.

- Versuchen Sie, sich auf den Teil der Vorlagelinie zu konzentrieren, der sich etwa 15 mm vor der Klinge befindet – so wie Sie beim Autofahren nicht auf die Motorhaube, sondern auf die Straße vor Ihnen schauen. Auch hier gilt: Übung macht den Meister!

6 Bordüren (normale Grösse)

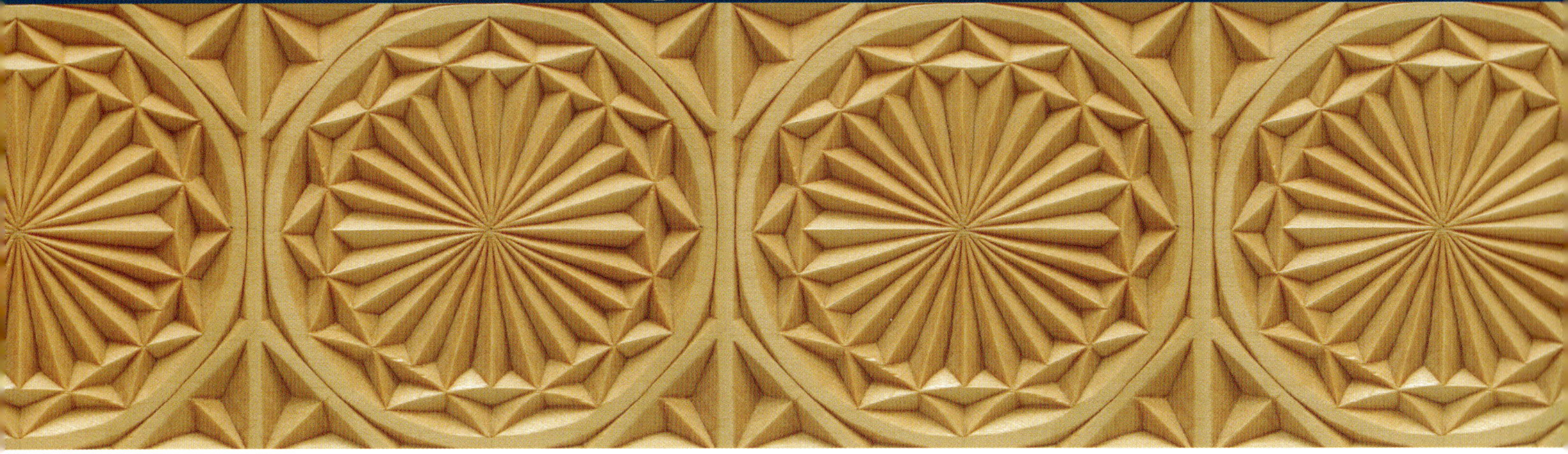

Im vorigen Kapitel habe ich die Bedeutung von Bordüren erklärt. Jetzt geht es darum, einige solche Bordüren zu schnitzen. Sie brauchen dafür wieder ein Übungsbrett aus Lindenholz mit den Maßen 9 x 100 x 300 mm. Wir beginnen mit Bordüren aus Dreischnittkerben, die Sie inzwischen perfekt beherrschen sollten. Dann gehen wir zum Zweischnitt (Mandelschnitt) über. Die Kombinationsmöglichkeiten sind endlos, und ich möchte Ihnen schon jetzt empfehlen, später eigene Entwürfe umzusetzen.

Unter einer Bordüre in „normaler" Größe verstehe ich eine Bordüre, die geeignet ist, einen Gegenstand in der Größe einer Schmuckkassette – oder einen noch kleineren Gegenstand – zu verzieren. Ich denke dabei an eine Schmuckkassette in einer gebräuchlichen Größe, wie sie etwa meine Frau verwendet, nicht an ein Riesenexemplar für eine Prinzessin oder einen Filmstar.

Dreischnittbordüren in normaler Grösse

Fangen wir mit einem einfachen 4-mm-Raster an, den Sie mit einer Reißschiene oder einer Schablone zeichnen können **(Abb. 6.1)**. Zeichnen Sie den Raster quer zur Faser auf Ihr Übungsbrett (Bild 1). Bild 2 zeigt die freihändig gezeichneten diagonalen Linien, die die Dreiecke bilden. Jene Dreiecke, die herausgeschnitten werden, sind schraffiert. Auf Bild 3 sehen Sie eine Reihe fertig geschnittener Kerben. Für eine ganz kleine Kassette oder Plakette kann eine solche Bordüre als Verzierung ausreichen. Bild 4 zeigt einen Raster mit einer doppelten Reihe von 4-mm-Quadraten – ganz schön verwirrend, wenn man nicht weiß, welche Teile man herausschneiden soll. Ungeübte tun sich leichter, wenn sie die betreffenden Felder schraffieren oder schwarz einfärben. Zwei ganz verschiedene Möglichkeiten, aus demselben Raster ein Kerbschnittmuster zu gestalten, sehen Sie auf Bild 5 und 6.

Die Reihenfolge der Schnitte und die Handhaltung habe ich schon in Kapitel 5 erklärt. Führen Sie wieder den ersten Schnitt in Position 1, den zweiten in Position 2 und den dritten in Position 1 aus. Drehen Sie dabei das Übungsbrett, wie beschrieben. Der erste und der zweite Schnitt sind so kurz, dass sich Ihre Hand auf dem Brett gar nicht bewegen sollte. Setzen Sie einfach das Messer an der Spitze des Dreiecks an und senken Sie die Klinge ins Holz, bis die Schneide die Ecke an der Basis des Dreiecks erreicht. Beim dritten Schnitt dringt das Messer zunächst nicht tief ins Holz ein; der Schnitt wird tiefer, wenn Sie die Klinge an der Basis des Dreiecks entlangziehen.

Meine Empfehlung: Üben Sie diese Schnitte in der angegebenen Reihenfolge. Wieder und wieder!

Abb. 6.2 zeigt eine weitere Serie von Bordüren. Auch sie sind auf einer Doppelreihe von 4-mm-Quadraten aufgebaut.

Nr. 1 besteht aus erhabenen (positiven) Karos; der Hintergrund wurde herausgeschnitten.

Nr. 2 besteht aus vertieften (negativen) Karos: Die Karos wurden herausgeschnitten, der Hintergrund bleibt erhalten. Natürlich könnte man jedes Karo mit vier Schnitten herausschnitzen, das Muster wäre aber bei Weitem nicht so schön wie die Karos aus je zwei Dreischnittkerben. Der scharfe Grat in der Mitte jedes Karos erzeugt einen weiteren Schatten.

Die Bordüre Nr. 3 ist eine verfeinerte Ausführung von Nr. 1. An jeder Seite der einzelnen Karos kommt ein winziger keilförmiger Zweischnitt dazu. Diese Schnitte sind leicht und schnell zu arbeiten und machen einen gewaltigen Unterschied: Sie erzeugen weitere Schatten – und Schatten sind bei einer Kerbschnitzarbeit das Um und Auf. Bei jedem dieser Zweischnitte halten Sie das Messer beim ersten Schnitt in Position 1 und beim zweiten in Position 2 **(Abb. 6.3 und 6.4)**. Jeder dieser beiden Schnitte beginnt am äußeren Rand des Karos und endet in der Mitte. Es ist wichtig, dass Sie wirklich bis zur Mitte schneiden!

Nr. 4 ist eine verfeinerte Version der Bordüre Nr. 2. Kleine Dreischnitte zwischen den negativen Karos verändern den Gesamteindruck vollkommen, sie sorgen – wie ich es nenne – für einen „Wow-Effekt".

Fast immer lässt sich eine Bordüre mit einem zusätzlichen Effekt noch schöner gestalten. Irgendwann muss man sich entschließen, sie für „fertig" zu erklären und keine Details mehr hinzuzufügen. Es ist aber nicht immer leicht zu beurteilen, wann es so weit ist. Bei einer Auftragsarbeit ist für mich der Preis entscheidend dafür, wann ich es „genug sein lasse". Wenn die Arbeit ein Geschenk werden soll, kommt es darauf an, wie nahe mir der oder die Beschenkte steht.

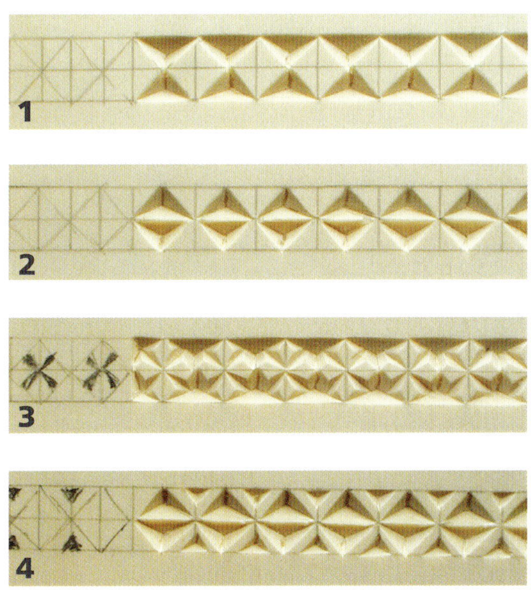

Abb. 6.2 Hier wurden aus demselben Raster noch vier Bordüren-Varianten geschnitzt. Vergessen Sie nicht, an jedem Ende 5 mm freizulassen.

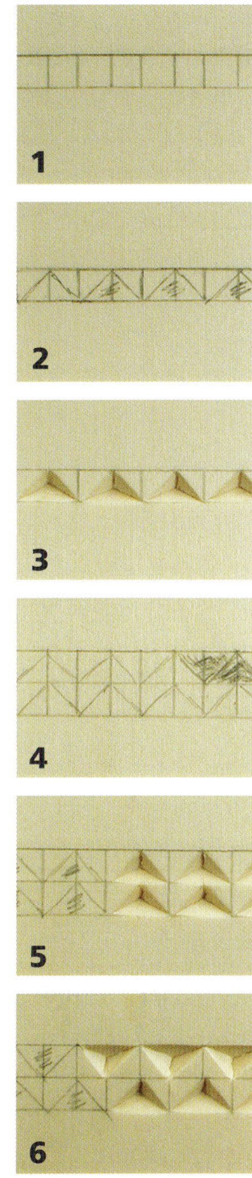

Abb. 6.1 So können Sie das Schnitzen von Bordüren üben. Das Raster besteht aus Quadraten mit einer Seitenlänge von 4 mm. Lassen Sie an beiden Enden je 5 mm frei. Auf Bild 4 habe ich zwei benachbarte Dreiecke schwarz eingefärbt. Je nach dem Muster, das Sie arbeiten wollen, können Sie eines der Dreiecke herausschneiden. Das Muster auf Bild 6 nennt man „Chevron" (Zackenreihe).

Tipp

Bei den kleinen Zweischnitten macht es jetzt noch keinen Unterschied, ob Sie das Messer zuerst in Position 1 und dann in Position 2 halten oder umgekehrt. Wir kommen später noch zu Beispielen, wo dies sehr wohl einen Unterschied macht.

Im Folgenden stelle ich Ihnen noch einige Bordüren vor, die auf dem einfachen Dreischnitt aufgebaut sind. Sehen Sie sich die oberste Reihe in **Abb. 6.5** an. Wird sie auf den Kopf gestellt **(Abb. 6.6)**, ergibt sich ein völlig anderer Gesamteindruck.

Übrigens: Die „Maßeinheit" von 4 mm habe nicht ich erfunden. Sie ist seit Jahrhunderten in Gebrauch. Ich glaube, dass es dafür zwei Gründe gibt: die Einfachheit der Ausführung und den optischen Eindruck. Wenn wir uns im nächsten Kapitel größeren Bordüren zuwenden, werden Sie sehen, dass auch diese auf der 4-mm-Einheit aufgebaut sind.

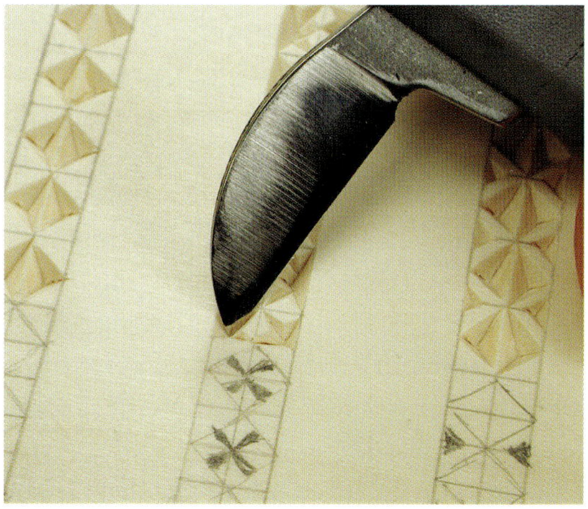

Abb. 6.3 Um den schwarz eingefärbten Keil herauszuschneiden, halten Sie das Messer zuerst in Position 1 …

Zweischnittbordüren in normaler Grösse

Der streng geometrische Dreischnitt ist die ideale Umrahmung für eine Rosette oder ein anderes geometrisches Hauptmotiv. Für eine frei gestaltete Schnitzarbeit könnte jedoch eine andere Bordüre die bessere Wahl sein. Nehmen wir an, Sie wollen jemanden beschenken, der Pferde oder Hunde besonders gern hat. Wenn auf dem Deckel einer Kassette ein Pferd oder ein Hund dargestellt ist, passt ein Schnurornament viel besser als Umrahmung als ein Karomuster.

Für ein solches Schnurornament zeichnen Sie zuerst eine doppelte Reihe aus 4-mm-Quadraten **(Abb. 6.7)**. Ziehen Sie mithilfe einer Schablone die Bogenlinien am unteren und oberen Rand. Jede dieser Bogenlinien überspannt zwei 4-mm-Quadrate. Nun zeichnen Sie freihändig die Diagonalen; jede Diagonale halbiert zwei Quadrate. **Abb. 6.8** zeigt ein Schnurornament, das in Butternussholz geschnitzt und gebeizt wurde.

Nun versuchen wir uns an einer Bordüre aus Mandelschnitten **(Abb. 6.9)**. Als Erstes zeichnen Sie wieder drei waagrechte Linien in Abständen von 4 mm. Dann ziehen Sie alle 15 mm eine senkrechte Linie und zeichnen Sie die überlappenden Bögen. Nehmen Sie dazu die Hälfte der Schablone, die auf **Abb. 6.10** zu sehen ist.

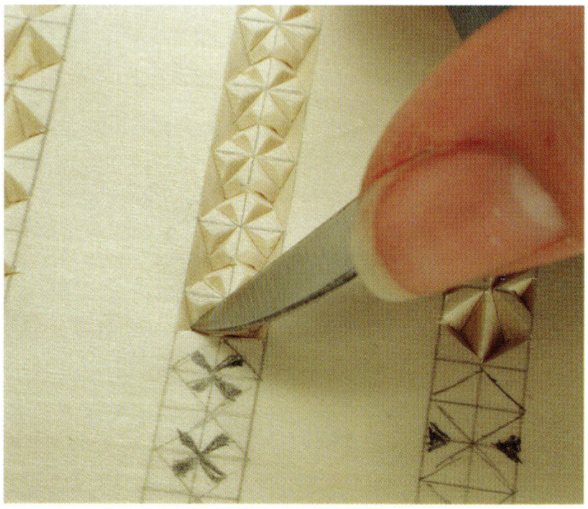

Abb. 6.4 … und dann in Position 2.

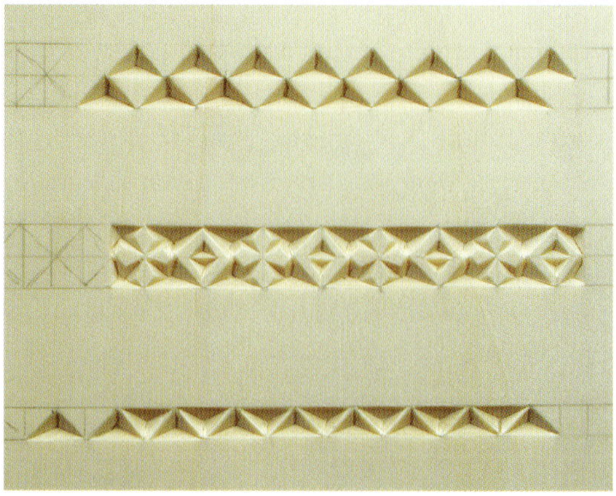

Abb. 6.5 Hier sehen Sie weitere Dreischnittbordüren.

Nun können wir zu schnitzen beginnen **(Abb. 6.11)**. Beim ersten Schnitt (A) halten Sie das Messer in Position 1. Drehen Sie das Brett um 180° und führen Sie den zweiten Schnitt (B) aus, wobei Sie das Messer ebenfalls in Position 1 halten.

Auf **Abb. 6.12** sehen Sie, dass das Messer von der zuvor geschnittenen Kerbe weg zeigt. So verhindern Sie, dass der kleine stehengebliebene Bereich zwischen den beiden Kerben ausbricht.

Schneiden Sie nach und nach alle Mandelschnitt-Kerben. Auf **Abb. 6.13** sehen Sie, dass ich zwischen jeweils zwei Mandelschnitt-Kerben einen Dreischnitt hinzugefügt habe. Dabei habe ich die Vorlagelinien freihändig gezeichnet und mich bemüht, der Kontur der Mandelschnitte zu folgen, statt „normale" Dreiecke zu zeichnen. Da diese „Dreiecke" geschwungene Seiten haben, werden wir das Messer bei allen drei Schnitten in Position 1 halten. Dies wirft ein Problem auf, das wir aber leicht lösen können.

Abb. 6.13 zeigt, dass in Position 1 die Messerspitze – anders als der obere Teil der Messerschneide – die Spitze des Dreiecks nicht erreicht. Sobald die Schneide an der Spitze des Dreiecks angelangt ist, müssen wir daher das Messer in eine senkrechte Position bringen, sodass die Messerspitze die Spitze des Dreiecks erreicht **(Abb. 6.14)**. Lassen Sie dabei den Daumen auf dem Brett und ziehen Sie das Messer nicht aus dem Holz, stellen Sie es nur mit einer kontinuierlichen Schnittbewegung senkrecht. Dann ziehen Sie das Messer aus dem ersten Schnitt heraus, drehen Sie das Brett und führen Sie den zweiten Schnitt ebenfalls in Position 1 **(Abb. 6.15)**. Nun sollte die Messerspitze den ersten Schnitt erreichen **(Abb. 6.16)**. Um den Dreischnitt abzuschließen, drehen Sie das Brett noch einmal und führen Sie den dritten Schnitt ebenfalls in Position 1 aus.

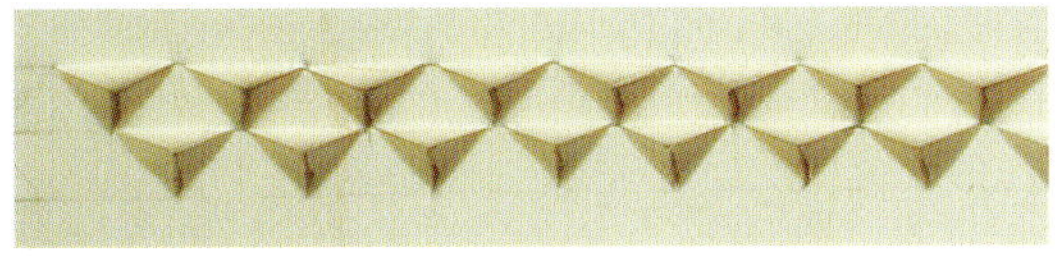

Abb. 6.6 Wenn Sie diese Bordüre als Umrahmung einsetzen, werden Sie feststellen, dass die Arbeit größer wirkt, wenn die Dreiecke nach außen zeigen, und kleiner, wenn sie nach innen zeigen.

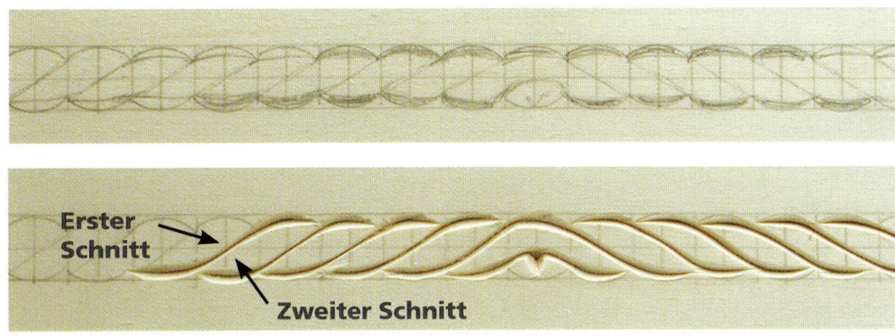

Abb. 6.7 So entsteht ein Schnurornament. Nehmen Sie für die Bögen in der oberen Reihe eine Schablone und zeichnen Sie die Diagonalen und die inneren Bögen freihändig. Ob Sie die Bögen schwarz einfärben, bleibt Ihnen überlassen, es ist aber zu empfehlen.

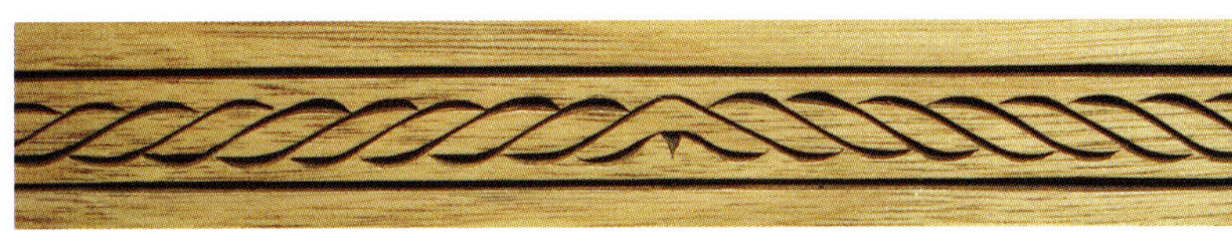

Abb. 6.8 Ausschnitt aus einem Schnurornament, das in Butternussholz geschnitzt und gebeizt wurde.

TIPP

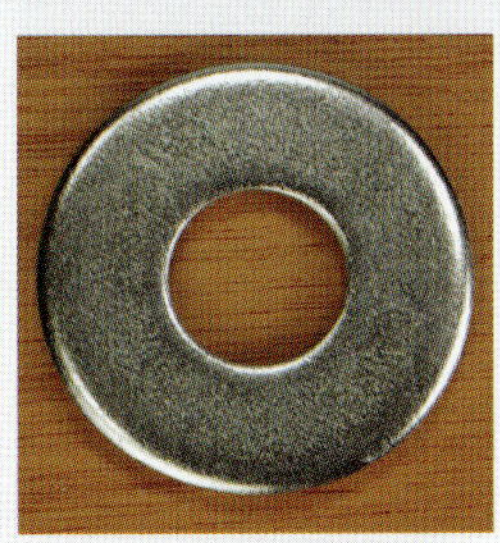

Abb. 6.10 Dieses vielseitig einsetzbare Helferlein wird uns noch öfter begegnen!

Schablonen gibt es in allerlei Formen und Größen. Hier sehen Sie eine Schablone, die ich sehr oft benutze (Abb. 6.10). Sie wird immer wieder mit einer Beilagscheibe verwechselt! Während es bei Beilagscheiben jedoch auf den Innendurchmesser ankommt, ist bei der Schablone der Außendurchmesser entscheidend. Diese Schablonen sind überall dort erhältlich, wo es Beilagscheiben gibt; auch der Preis ist ähnlich … Die abgebildete Schablone hat einen Außendurchmesser von 35 mm. Ich kann sie nur empfehlen!

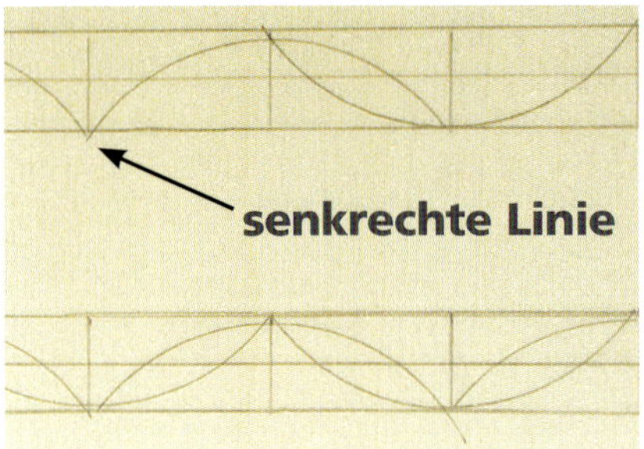

Abb. 6.9 So entsteht eine Bordüre aus Mandelschnitt-Kerben. Jeder Bogen überspannt zwei senkrechte Linien.

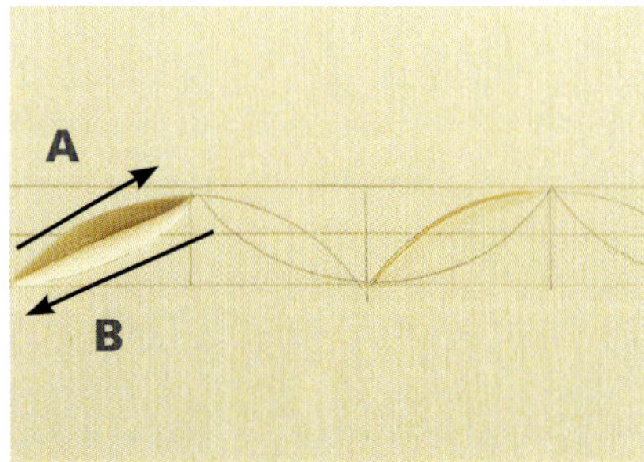

Abb. 6.11 Beim 1. Schnitt (A) halten Sie das Messer in Position 1. Drehen Sie das Brett um 180°. Halten Sie das Messer auch beim 2. Schnitt (B) in Position 1. Lassen Sie an beiden Enden 5 mm frei.

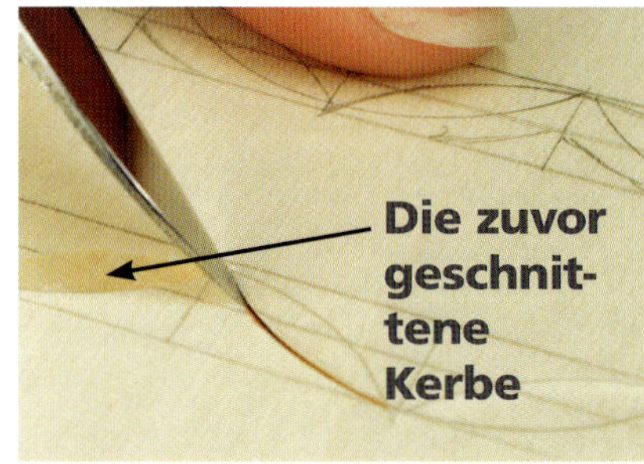

Abb. 6.12 Beim Schneiden der neuen Kerbe zeigt die Klinge von der zuvor geschnittenen Kerbe weg, damit der Bereich zwischen den beiden Kerben nicht ausbricht.

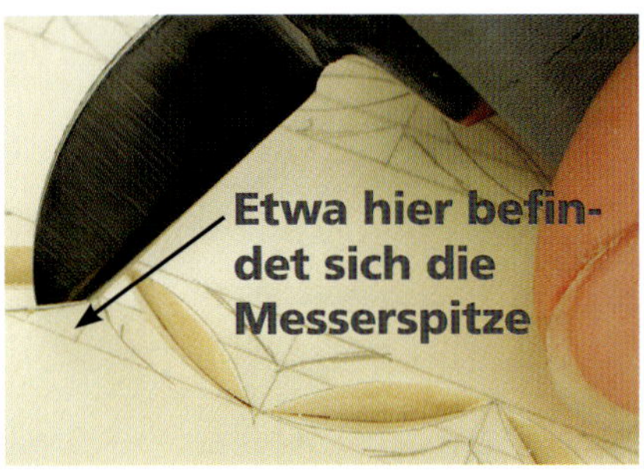

Abb. 6.13 Die Schneide hat die Spitze des Dreiecks erreicht.

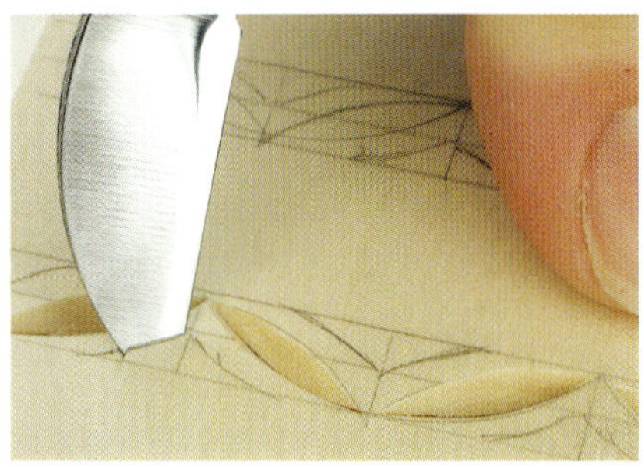

Abb. 6.14 Stellen Sie das Messer senkrecht, sodass auch die Messerspitze die Spitze des Dreiecks erreicht.

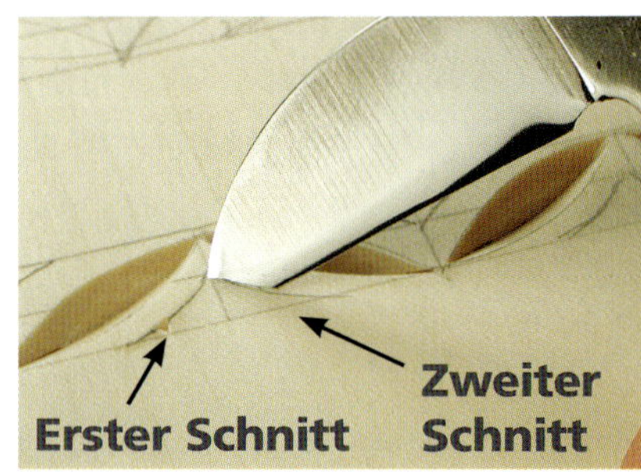

Abb. 6.15 Nun führen Sie den zweiten Schnitt aus.

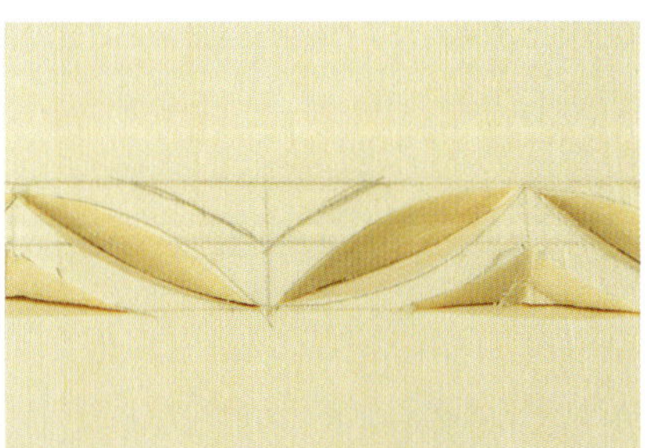

Abb. 6.16 Wenn Sie das Messer wie beschrieben senkrecht gestellt haben, sieht der Schnitt aus wie links im Bild. Bei der Kerbe rechts im Bild sind die Schnitte nicht aufeinandergetroffen.

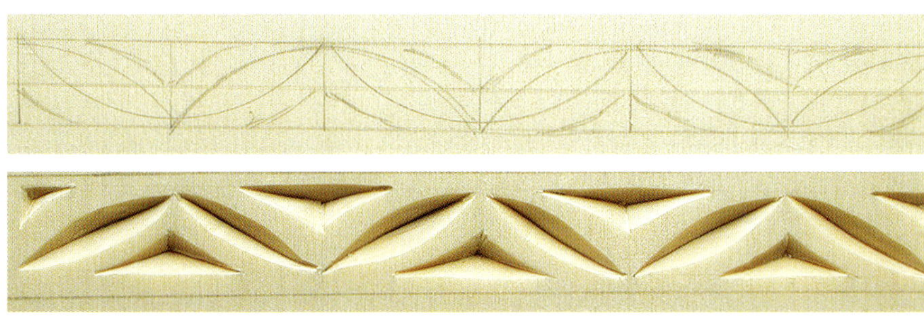

Abb. 6.17 So sieht die fertige Bordüre aus.

TIPP

Schneiden Sie einen kleinen Span aus der Mitte der Kerbe heraus, wenn es Ihnen schwerfällt, den ganzen Span auf einmal herauszulösen.

Abb. 6.17 zeigt die fertige Bordüre. Beachten Sie die dreieckigen Kerben in den oberen Ecken. Manchmal ist es nicht leicht, ein Ornament an das gesamte Projekt und an den verfügbaren Platz anzupassen. In Kapitel 11 werden wir uns mit solchen Problemen auseinandersetzen und mögliche Lösungen kennenlernen.

Die Bordüren, die ich Ihnen als Nächstes vorstelle, wirken zart und spitzenartig (**Abb. 6.18**). Sie sind aber durchaus robust und können auch zum Verzieren häufig benutzter Gegenstände verwendet werden. Bei normalem Gebrauch werden sie keinen Schaden nehmen.

Die obere Bordüre ist ganz einfach vorzuzeichnen und zu schnitzen. Für die Bögen habe ich wieder die vielseitige 35-mm-Schablone verwendet, die auf Seite 41 (**Abb. 6.10**) zu sehen ist!

Diese Variante **(Abb. 6.18 oben)** passt geradezu ideal zu dem geschnitzten Delfin, den Sie auf **Abb. 6.19** sehen. Wie wichtig die Auswahl der richtigen Bordüre für Ihr Projekt ist, habe ich schon erwähnt. Die spitzenartige Bordüre erinnert in diesem Bildkontext an eine gekräuselte Wasseroberfläche.

Für die untere Bordüre brauchen Sie ein bisschen mehr Zeit und Überlegung. Zuerst zeichnen Sie wieder drei waagrechte Linien in Abständen von 4 mm. Etwa 1,5 bis 2 mm innerhalb der äußeren Linien habe ich noch zwei waagrechte Linien hinzugefügt.

Nun ziehen Sie senkrechte Linien – diesmal in Abständen von nur 10 mm. Zeichnen Sie die Bögen mithilfe einer kleineren Kreisschablone. Orientieren Sie sich dabei am Foto **(Abb. 6.18 unten)**. Auch diese Bordüre sieht zart aus, ist aber robust. Sie lässt sich auch gut beizen – zu diesem Thema kommen wir in Kapitel 14.

Abb. 6.20 zeigt die fertige Bordüre. Der schöne Effekt ist den zusätzlichen Aufwand wert – finden Sie nicht auch?

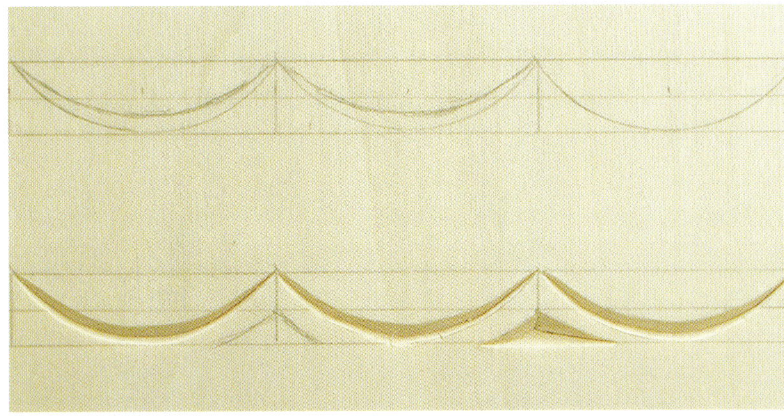

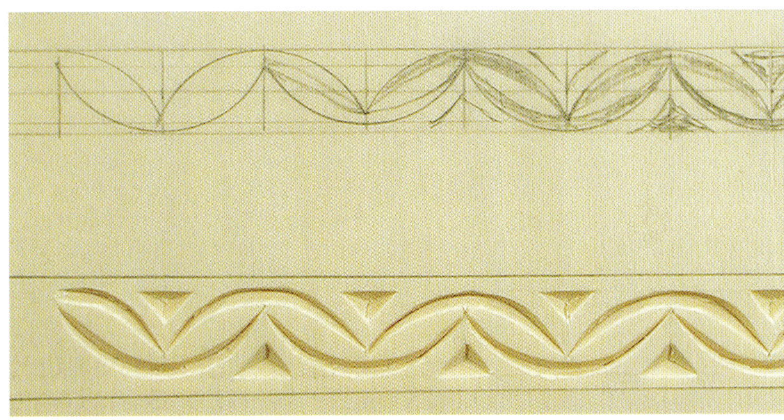

Abb. 6.18 Hier sehen Sie zwei spitzenartige Bordüren aus Zwei- und Dreischnitten.

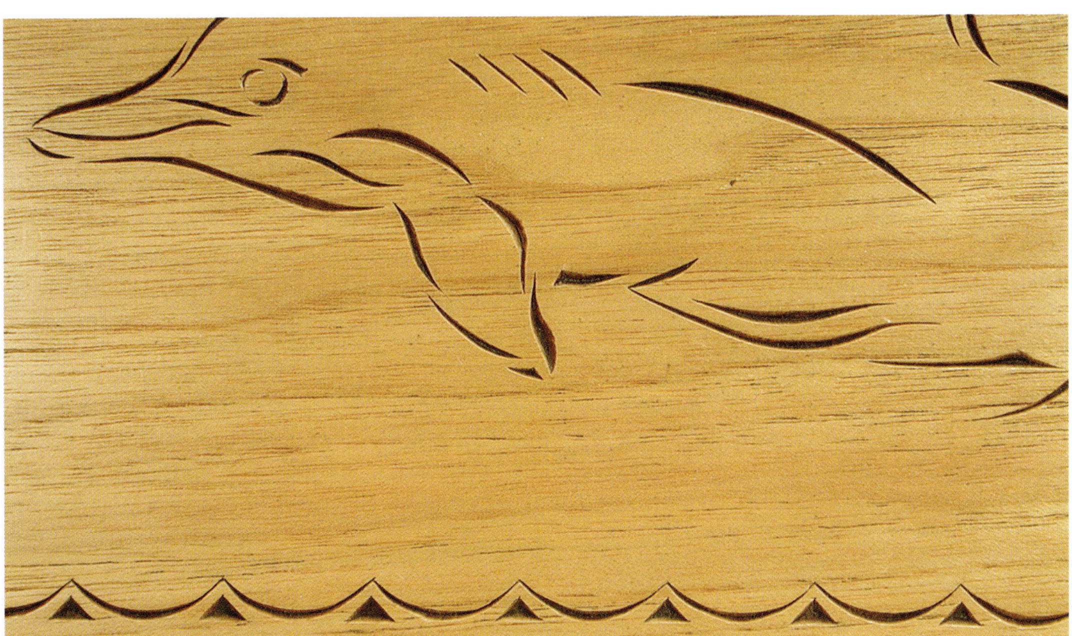

Abb. 6.19 Zusammen mit dem Delfin sieht die zarte Bordüre (Abb. 6.18 oben) wie eine gekräuselte Wasseroberfläche aus.

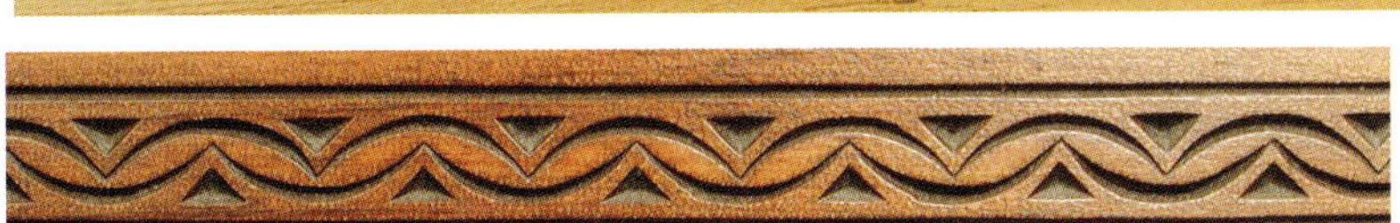

Abb. 6.20 Diese Variante (Abb. 6.18 unten) braucht etwas mehr Zeit und Überlegung – aber die Mühe lohnt sich!

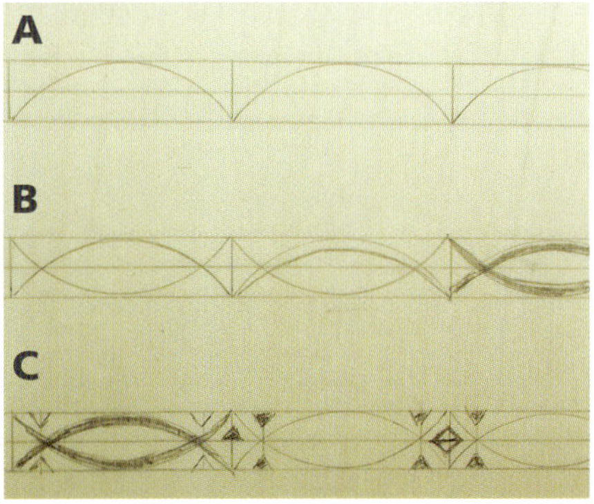

Abb. 6.21 So wird das Motiv auf das Holz gezeichnet.

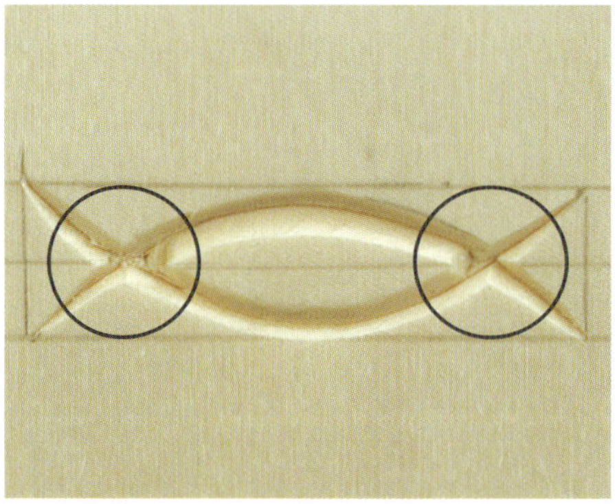

Abb. 6.22 Wenn Sie hier mit einem Schnittwinkel von nur 65° arbeiten, brechen erhabene Teile aus.

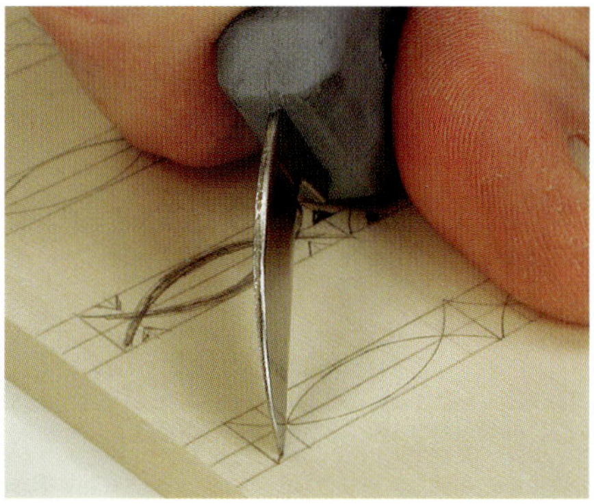

Abb. 6.23 Am Anfang des Schnittes halten Sie das Messer in einem Winkel von beinahe 90° zur Holzoberfläche.

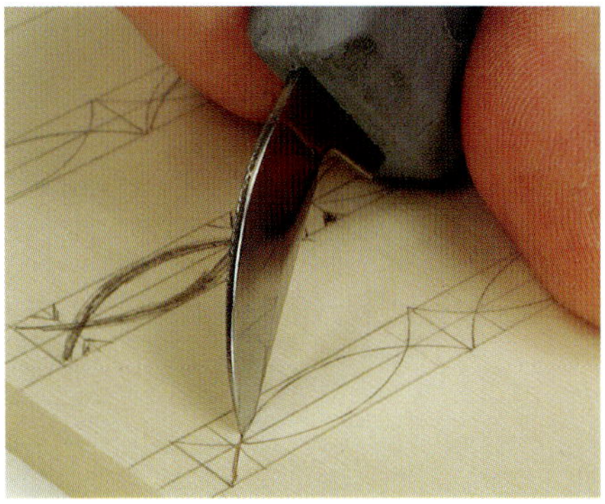

Abb. 6.24 Schneiden Sie nicht zu tief, bis Sie den Kreuzungspunkt der Bogenlinien passiert haben.

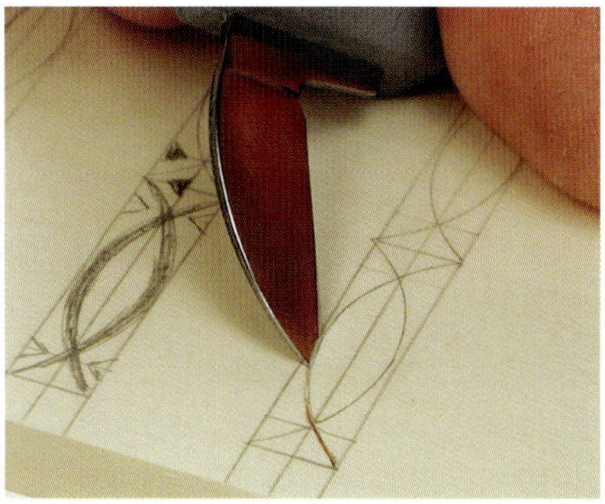

Abb. 6.25 Sobald Sie im mittleren Bereich sind, kippen Sie die Klinge und schneiden Sie im Winkel von 65° weiter.

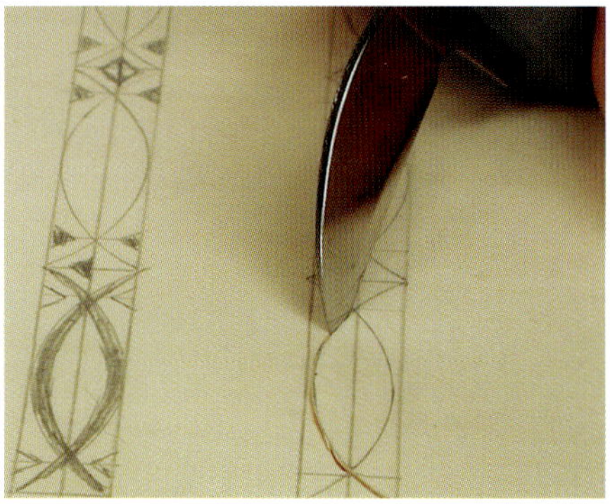

Abb. 6.26 Wenn Sie sich dem nächsten Kreuzungspunkt nähern, gehen Sie wieder zum steileren Winkel von fast 90° über.

Motiv aus gekreuzten Bogenschnitten

Dieses Motiv ist jahrhundertealt; man findet es in gotischen Ornamenten. Geschnitzt wirkt es zart und filigran. Als Umrahmung für eine Rosette, die den Deckel einer Holzkassette ziert, macht es sich besonders schön.

Ziehen Sie zuerst über die gesamte Breite Ihres Übungsbretts drei Linien in Abständen von 4 mm **(Abb. 6.21)**. Dann fügen Sie senkrechte Linien in Abständen von 30 mm hinzu. (Anmerkung: Ihr Übungsbrett ist 100 mm breit. Wir zeichnen 3 Musterwiederholungen zu je 30 mm, die Bordüre ist also 90 mm lang. Wenn Sie an den Enden je 5 mm frei lassen, wird die Bordüre auf dem Brett zentriert.)

Raten Sie, welche Schablone ich für die drei Bögen (A) benutzt habe! Nun zeichnen Sie in jedes Feld einen weiteren Bogen (B). Diese Bogenlinien werden wir schnitzen. Dabei verdicken wir jede Bogenlinie im mittleren Bereich und lassen sie an den Enden spitz zulaufen. Die innere Bogenlinie können Sie leicht freihändig zeichnen und dann den Zwischenraum nach Wunsch schwarz einfärben. Wenn die Bogenlinien fertig geschnitzt sind, werden wir noch einige Dreischnitte als Verzierung ausschneiden (C), die wir aber jetzt noch nicht zeichnen – Sie werden gleich sehen, warum.

Jetzt müssen wir eine unserer wichtigsten Regeln brechen. Wenn Sie bei diesem Muster den Schnittwinkel von 65° einhalten, den ich Ihnen bisher eingetrichtert habe, bekommen Sie Probleme. In den eingekreisten Bereichen von **Abb. 6.22** sehen Sie das Malheur: Teile des Musters sind ausgebrochen.

Um dies zu verhindern, setzen Sie das Messer in einem Winkel von beinahe 90° auf **(Abb. 6.23)** und schneiden Sie nicht zu tief (die Kerbe ist hier ganz schmal), bis Sie den Kreuzungspunkt der Bogenlinien passiert haben **(Abb. 6.24)**. Sobald Sie im mittleren Bereich sind, kippen Sie die Klinge und schneiden Sie im Winkel von 65° weiter **(Abb. 6.25)**. Seien Sie jedoch bereit, zu einem Schnittwinkel von beinahe 90° zurückzukehren, wenn Sie sich dem nächsten Kreuzungspunkt nähern **(Abb. 6.26)**.

Abschließend drehen Sie das Brett und führen Sie den zweiten Schnitt wie gewohnt aus – nämlich in Position 1 und in einem Schnittwinkel von 65°.

Wenn die drei Bögen fertig geschnitzt sind, wird es Zeit, die kleinen Dreischnitte hinzuzufügen. Wenn Sie die Dreiecke schon vorher gezeichnet und nach den Kreuzungspunkten zwischen den Bögen ausgerichtet hätten, würde sich jetzt herausstellen, dass Sie sie falsch platziert haben **(Abb. 6.27)**.

LINIENSCHNITT ALS UMRAHMUNG

Schon im vorigen Kapitel habe ich die Bedeutung und die Einsatzmöglichkeiten des Linienschnitts behandelt. Die Bordüren, die Sie auf den letzten Seiten kennengelernt haben, lassen sich durch eine Umrahmung aus 1,5 bis 2 mm breiten Linienschnitten noch effektvoller gestalten. Sehen Sie, sich die Bordüre auf **Abb. 6.29** an und versuchen Sie, sich die beiden Linienschnitte wegzudenken, die sie oben und unten einrahmen. Welch ein Unterschied!

Wenn Sie eine Bordüre mit Linienschnitten umrahmen wollen, sollten Sie zwei Dinge beachten:

- Halten Sie zwischen der Umrahmung und dem ursprünglichen 4-mm-Raster einen Abstand von 2 mm ein **(Abb. 6.28)**.
- Denken Sie an unsere Regel: Wenn Sie eine neue Kerbe zu schneiden beginnen, muss das Messer von der zuvor geschnittenen Kerbe weg zeigen! Diese Regel ist auch bei einer Linienschnitt-Umrahmung sehr wichtig. Schneiden Sie die innere Kante des Linienschnitts zuerst, weil das Messer dabei von der Bordüre weg zeigt. Wenn Sie die äußere Kante zuerst schneiden, zeigt das Messer zur Bordüre und es besteht die Gefahr, dass das Holz zwischen der Umrahmung und der Bordüre herausbricht.

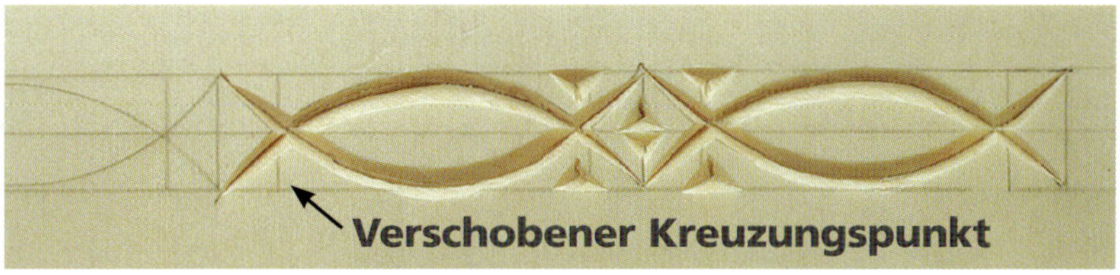

Abb. 6.27 Wenn Sie die Dreiecke schon vorher gezeichnet und nach den Kreuzungspunkten der Bogenlinien ausgerichtet hätten, würde sich jetzt herausstellen, dass Sie sie falsch platziert haben.

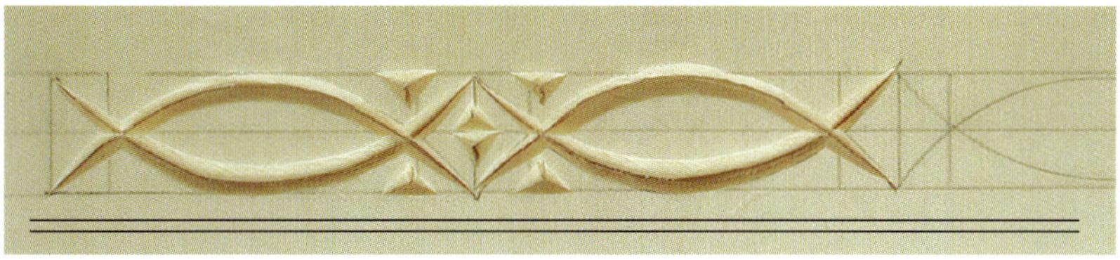

Abb. 6.28 So erhält das Motiv eine Umrahmung aus Linienschnitten.

Abb. 6.29 Die fertige Bordüre mit der Umrahmung.

Auf dieser Seite finden Sie eine Zusammenstellung der Bordüren, die wir in diesem Kapitel besprochen haben. Sie sind alle auf dem Dreischnitt und einem 4-mm-Raster aufgebaut. Die schattierten Abbildungen sollen Ihnen bei Ihren eigenen Entwürfen eine Hilfe sein.

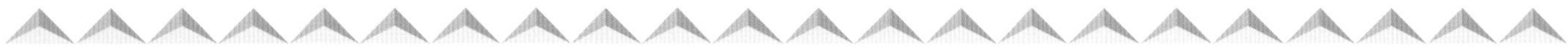

Einreihige Dreischnitt-Bordüre

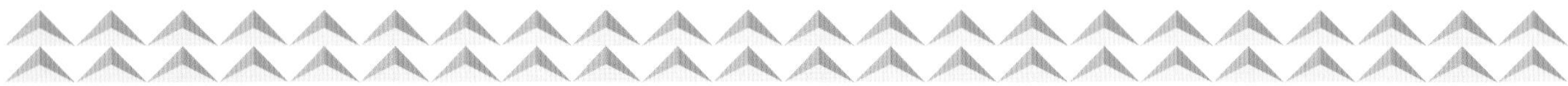

Doppelte Dreischnitt-Bordüre

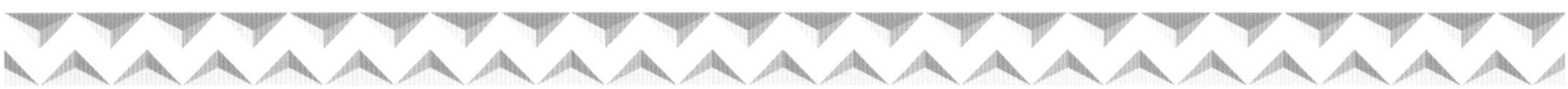

Chevron (Zackenreihe)

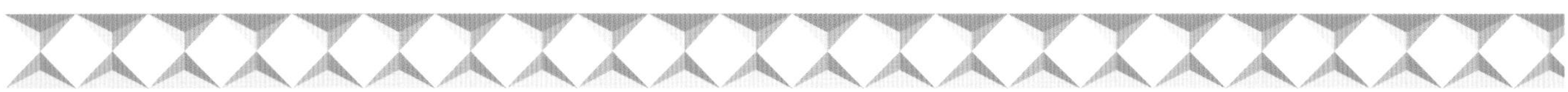

Bordüre aus erhabenen (positiven) Karos

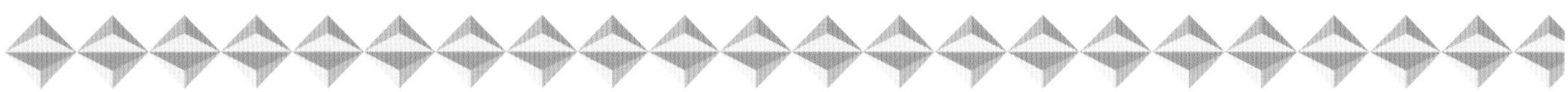

Bordüre aus vertieften (negativen) Karos

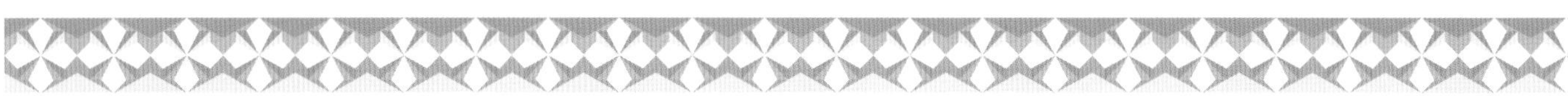

Bordüre aus erhabenen (positiven) Karos mit keilförmigen Ausschnitten

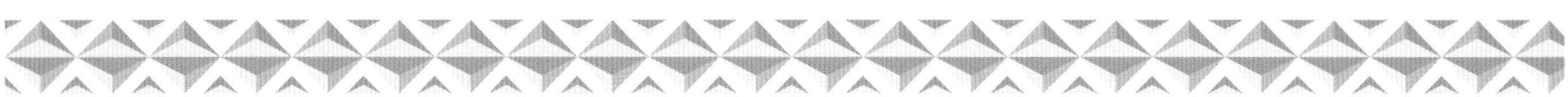

Bordüre aus vertieften (negativen) Karos mit Verzierungen

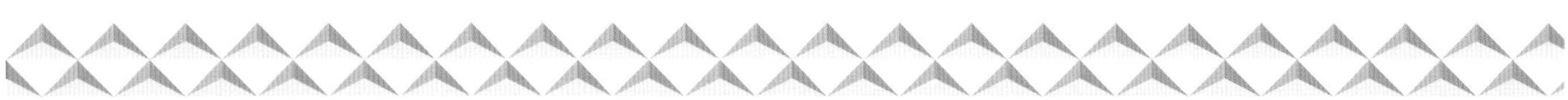

Gestaffelte Dreischnitt-Bordüre

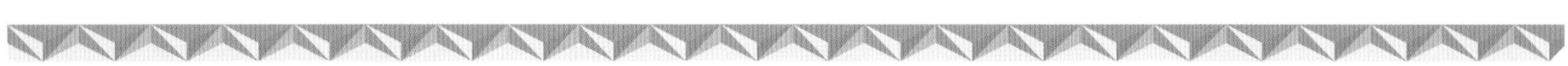

Gestaffelte umgekehrte Dreischnitt-Bordüre

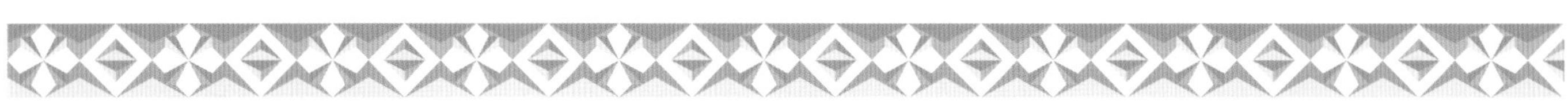

Alternierende erhabene (positive) Karos

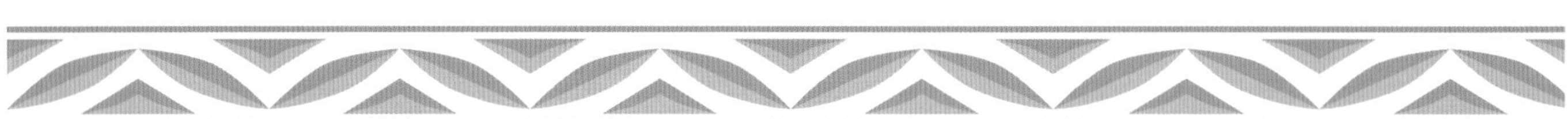

Bordüre mit Mandelschnitt und Dreischnitt

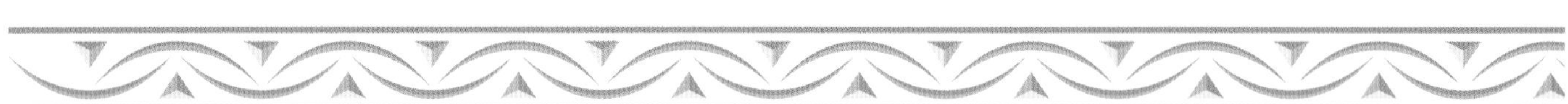

Spitzenartige Bordüre

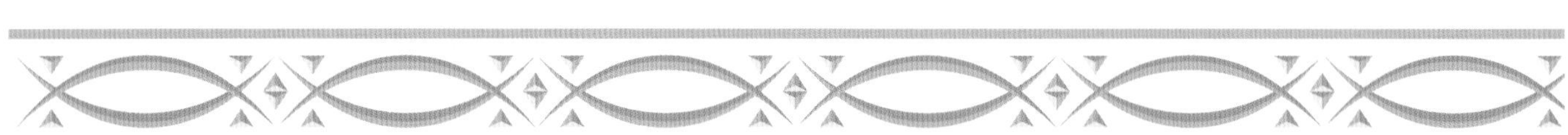

Bordüre aus gekreuzten Bogenschnitten

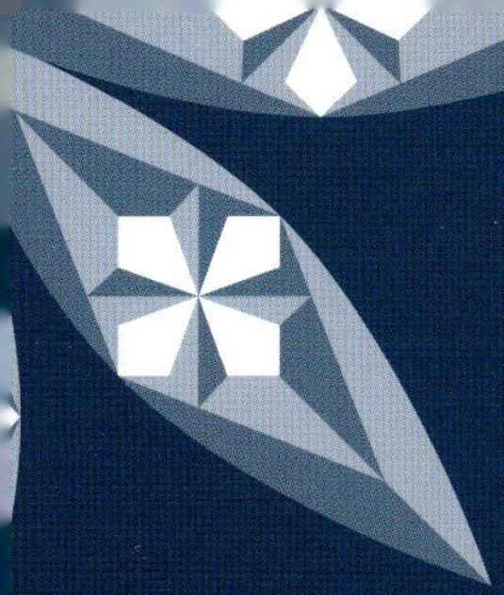

7 Breite Bordüren

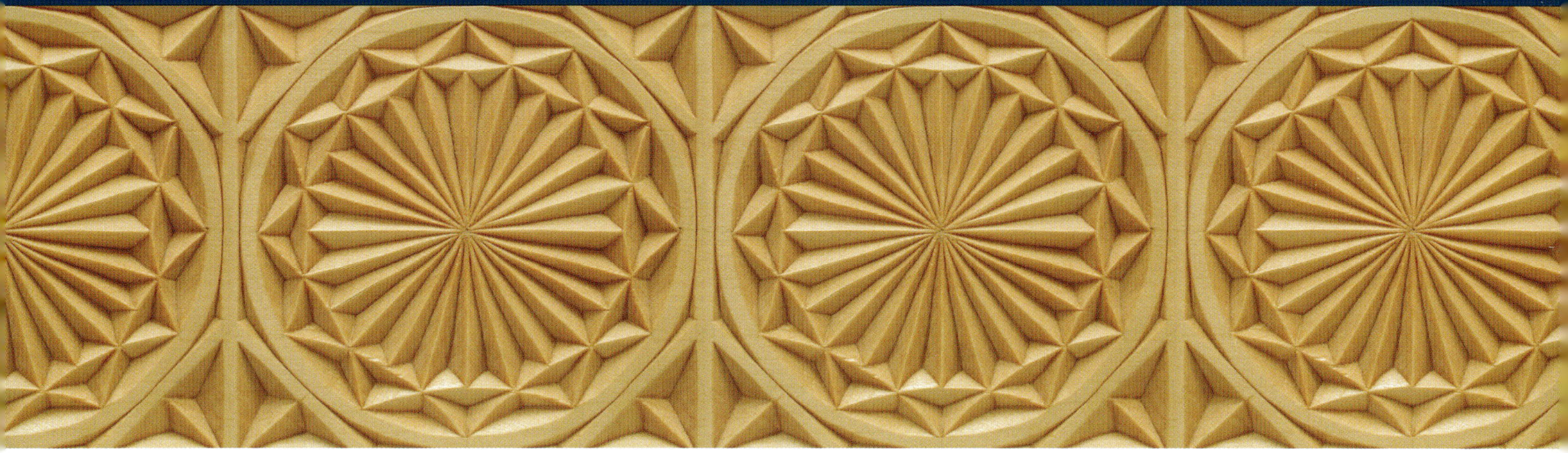

Wie Sie sich hoffentlich erinnern können, habe ich im vorigen Kapitel erwähnt, dass die 4-mm-Maßeinheit für Bordüren seit Jahrhunderten in Gebrauch ist. Was tut man aber, wenn das Hauptmotiv so groß ist, dass eine Bordüre aus 4-mm-Quadraten daneben lächerlich klein aussieht? Eine Lösung könnte darin bestehen, die Dreischnitte auf 6 oder 8 mm oder noch stärker zu vergrößern. Im Allgemeinen sollte man jedoch auch bei einer breiteren Bordüre die 4-mm-Einheit beibehalten und die Anzahl der Reihen erhöhen. Wenn z. B. eine Reihe Karos auf dem Deckel einer Kassette zu klein aussieht, vergrößern Sie nicht die Karos, sondern fügen Sie eine zweite Reihe hinzu.

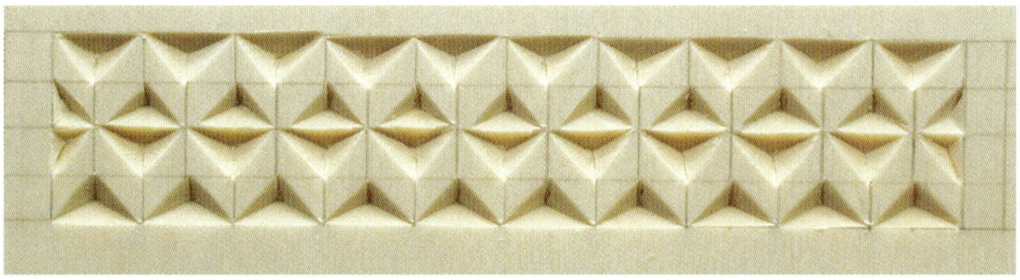

Abb. 7.1 Eine doppelte Reihe Chevrons.

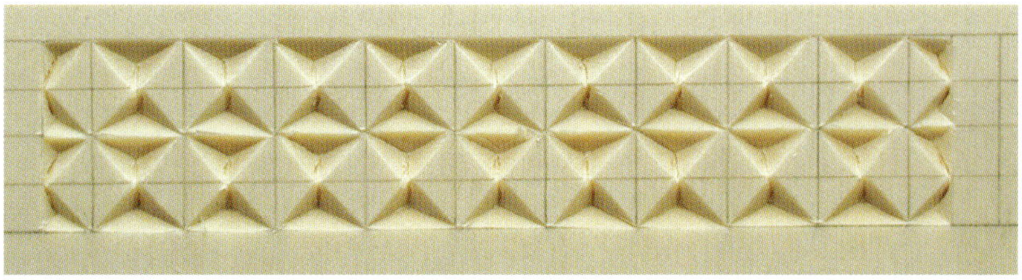

Abb. 7.2 Eine doppelte Reihe erhabener Karos.

Bei den ersten fünf Beispielen hat – wie gewohnt – jedes Quadrat eine Seitenlänge von 4 mm. Nur besteht die Bordüre aus vier statt aus zwei waagrechten Reihen. Sehen Sie sich zuerst die doppelte Reihe Chevrons an **(Abb. 7.1)**. Dass zwischen den Chevrons zugleich eine Reihe vertiefter Karos entsteht, ist ein interessanter Nebeneffekt.

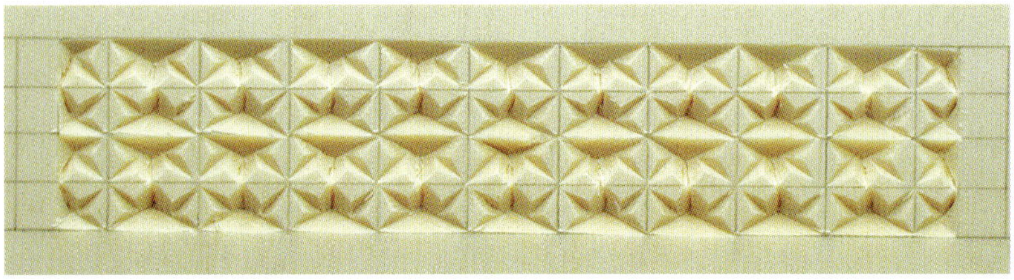

Abb. 7.3 Eine Doppelreihe aus erhabenen Karos mit keilförmigen Einschnitten.

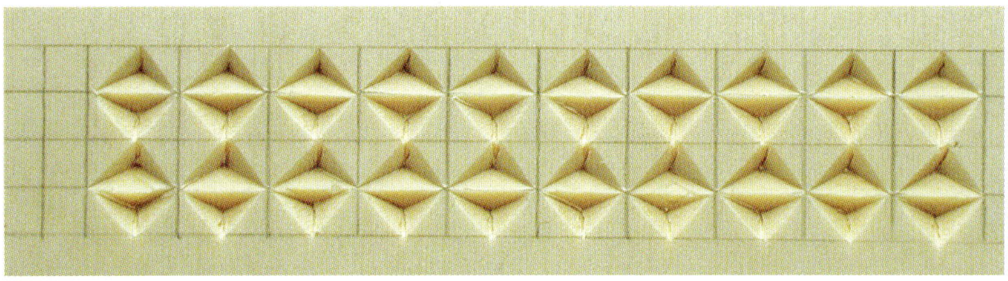

Abb. 7.4 Eine Doppelreihe aus versenkten Karos.

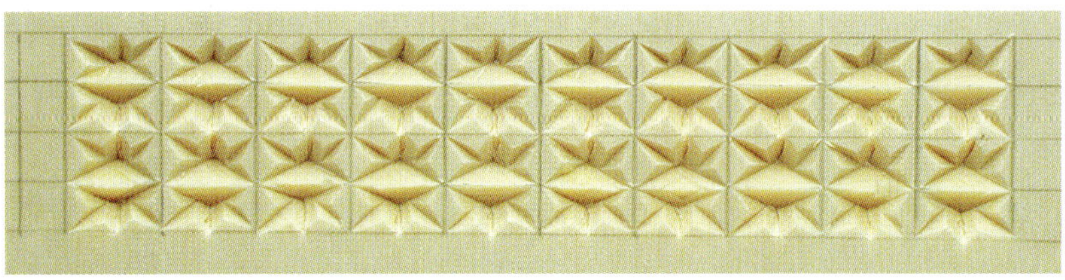

Abb. 7.5 Eine Doppelreihe aus versenkten Karos; die erhabenen Karos in der Mitte und die unvollständigen erhabenen Karos am Rand wurden mit keilförmigen Einschnitten versehen.

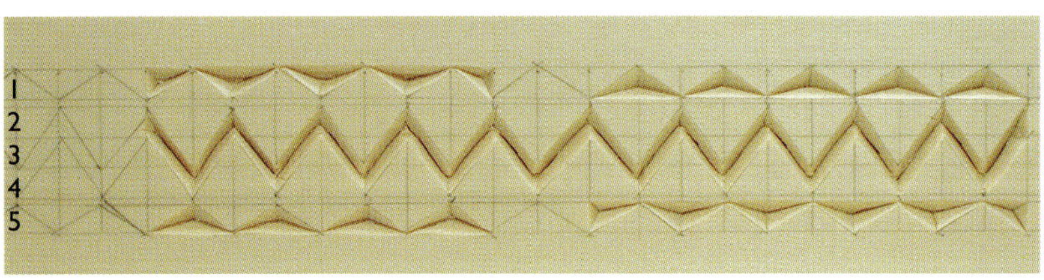

Abb. 7.6 Beim Wolfszahn ist jeder Abschnitt 6 mm breit und 4 mm hoch. Beachten Sie den Abstand von 1 mm zwischen der ersten und zweiten sowie zwischen der vierten und fünften Reihe.

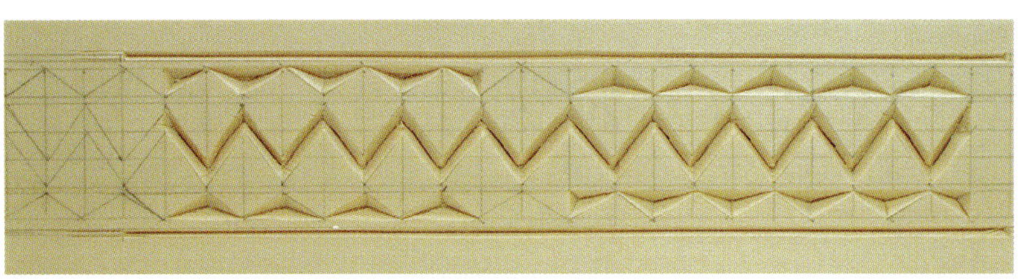

Abb. 7.7 Die Wolfszahnbordüre wurde hier mit Linienschnitten eingerahmt.

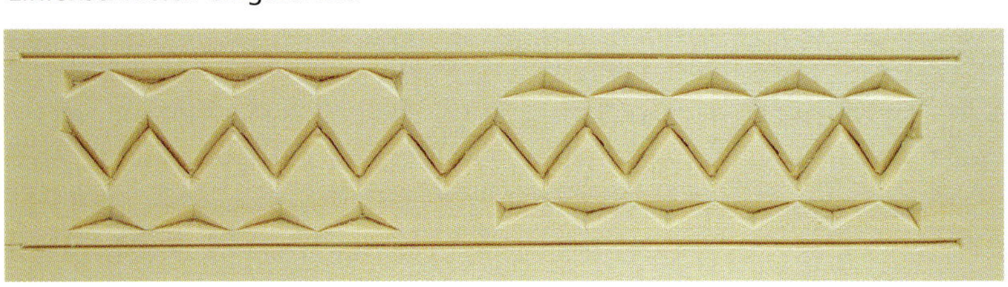

Abb. 7.8 Bei dieser Bordüre wurden sämtliche Hilfslinien bereits entfernt.

Abb. 7.2 zeigt eine Doppelreihe erhabener Karos. Hier ist in der Mitte zugleich eine Reihe vertiefter Karos entstanden. **Abb. 7.3** zeigt dieselbe Bordüre wie **Abb. 7.2**, nur ist jedes Karo mit keilförmigen Einschnitten verziert (siehe Kapitel 6). Auf **Abb. 7.4** sehen Sie eine Doppelreihe vertiefter Karos. Diesmal ist in der Mitte eine Reihe erhabener Karos entstanden. **Abb. 7.5** ist mit **Abb. 7.4** identisch, nur wurden die erhabenen Karos in der Mitte und die halben Karos am Rand mit keilförmigen Einschnitten versehen. (Vielleicht war das ein bisschen zu viel des Guten …)

Abb. 7.6 zeigt ein altehrwürdiges Muster, den Wolfszahn. Hier ist jeder Abschnitt 6 mm breit; die Höhe von 4 mm wird beibehalten. In **Abb. 7.7** wird dasselbe Wolfszahnmotiv von Linienschnitten eingerahmt. Es macht einen großen Unterschied, ob die Dreiecke an der Ober- und Unterseite nach außen oder nach innen zeigen. Bei **Abb. 7.8** wurden bereits alle Hilfslinien entfernt – auch das macht einen großen Unterschied!

Beim nächsten, etwas schwierigeren Muster handelt es sich um eine beliebte Kombination aus einer 4-teiligen Rosette und einem Andreaskreuz, die in der Renaissance-Architektur öfter anzutreffen ist.

Zuerst zeichnen wir das Motiv **(Abb. 7.9)**. Beginnen Sie mit vier waagrechten Reihen aus 4-mm-Quadraten. Ich finde es hilfreich, die mittlere Gruppe aus 4 Quadraten nachzuzeichnen. Für die Bögen, die die Mandelschnittformen bilden, verwenden wir wieder unsere bewährte Beilagscheiben-Schablone (siehe S. 41). In der Mitte habe ich schon zu schneiden begonnen. Um die Reihenfolge der Schnitte besser erklären zu können, habe ich vier Punkte mit A, B, C und D beschriftet. Bei den folgenden Schnitten wird das Messer in Position 1 gehalten. Beginnen Sie bei Punkt A und ziehen Sie die Klinge bis zum Punkt B durch. Dann schneiden Sie von B zu C, dann von C zu D und schließlich von D zu A. Hat sich der Span ohne Weiteres herauslösen lassen? Ja? Dann gehen Sie

> **Tipp**
>
> Wie geht es eigentlich Ihrem Schnitzmesser? Schneidet es nach wie vor leicht und sauber? Oder muss es abgezogen werden?

zur nächsten Kerbe über (**Abb. 7.10** und **7.11**).

Nun kommt der nächste Schritt. Auf **Abb. 7.12** habe ich zwischen den Mandelschnitten Markierungslinien angebracht und vier Punkte mit A, B, C und D beschriftet. Zum besseren Verständnis sehen Sie sich zuerst die Kerben an, die ich schon geschnitten habe.

Halten Sie das Messer in Position 1 (das versteht sich eigentlich von selbst; in Zukunft sage ich die Position nur mehr dazu, wenn es notwendig ist). Beginnen Sie bei Punkt A und schneiden Sie bis zum Punkt B. Warum? Denken Sie an die Regel: Wenn wir beginnen, eine neue Kerbe zu schneiden, zeigt das Messer von der zuvor geschnittenen Kerbe weg. Welcher Schnitt kommt als Nächstes? Von B nach C? Dabei müssten Sie quer zur Faser schneiden. Ich persönlich schneide lieber zuerst von C nach A und dann von B nach C. Damit ist der Span herausgelöst (**Abb. 7.13**).

Jetzt müssen noch die Keile aus den mittleren Quadraten herausgeschnitten werden (**Abb. 7.14**). Beachten Sie die Reihenfolge der Schnittrichtung bzw. der Handhaltung, damit Sie die Ecken der Quadrate nicht abbrechen. Alle keilförmigen Schnitte sollten sich in der Mitte des Quadrates treffen.

Abb. 7.15 bis **7.19** zeigen weitere Beispiele für breite Bordüren.

> **Tipp**
>
> Bevor Sie beginnen, denken Sie daran, dass Sie das Messer manchmal bis zu einem Winkel von fast 90° abrollen lassen müssen, damit die Grate zwischen den Kerben nicht ausbrechen. Noch ein Trick: Ich schneide nicht in einem Zug, sondern unterbreche den Schnitt, wenn er heikel zu werden droht.

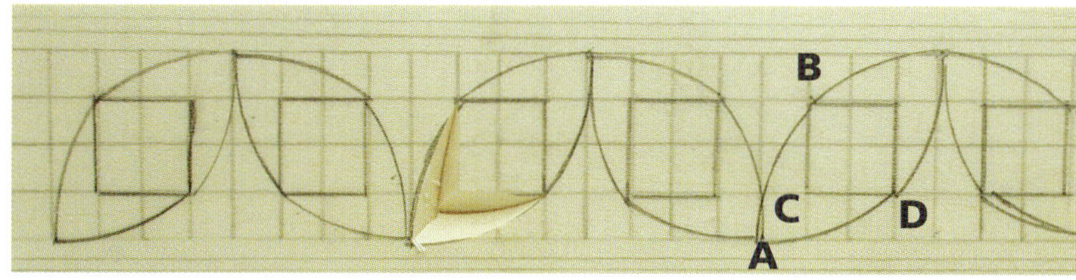

Abb. 7.9 Dieses Muster ist eine Kombination aus einer 4-teiligen Rosette und einem Andreaskreuz. Ziehen Sie die Bögen mit der Schablone. Lassen Sie 2 mm frei und ziehen Sie in Abständen von 2 mm gerade Linien. Dann zeichnen Sie die 4-Quadrate-Gruppen nach.

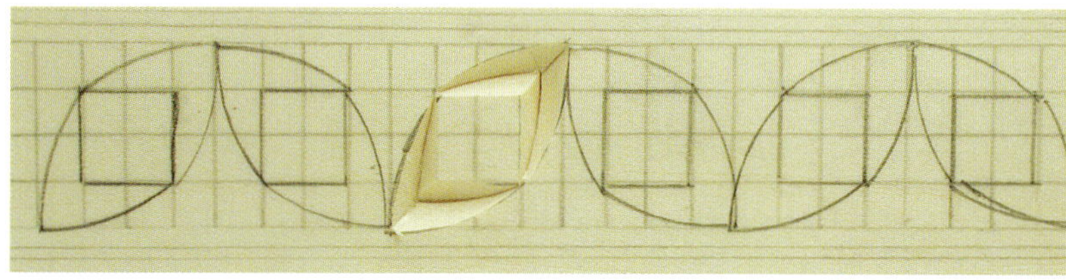

Abb. 7.10 Schneiden Sie die erste Schnittfolge …

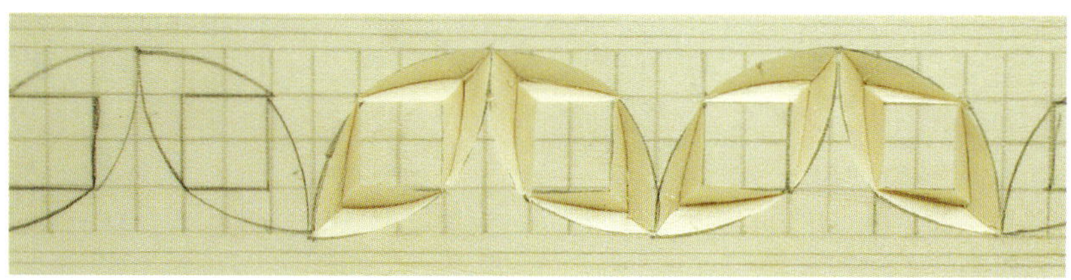

Abb. 7.11 … in der gesamten Reihe.

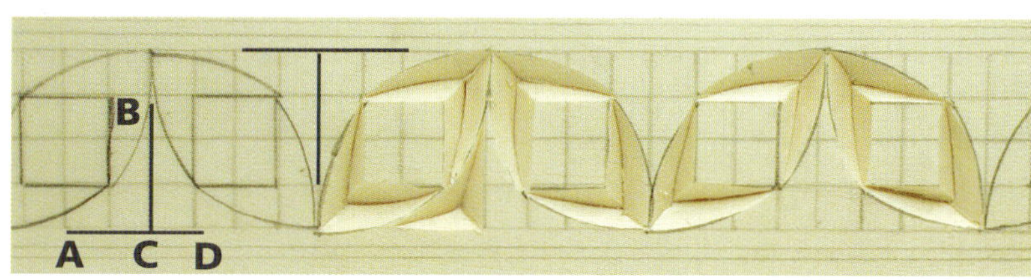

Abb. 7.12 Hier habe ich bereits eine Ecke herausgeschnitten.

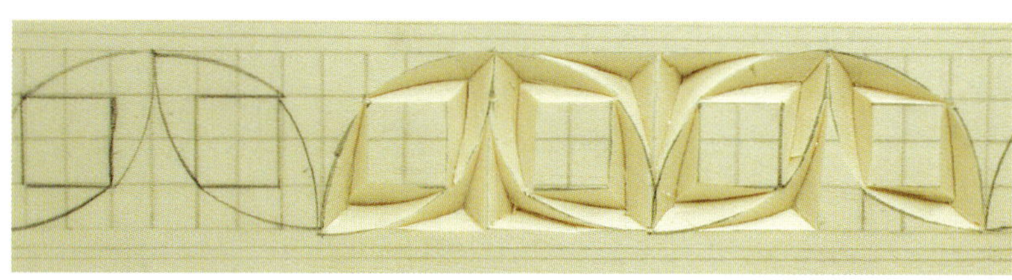

Abb. 7.13 Nun kommen die übrigen Ecken dran. Wenn ein Schnitt zu heikel wird, unterbreche ich ihn.

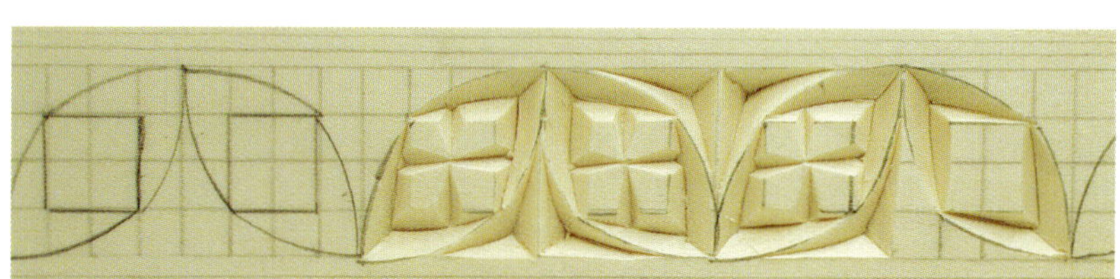

Abb. 7.14 Hier habe ich schon einige keilförmige Einschnitte gemacht.

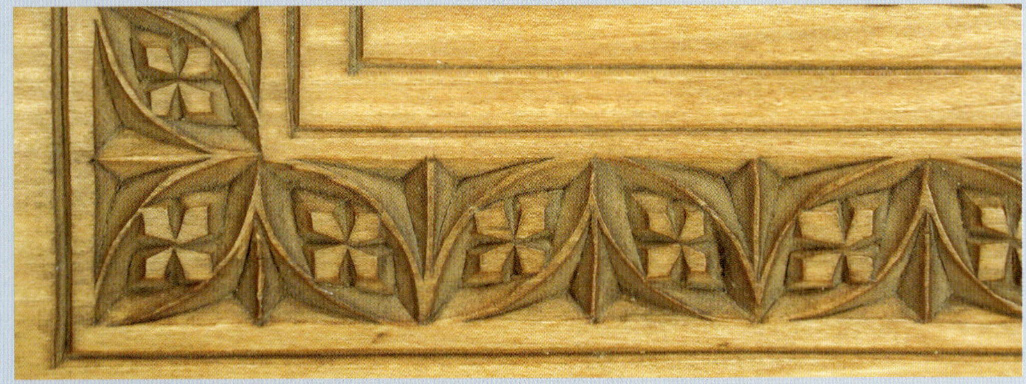

Abb. 7.15 Die fertig geschnitzte, dünn mit Beize überzogene Renaissance-Bordüre.

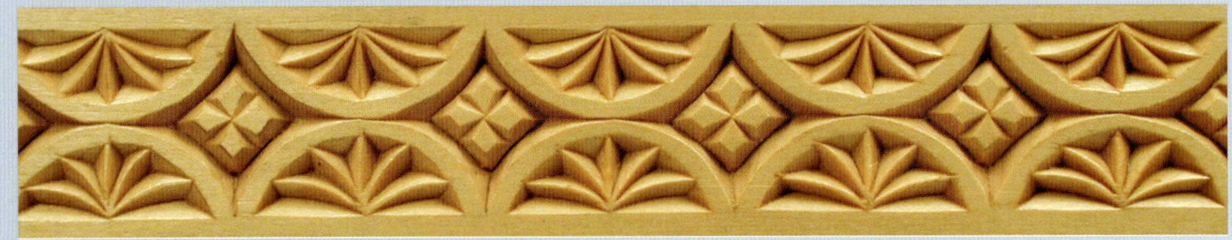

Abb. 7.16 Eine Bordüre aus „halben Wagenrädern" (etwas verkleinert wiedergegeben).

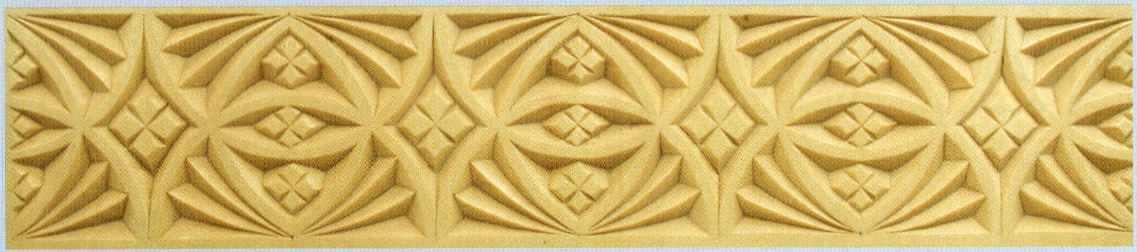

Abb. 7.17 Dieses Muster ist als breite Bordüre ebenso geeignet wie als exquisite Verzierung für eine Schubladenfront.

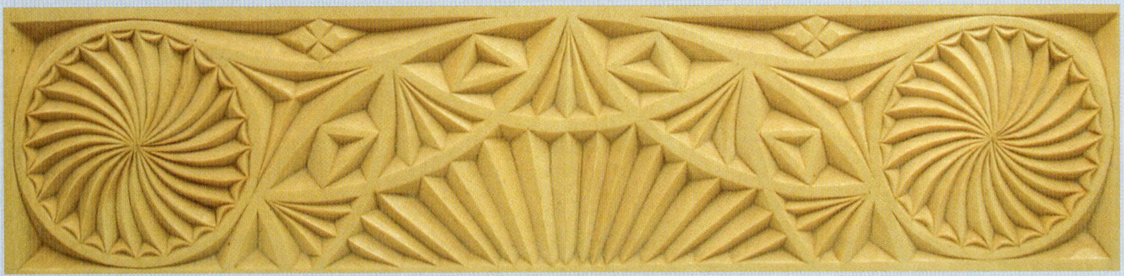

Abb. 7.18 Die Sonnenräder links und rechts sind besonders schwierig zu schnitzen. Üben Sie zuerst auf einem Übungsbrett!

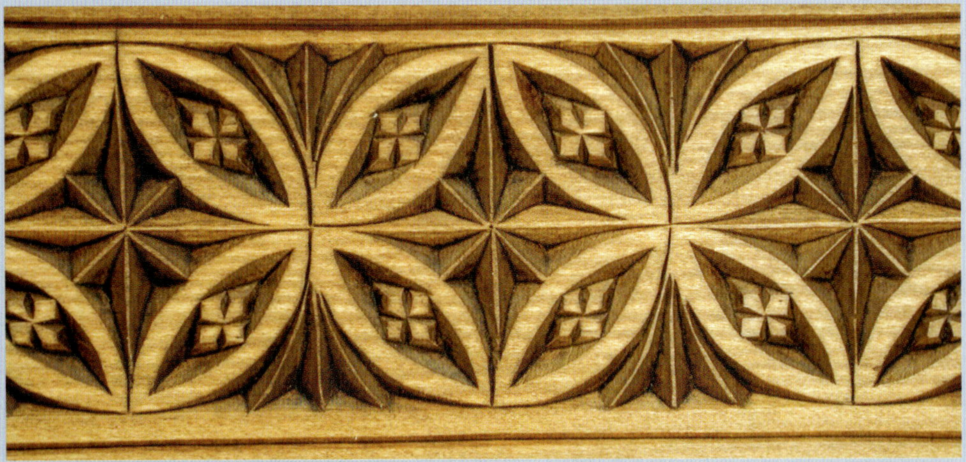

Abb. 7.19 Das Renaissance-Muster ist in der Architektur dieser Zeit allgegenwärtig. Mit der hier abgebildeten Variante wurden die Außenseiten einer Kassette verziert, auf deren Deckel die in **Abb. 7.15** gezeigte Bordüre prangt.

8

Runde Bordüren

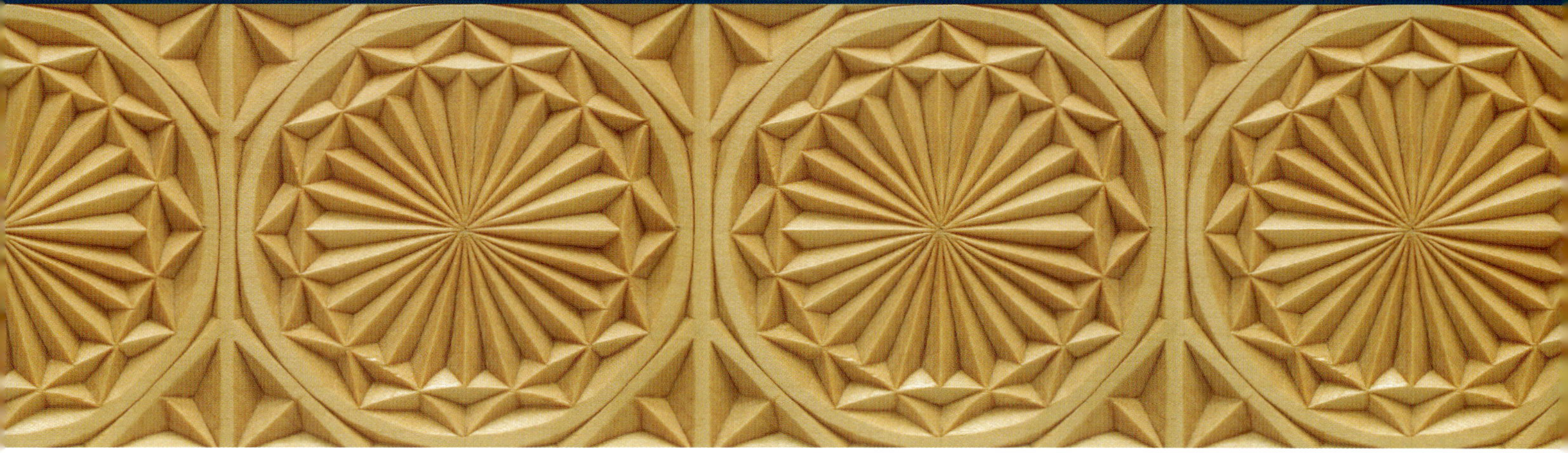

Bis jetzt haben wir nur Bordüren für rechteckige oder quadratische Projekte kennengelernt, die auch am häufigsten zum Einsatz kommen. Manchmal werden aber auch runde oder ovale Gegenstände – etwa ein Türschild oder eine Plakette – mit einer Bordüre geschmückt.

Abb. 8.1 zeigt einen Teller aus Lindenholz. Er hat einen geschwungenen Rand, der Mittelteil ist gegenüber dem Randbereich vertieft. Wenn ein solcher Teller verziert werden soll, wird die Form des geschwungenen Randes gerne auch bei der Bordüre übernommen. Zeichnen Sie die Bordüre zuerst auf Ihr Übungsbrett und nehmen Sie für die Bögen einen hochwertigen Fallnullenzirkel mit einer mechanischen Vorrichtung zum Öffnen und Schließen der Zirkelschenkel. Von einem Zirkel mit Bleistifthalter rate ich Ihnen ab. (Näheres in Kapitel 2.)

Stechen Sie mit dem Zirkel in einen beliebig gewählten Punkt A ein und ziehen Sie den äußeren Kreisbogen mit einem Radius von etwa 85 mm. Nun ziehen Sie den inneren Kreisbogen mit einem um 6 mm kleineren Radius. (Die

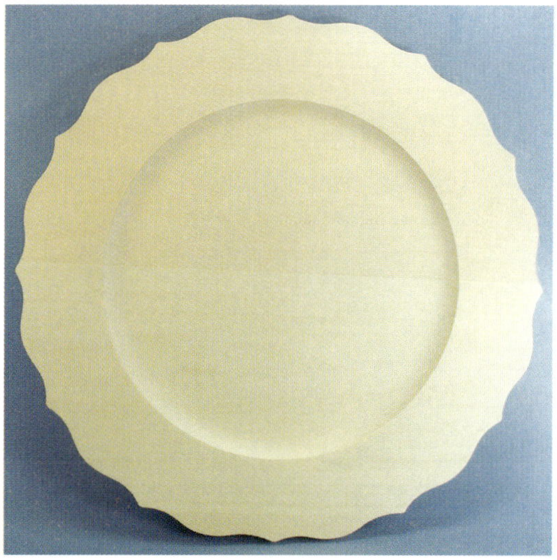

Abb. 8.1 Der Teller hat einen Durchmesser von 300 mm und einen geschwungenen Rand. Er bietet sich für eine runde Bordüre geradezu an.

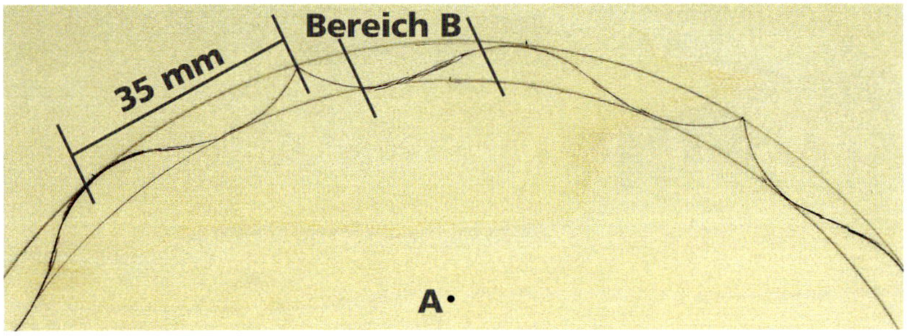

Abb. 8.2 So wird die Bordüre vorgezeichnet.

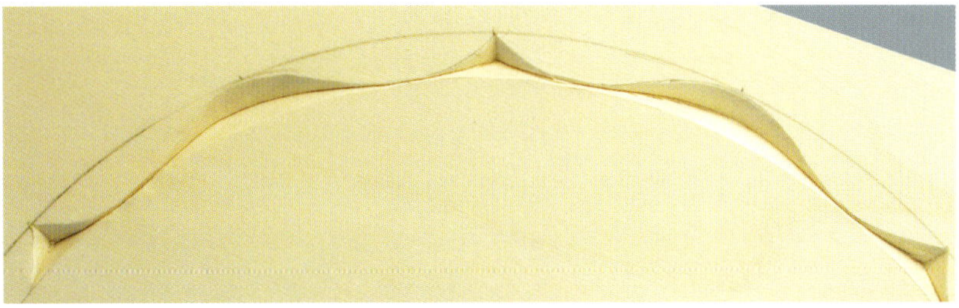

Abb. 8.3 Diese geschwungene Bordüre ist leicht zu schnitzen und sieht doch sehr eindrucksvoll aus.

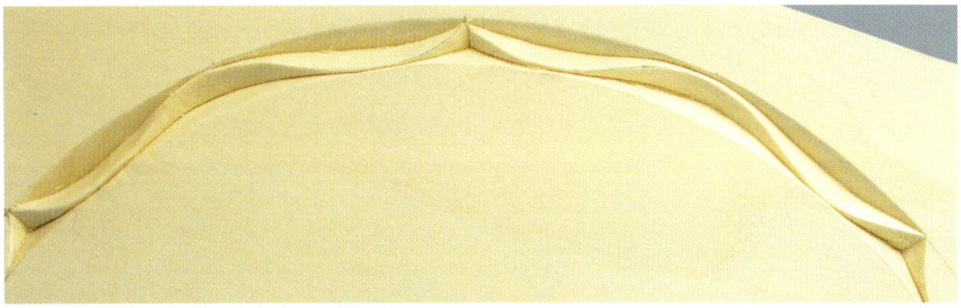

Abb. 8.4 Wenn Sie auf beiden Seiten der Vorlagelinie schnitzen, entsteht eine ganz zarte Verzierung.

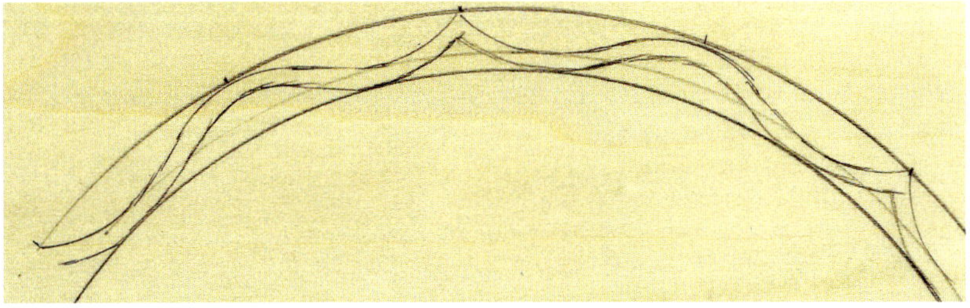

Abb. 8.5 Sie können diese Vorlage abwandeln, indem Sie eine weitere geschwungene Linie hinzufügen.

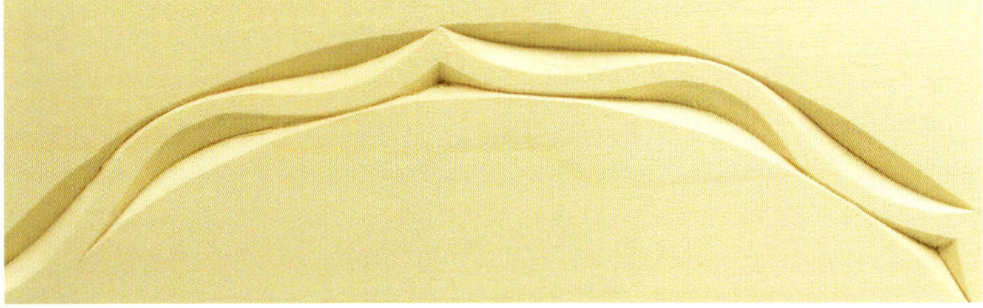

Abb. 8.6 Nach der in Abb. 8.5 gezeigten Vorlage ist diese Schnitzarbeit entstanden.

beiden Kreisbogen dürfen nicht mehr als 6 mm voneinander entfernt sein.) Bringen Sie am äußeren Kreisbogen alle 35 mm eine Markierung an (**Abb. 8.2**).

Wir kommen zur geschwungenen Linie, bei der sich immer eine Spitze mit einer Rundung abwechselt. Jetzt kommt wieder einmal unsere Beilagscheiben-Schablone zum Einsatz! Den Bereich zwischen Spitze und Rundung müssen Sie freihändig zeichnen (**Abb. 8.2** – Bereich B). Da jedoch der Hauptradius feststeht, wird Ihnen das nicht allzu schwerfallen.

Abb. 8.3 zeigt eine Möglichkeit, diesen Umriss zu schnitzen. Die Arbeit ist leicht auszuführen, das Ergebnis ist eindrucksvoll und kommt mit einer Beize besonders schön zur Geltung (Näheres dazu in Kapitel 14).

Sie können auch auf beiden Seiten der Vorlagelinie schnitzen (**Abb. 8.4**). Für diese edle, zierliche Variante ist ein farbloses Finish ideal, eine Beize wäre ungeeignet.

Hier ist noch eine Variante: Zeichnen Sie den Rand genau wie vorher, ziehen Sie aber beim inneren Kreisbogen nur eine ganz schwache Linie (**Abb. 8.5**). Ziehen Sie einen zweiten inneren Kreisbogen in 8 mm Abstand zum äußeren Kreisbogen. Nun zeichnen Sie – genau wie beim ursprünglichen Muster – die Randlinie mit den Spitzen und Rundungen und ziehen Sie 2 mm innerhalb dieser ersten eine zweite Randlinie. Lassen Sie den so entstandenen 2 mm breiten Steg beim Schnitzen stehen (**Abb. 8.6**). Die Arbeit ist nicht so zart wie die vorher gezeigte und kann sowohl mit einem farblosen Finish als auch mit einer Beize behandelt werden.

Auch eine runde Dreischnittbordüre lässt sich vielseitig einsetzen (**Abb. 8.7**). Ziehen Sie mit dem Zirkel zwei Kreisbogen im Abstand von 6 mm (**Abb. 8.8**) und bringen Sie am inneren Kreisbogen alle 4 mm eine Markierung an. Schieben Sie dazu das Lineal nach 4–5 Markierungen weiter und bringen Sie die nächsten 4–5 Markierungen an.

Die Ungenauigkeiten, die dadurch entstehen können, sind mit freiem Auge nicht sichtbar.

Nun legen Sie ein Lineal am Einstichpunkt des Zirkels und an einer Markierung am inneren Kreisbogen an und bringen Sie am äußeren Kreisbogen eine Markierung an. Wiederholen Sie dies bei jeder zweiten Markierung am inneren Kreisbogen.

Oder wie wäre es mit einer Muschelbordüre (**Abb. 8.9 und 8.10**)? Für die Muschelformen eignet sich die Beilagscheiben-Schablone. Der Abstand zwischen den beiden Kreisbogen beträgt hier nur 4 mm. Weitere Ideen finden Sie auf **Abb. 8.11 bis 8.18**.

Tipp

Damit ein Motiv wie z. B. das trabende Pferd in **Abb. 8.18** nicht „in der Luft hängt", müssen Sie es auf einen festen „Boden" stellen. Das Schnurornament fügt sich schön ins Bild ein.

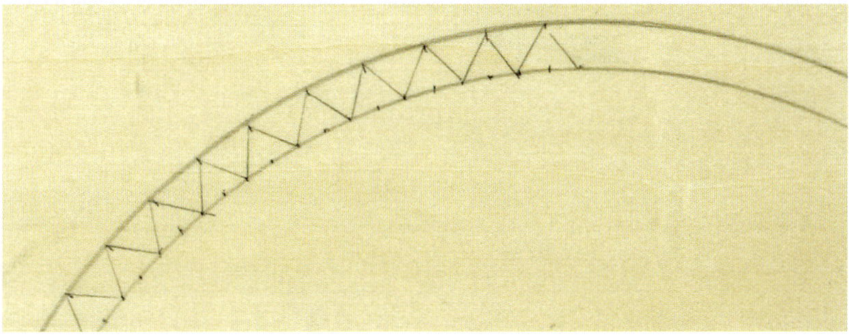

Abb. 8.7 Um die Dreischnittbordüre vorzuzeichnen, brauchen Sie einen Zirkel und ein Lineal.

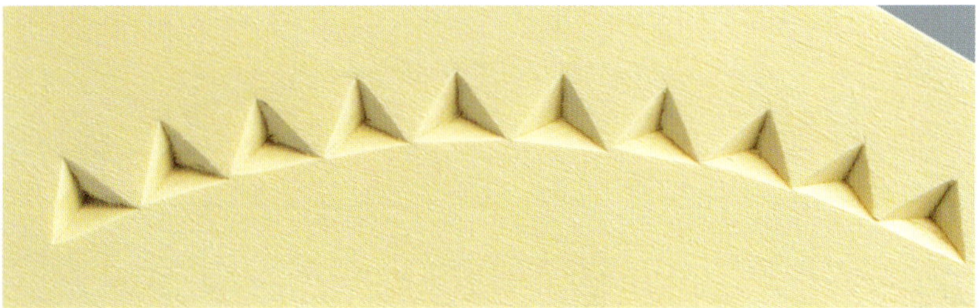

Abb. 8.8 Die fertige Dreischnittbordüre: schlicht und doch effektvoll.

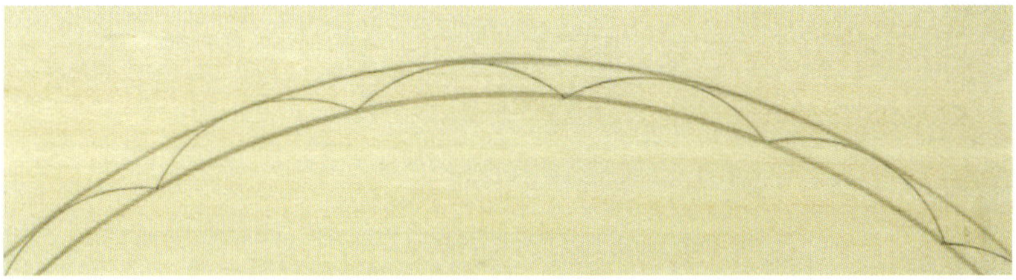

Abb. 8.9 Zum Vorzeichnen der Muschelbordüre nehmen Sie die Beilagscheiben-Schablone zur Hilfe.

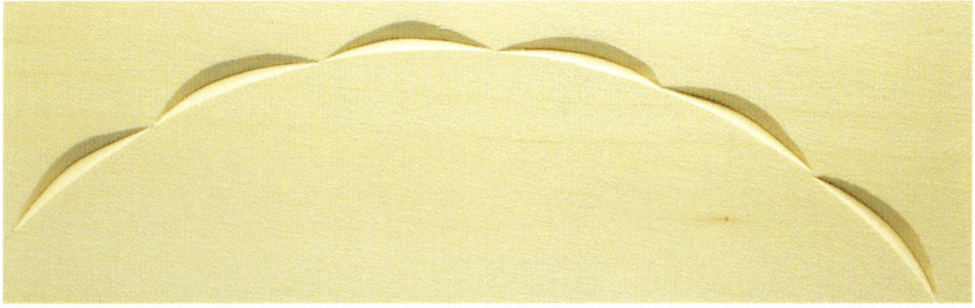

Abb. 8.10 Die fertig geschnitzte Muschelbordüre.

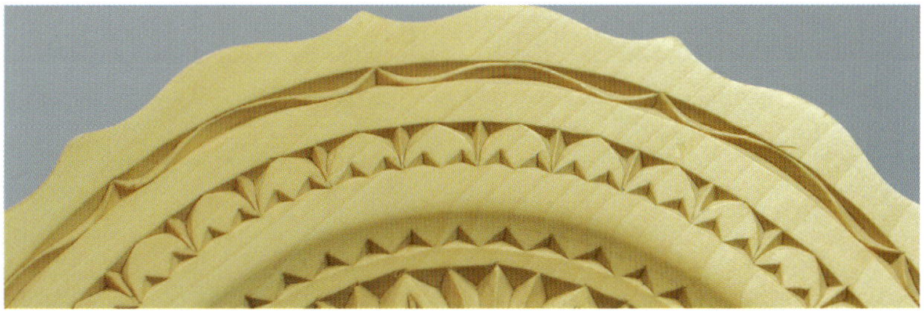

Abb. 8.11 Hier wurden drei runde Bordüren miteinander kombiniert. Die mittlere zeigt ein Eierstabmuster.

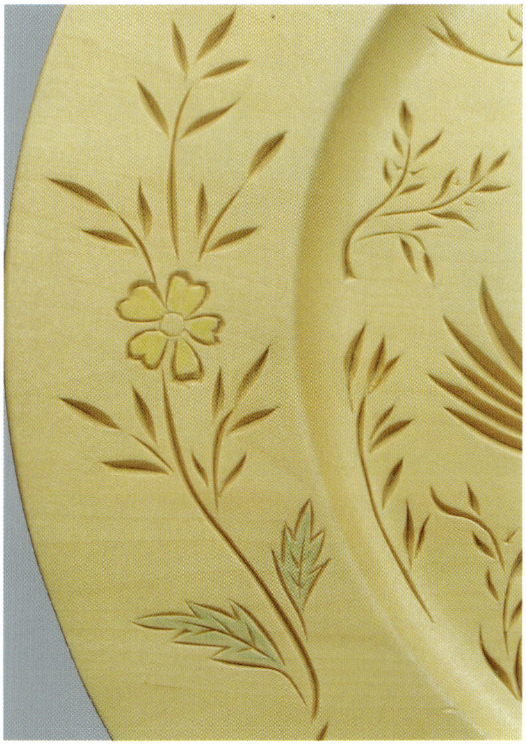

Abb. 8.12 Eine Bordüre muss nicht aus geometrischen Motiven und auch nicht aus exakten Wiederholungen desselben Musters bestehen.

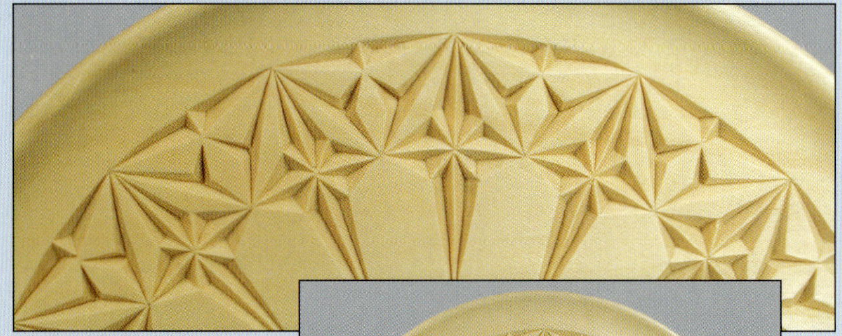

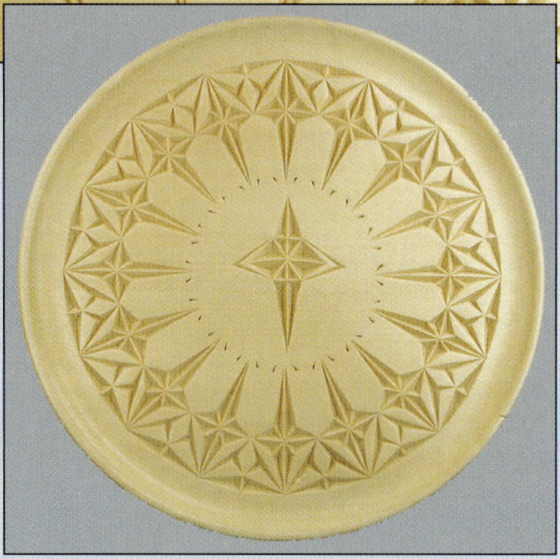

Abb. 8.13 und **Abb. 8.14** Dieses Sternenmuster hat Lora S. Irish kreiert und in ihrem Buch „Chip Carving Classics“, Band 1, vorgestellt.

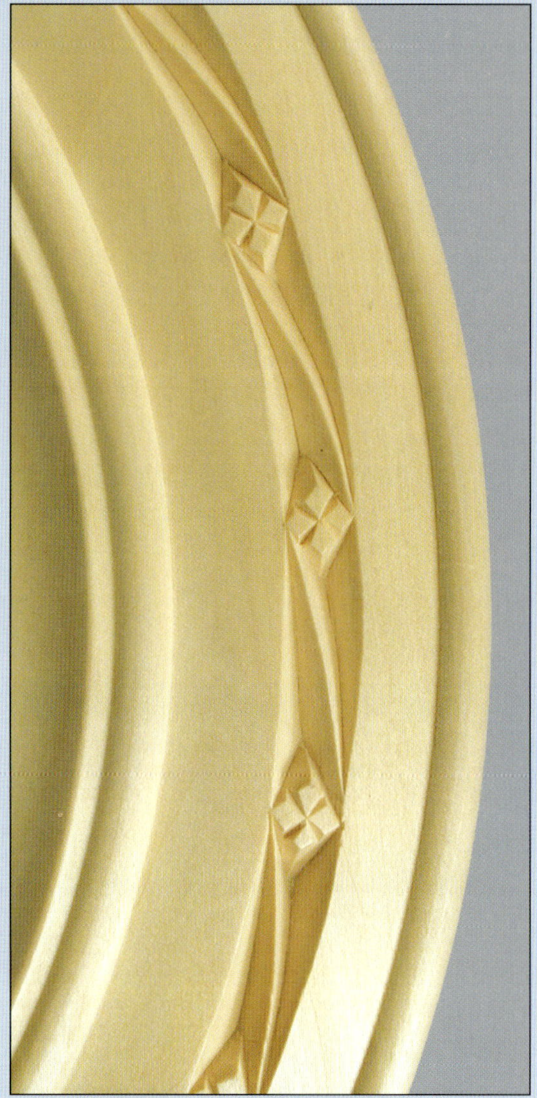

Abb. 8.17 Diese klassische Kerbschnittbordüre ist zwar auch wunderschön, aber passt sie zu einem Weihnachtsteller? Geschmäcker sind verschieden …

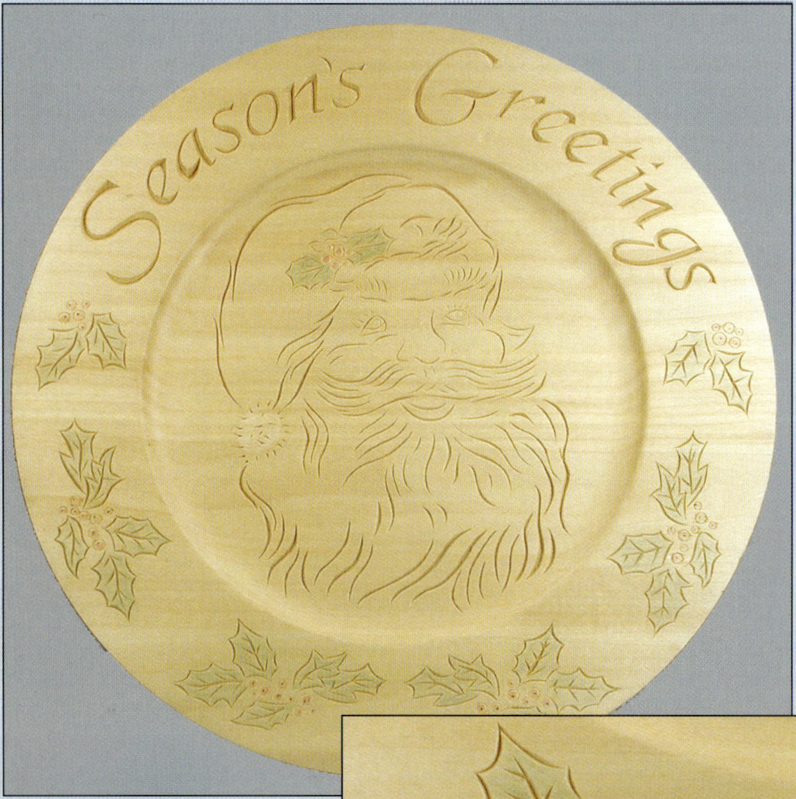

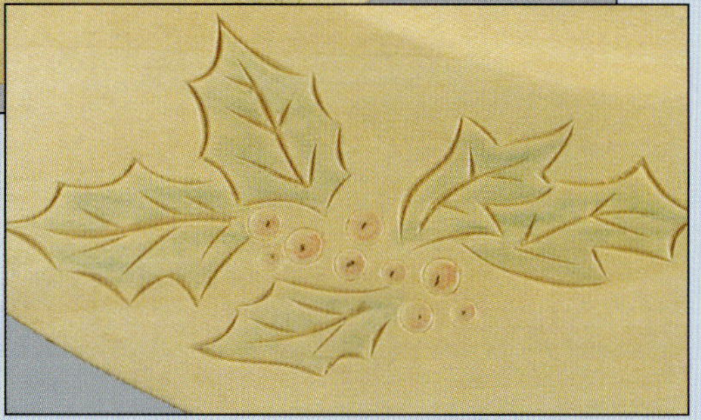

Abb. 8.15 und **Abb. 8.16** Die Bordüre sollte zum Thema der Schnitzarbeit passen. Nichts passt besser zu einem Weihnachtsmann als ein weihnachtliches Muster aus immergrünen Blättern und Beeren. Übrigens, wie gefallen Ihnen die zarten Farben? Zu diesem Thema kommen wir in Kapitel 14.

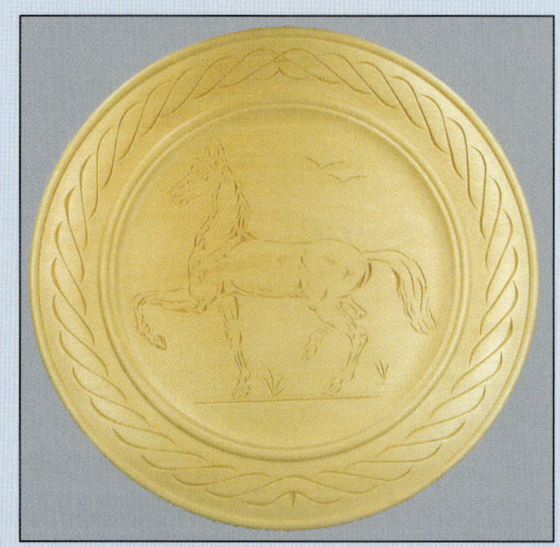

Abb. 8.18 Damit das trabende Pferd nicht „in der Luft hängt“, müssen Sie es auf einen festen „Boden“ stellen.

Diese beiden Bordüren sind auf ein und demselben Grundmuster aufgebaut. An den Linien (oben) können Sie sich orientieren, wenn Sie die Bordüre vorzeichnen; die Schattierungen helfen Ihnen beim Schnitzen.

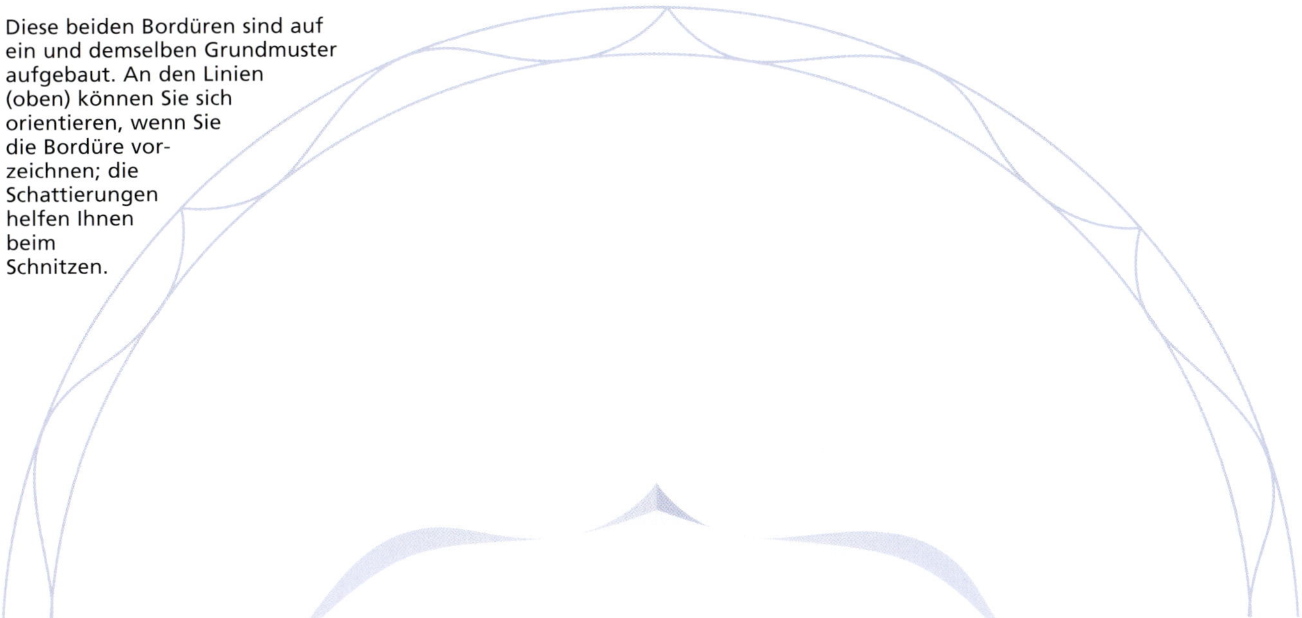

9 Raster

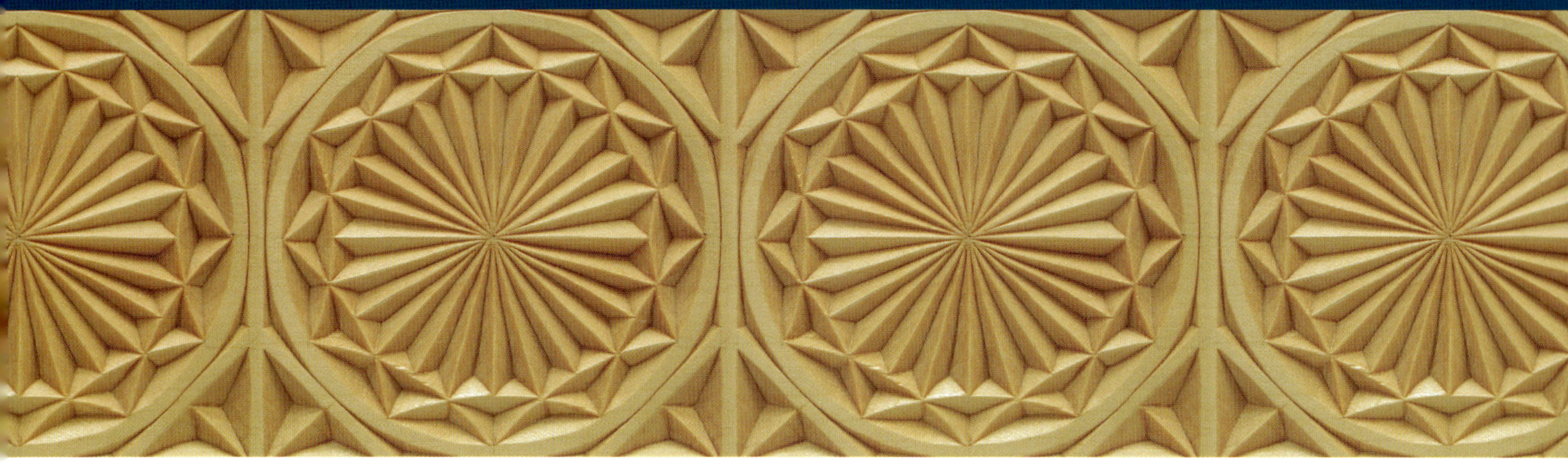

Ein Raster bietet vielfältige Gestaltungsmöglichkeiten, vor allem, wenn Sie eine größere Fläche schmücken wollen – etwa die gesamte Oberseite einer Kassette, ein Servierbrett, eine Truhe oder eine Türfüllung. Der Raster kann auch als Hintergrund für ein Hauptmotiv dienen.

Einen Raster aus Karos (Diagonalraster) oder aus Kreisen finde ich schöner als einen Raster aus Quadraten oder Rechtecken. Ein Diagonalraster im Winkel von 60° lässt sich vielfältig einsetzen und ist auch ganz leicht zu zeichnen.

Beginnen Sie mit einem Rechteck, dessen Höhe etwa eineinhalbmal so groß ist wie seine Breite (z. B. 100 x 150 mm oder 150 x 225 mm; ähnliche Maße werden sehr oft für Plaketten oder Kassetten gewählt). Wenn Sie das Rechteck als äußere Begrenzung gezeichnet haben, teilen Sie beide Seiten des Rechtecks in gleich viele Abschnitte.

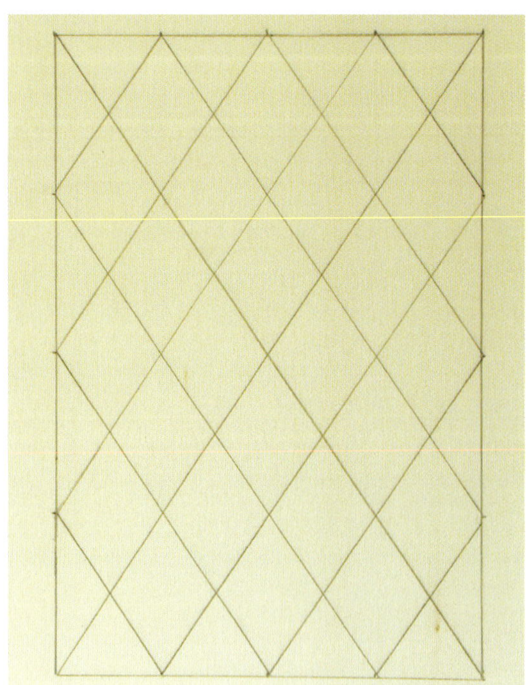

Abb. 9.1 Unser Übungsraster ist 80 mm breit und 120 mm hoch. Beide Seiten des Rechtecks wurden in je vier Abschnitte geteilt.

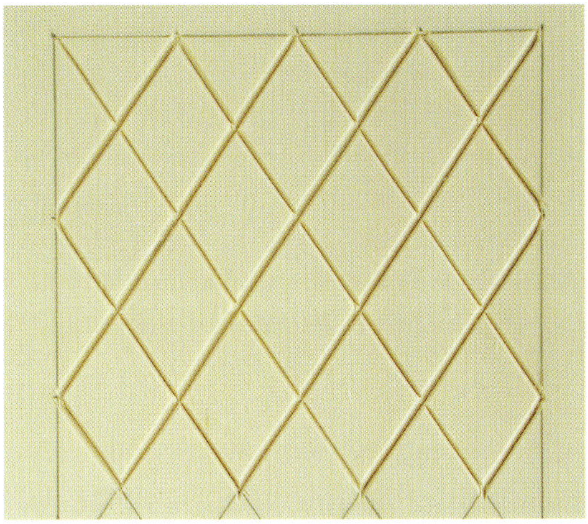

Abb. 9.2 Dieser Raster besteht aus ganz einfachen Linienschnitten.

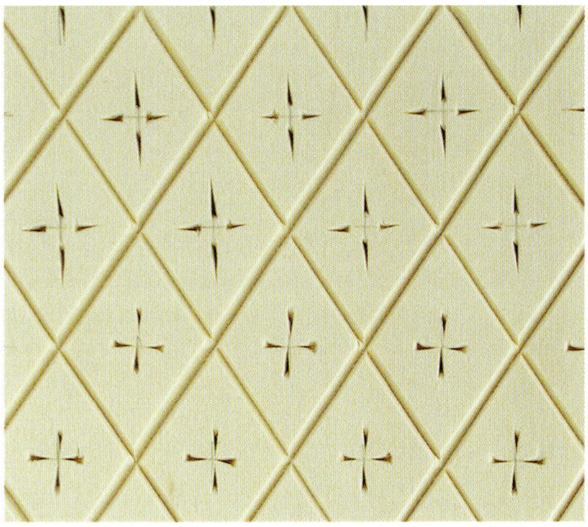

Abb. 9.3 Hier wurde jedes Rasterfeld mit einem Muster aus Stechschnitten geschmückt.

Unser Übungsraster **(Abb. 9.1)** ist 80 mm breit und 120 mm hoch. Zeichnen Sie ein Rechteck mit diesen Maßen als äußere Umrahmung und teilen Sie die Breite und die Höhe durch Markierungen in je vier Abschnitte; die so entstandenen Rasterfelder sind 20 mm breit und 30 mm hoch. Nun ziehen Sie mit einem Lineal (meines ist 150 mm lang) diagonale Linien.

Das erste Muster besteht aus lauter Linienschnitten **(Abb. 9.2)**. Seine Wirkung liegt gerade in seiner Schlichtheit, wie das so oft bei Kerbschnitzarbeiten der Fall ist.

Wenn Sie die Linien fertig geschnitzt haben, nehmen Sie sich ein paar Minuten Zeit für den „Wow-Effekt“: Setzen Sie in die Mitte jedes Feldes ein Muster aus Stechschnitten **(Abb. 9.3)**.

Bei der nächsten Übung gehen Sie von demselben Raster aus, diesmal schnitzen Sie jedoch statt den Linienschnitten mandelförmige Kerben **(Abb. 9.4)**. Zum Zeichnen der Kreisbogen nehmen Sie wieder einmal unsere wohlbekannte Beilagscheiben-Schablone zur Hand!

Einsteiger beginnen am besten mit dem Feld A. Setzen Sie zuerst die vier inneren Schnitte, dann die vier äußeren, sodass sich die Späne herauslösen.

Wenn dieses Muster für ein Projekt und nicht nur als Übung auf dem Übungsbrett gedacht ist, müssen Sie das äußere Rechteck zuerst schnitzen, sodass sich die Späne herauslösen, wenn Sie die diagonalen Linien schneiden.

In Abb. 9.2 habe ich nur die Diagonalen geschnitten und musste an den Enden jeder Linie kleine Stoppschnitte setzen.

Tipp

Sehen Sie sich Abb. 9.3 genau an: Die Stechschnitt-Muster in den beiden unteren Reihen sehen anders aus als jene in den beiden oberen Reihen. Es macht einen großen Unterschied, ob Sie den Stecher mit der Spitze nach innen oder nach außen halten.

Gehen Sie zum Feld B über, beginnen Sie diesmal jedoch mit den äußeren Schnitten, denn die Klinge soll ja von der zuvor geschnittenen Kerbe weg zeigen, wenn Sie eine neue Kerbe zu schneiden beginnen. Arbeiten Sie Feld C und D genauso und nehmen Sie dann das Feld E in der nächsten Reihe in Angriff.

Wenn es Ihnen bis jetzt gelungen ist, die Späne sauber und ohne Nachschneiden herauszulösen, können Sie eine zeitsparende Methode probieren. Setzen Sie zuerst die mit ↙ markierten Schnitte in der gesamten Reihe, dann die

Tipp

Wenn Sie die Vorlagelinien beim Schnitzen wegschneiden, müssen Sie sie später nicht wegradieren. Zeichnen Sie dazu die Mandelschnitte etwas kleiner als gewünscht.

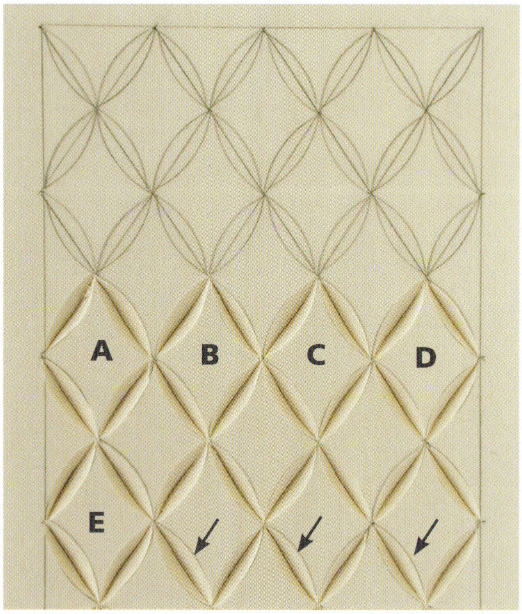

Abb. 9.4 Für die Kreisbogen, die die mandelförmigen Kerben bilden, nehmen Sie die Beilagscheiben-Schablone zur Hilfe!

jeweils gegenüberliegenden Schnitte – ebenfalls in der gesamten Reihe –, um die Späne herauszulösen. Wiederholen Sie den Vorgang bei einer anderen Reihe usw.

Sehen Sie sich die fertige Arbeit an – Sie können stolz darauf sein! Manche Schnitzarbeiten sehen auf Armeslänge betrachtet am schönsten aus. Andere wirken in einem Abstand von 1,70 bis 2 m besonders eindrucksvoll.

Nun kommt der Wow-Effekt: In **Abb. 9.5** habe ich in jeder zweiten Reihe keilförmige Einschnitte in die Karos gemacht, die sich in der Mitte treffen. In **Abb. 9.6** habe ich sämtliche Karos – auch die unvollständigen – mit keilförmigen Einschnitten versehen. Meiner Meinung nach habe ich dabei ein bisschen zu viel des Guten getan – die unbeschnitzten Flächen sind bei einer Holzarbeit ebenso wichtig für den Gesamteindruck wie die beschnitzten!

Auf **Abb. 9.7** sehen Sie den Deckel einer Spielkartenbox, ein Werk von Jim Lindgren aus

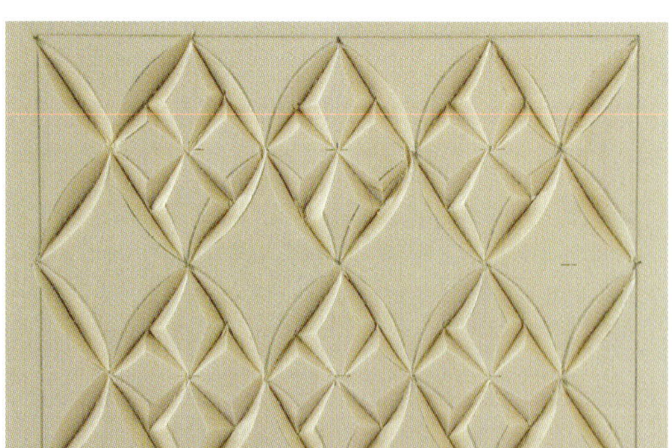

Abb. 9.5 Hier habe ich in jeder zweiten Reihe keilförmige Einschnitte angebracht.

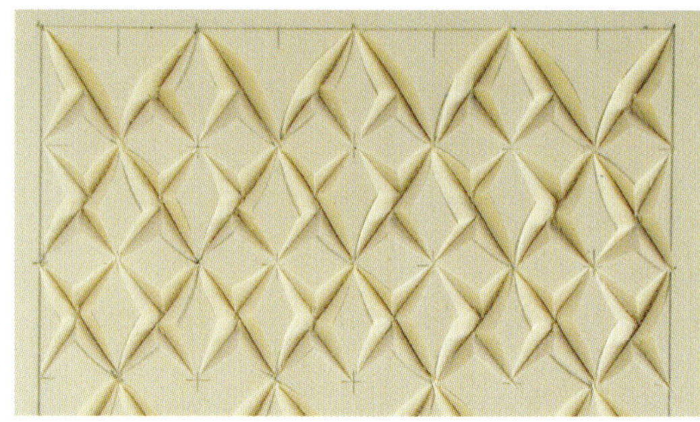

Abb. 9.6 Diesmal habe ich sämtliche Karos mit keilförmigen Einschnitten versehen … weniger wäre mehr gewesen!

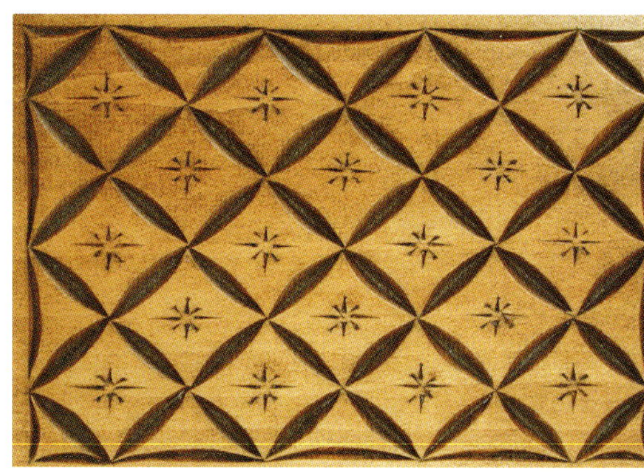

Abb. 9.7 Der Kerbschnitzkünstler Jim Lindgren hat hier auch für die Umrahmung Kreisbogen eingesetzt und dadurch eine simple gerade Linie optisch viel interessanter gemacht.

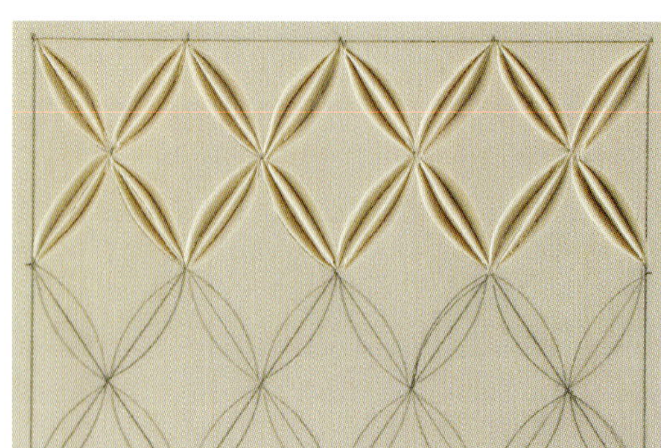

Abb. 9.8 Hier ragt ein schmaler Grat aus jeder mandelförmigen Kerbe. Die Arbeit wirkt dadurch besonders zart und feingliedrig.

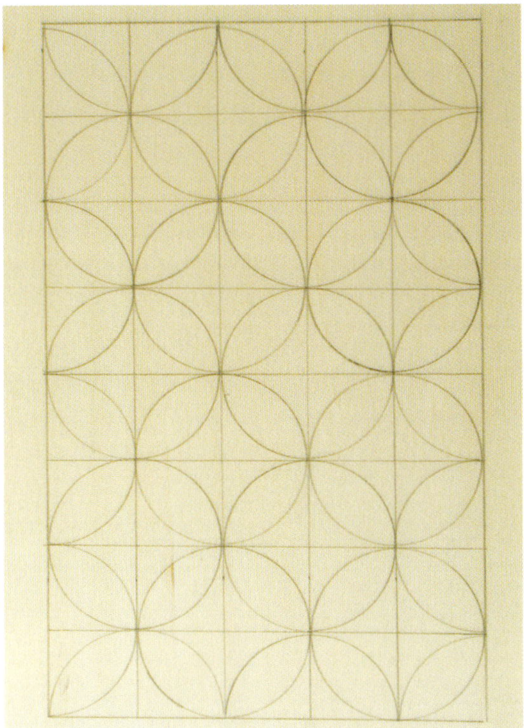

Abb. 9.9 Dieses Raster aus überlappenden Kreisen und Quadraten ist etwas schwerer zu schnitzen.

Alberta. Schönes Detail: Auch die Umrahmung wurde mit Kreisbogen versehen und dadurch zum optischen Highlight aufgewertet. **Abb. 9.8** zeigt eine weitere Variante desselben Musters. Aus jeder mandelförmigen Kerbe ragt ein schmaler Grat heraus – die Arbeit wirkt dadurch besonders zart und feingliedrig. Eine weitere Verzierung der Karos würde von diesem schönen Effekt nur ablenken.

Ein Raster aus überlappenden Kreisen und Quadraten wie in **Abb. 9.9** ist schwerer zu schnitzen, die Zeichnung ist jedoch einfacher,

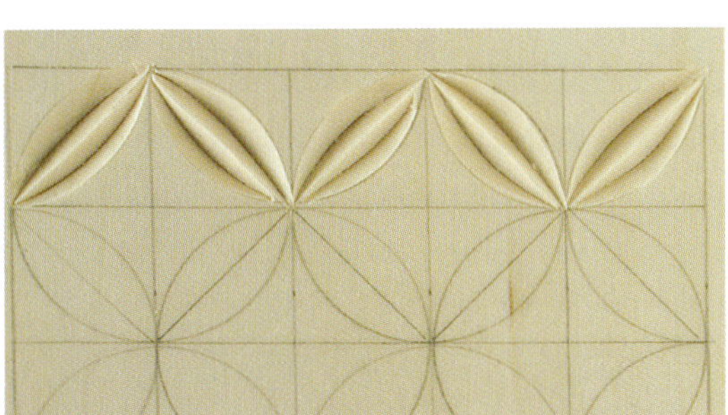

Abb. 9.10 Die dünnen Grate inmitten der mandelförmigen Kerben ändern den Gesamteindruck vollkommen.

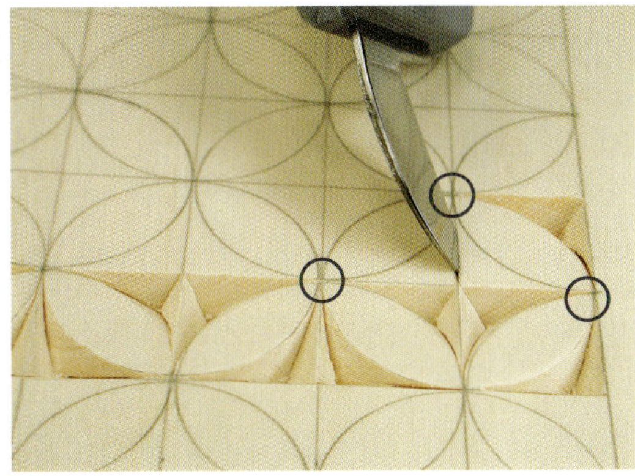

Abb. 9.11 So wird die dreieckige Kerbe inmitten des Kreises geschnitten.

als sie auf den ersten Blick aussieht. Zeichnen Sie 9 waagrechte Linien in Abständen von 16 mm auf Ihr Übungsbrett. Die Kreisbogen können Sie mit dem Zirkel ziehen, ich nehme dafür jedoch lieber eine Schablone aus Kunststoff (siehe Kapitel 2, **Abb. 2.12**) mit einem Durchmesser von 32 mm.

Das Muster bietet verschiedene Gestaltungsmöglichkeiten. Auf **Abb. 9.10** ragt aus jeder Mandelform ein dünner Grat heraus – ähnlich wie in **Abb. 9.8**, nur die Form der unbeschnitzten Karos ist anders. Die Variante in **Abb. 9.11** gefällt mir besonders gut. Dazu zwei Tipps: Um das Dreieck mit den geschwungenen Seiten herauszuschneiden, führen Sie zuerst den Schnitt aus, der in Faserrichtung verläuft. Vergessen Sie nicht, den Schnittwinkel von 65° einzuhalten; nur bei Engstellen lassen Sie das Messer bis zu einem Winkel von fast 90° abrollen. Diese Engstellen sind auf der Abbildung mit einem Kreis markiert.

Abb. 9.12 zeigt den zweiten Schnitt. Er verläuft quer zur Faser; am Anfang und am Ende des Schnittes lasse ich das Messer bis zu einem Winkel von fast 90° abrollen. Auch der dritte Schnitt verläuft quer zur Faser. Der verbleibende schmale Grat führt durch den Mittelpunkt des Karos.

In **Abb. 9.13** auf Seite 60 wurde das Brett um 180° gedreht, Sie sehen nun dasselbe Muster von der anderen Seite. Als Nächstes führen Sie wieder jenen Schnitt aus, der in Faserrichtung verläuft.

TIPP

Wenn eine dreieckige Kerbe so lang ist, dass Sie alle drei Schnitte in Position 1 führen können, beginnen Sie mit dem Schnitt, der in Faserrichtung verläuft! Wenn Sie die anderen beiden Schnitte zuerst und den Schnitt in Faserrichtung als Letztes führen, spaltet sich das Holz entlang der Faser, sobald das Messer hineindringt. Auf diese Weise ist ein sauberer Schnitt im richtigen Winkel nicht möglich.

Tipp

Wenn die quer zur Faser verlaufenden Grate beim Schnitzen brechen und splittern, kann es dafür mehrere Gründe geben: 1) Die Klinge muss abgezogen oder feingeschliffen werden. 2) Das Holz ist zu trocken (s. Kapitel 1). 3) Sie üben zu starken Druck aus.

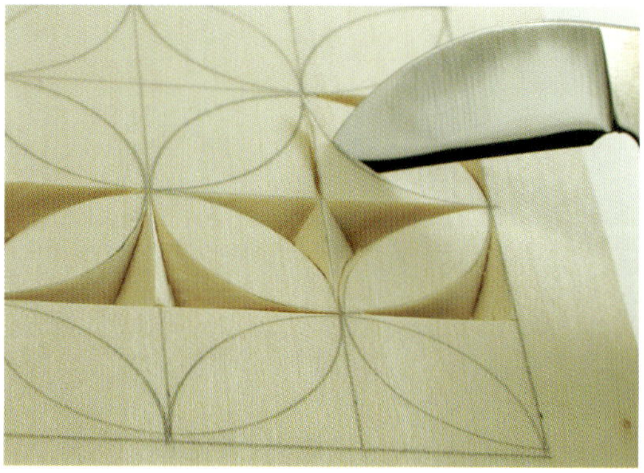

Abb. 9.12 Bei diesen dreieckigen Kerben empfiehlt es sich, zur Entlastung zuerst einen kleinen Span in der Mitte des Dreiecks herauszuschneiden und erst dann das ganze Dreieck herauszulösen.

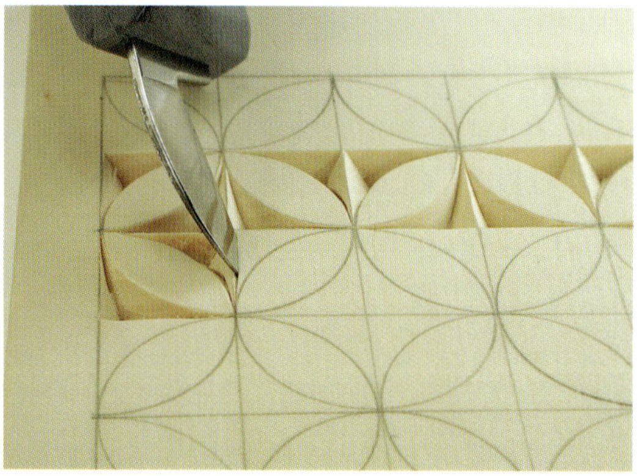

Abb. 9.13 Hier habe ich das Brett um 180° gedreht und schneide nun von der anderen Seite.

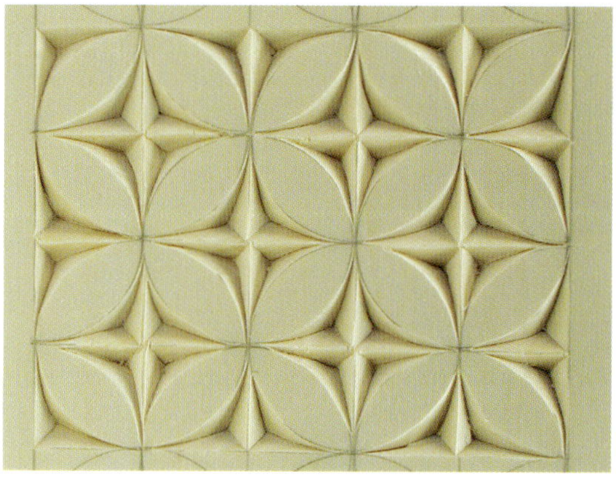

Abb. 9.14 Der Bereich ist fertig geschnitzt, bietet aber noch Raum für Verzierungen.

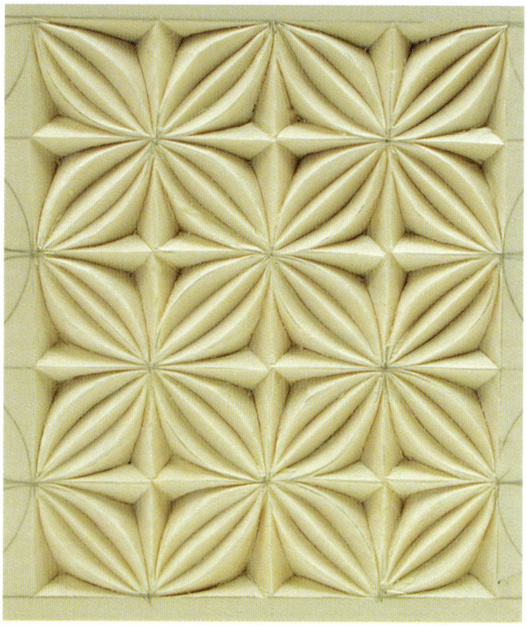

Abb. 9.15 Das Muster aus **Abb. 9.14** wurde durch dünne Grate inmitten jedes mandelförmigen Feldes ergänzt, die einen zarten, fragilen Gesamteindruck erzeugen.

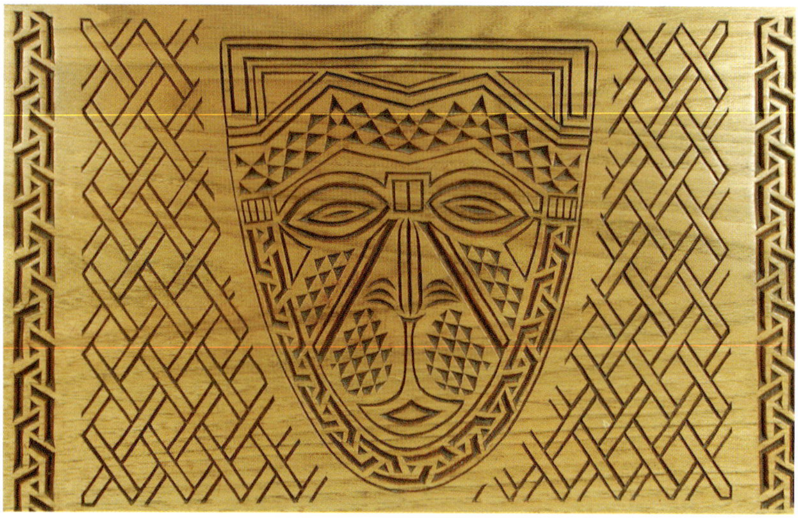

Hier wurde ein Raster in Flechtoptik gestaltet und bildet den Hintergrund für das Hauptmotiv, eine afrikanische Maske.

Abb. 9.14 zeigt einen fertig geschnitzten Bereich. Er sieht eindrucksvoll aus – die großen mandelförmigen Felder bieten aber noch jede Menge Raum für Verzierungen („Wow-Effekte“). Es gibt dazu mehrere Möglichkeiten – probieren Sie einige davon aus! Auf **Abb. 9.15** sehen Sie eine Variante mit einem dünnen Grat inmitten jedes mandelförmigen Feldes. Diese Arbeit ist besonders schön, aber auch zart und bruchgefährdet. Ob sich Ihr Projekt dafür eignet, hängt auch von seinem Zweck ab.

Für die Raster in diesem Kapitel können Sie diese beiden Vorlagen verwenden.

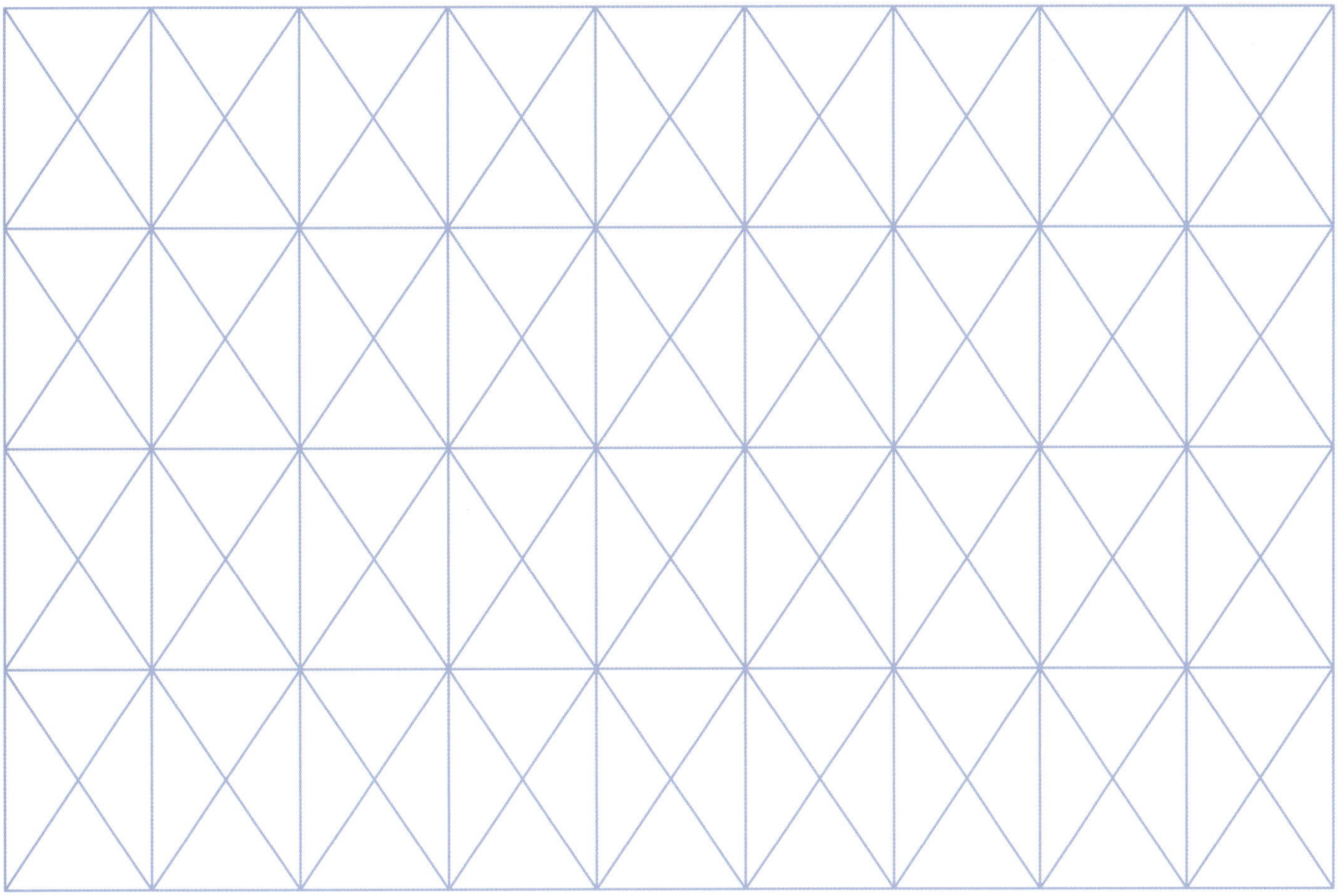

◄ **Diagonalraster**

▼ **Kreisraster**

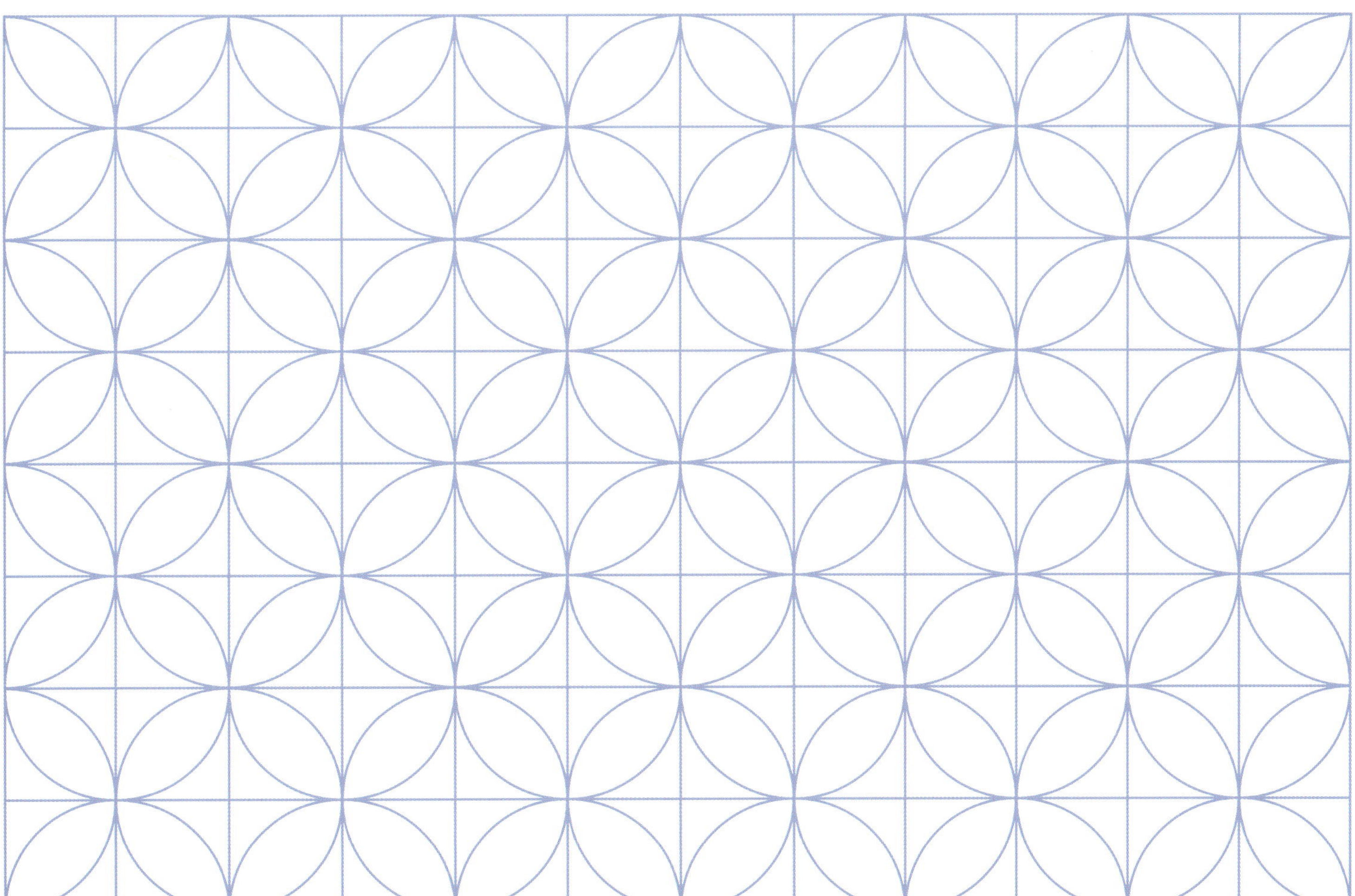

10 Rosetten

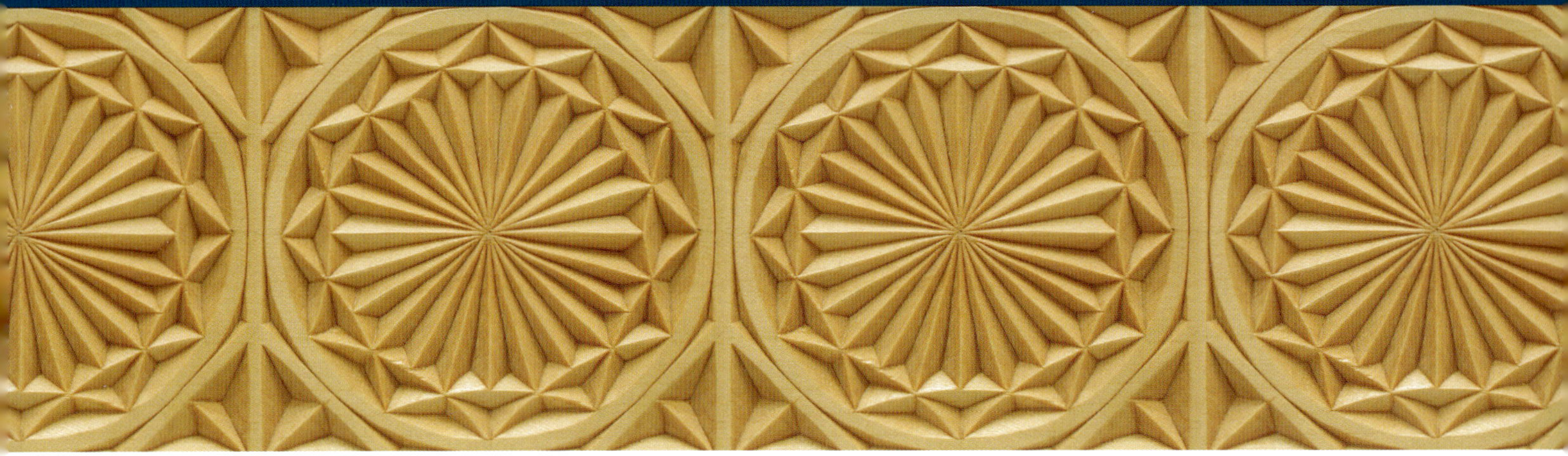

Die traditionelle Kunst des Kerbschnitzens baut auf uralten Motiven und Symbolen auf, von denen manche einen mythischen oder religiösen Ursprung haben. Das gilt insbesondere für die Rosetten.

Kreise teilen

„Ich kann nicht gut zeichnen – ich bin überhaupt nicht künstlerisch begabt." Diesen Satz höre ich von vielen meiner Schülerinnen und Schüler. Erst beim Kerbschnitzen entdecken sie ihre schlummernde Kreativität – und das freut mich dann immer ganz besonders. Auch Sie können das ungeheure schöpferische Potenzial des Kerbschnitzens für sich nutzbar machen, wenn Sie genügend Wissbegierde mitbringen. Rosetten und andere Kerbschnitzmuster selbst zu entwerfen, ist eine besonders schöne, spannende und vergnügliche Beschäftigung, für die Sie auf den folgenden Seiten das notwendige Rüstzeug erhalten. Mit Zirkel, Lineal und Winkelmesser ausgerüstet, können Sie nach Herzenslust experimentieren und unzählige Entwürfe herstellen.

Sie werden bemerken, dass sich ein und dasselbe Motiv auf verschiedene Art und Weise schnitzen lässt. Wie bei einem Karomuster entsteht auch hier ein ganz anderer Gesamteindruck, wenn das Muster z. B. vertieft statt erhaben gearbeitet wird. Manchmal ist der Unterschied so gewaltig, dass man das Grundmuster gar nicht wiedererkennt.

Zunächst werden wir der Frage auf den Grund gehen, wie man einen Kreis in eine bestimmte Anzahl von gleichen Teilen teilt.

So teilen Sie einen Kreis in 3 gleiche Teile

1. Ziehen Sie eine senkrechte Linie.
2. Stechen Sie mit dem Zirkel bei Punkt 1 ein und ziehen Sie einen Kreis (**Abb. 10.1**).
3. Stechen Sie mit dem Zirkel bei Punkt 2 ein (Radius bleibt gleich) und markieren Sie Punkt B und C.
4. Ziehen Sie von Punkt 1 (Mittelpunkt) zu Punkt A, B und C jeweils eine Linie. Damit haben Sie den Kreis in drei gleiche Teile geteilt.
   ***Stattdessen** können Sie mit dem **Winkelmesser** alle 120° eine Markierung an der Kreislinie anbringen.*
5. Wenn Sie von A nach B, von B nach C und von C nach A jeweils eine Linie ziehen, entsteht ein gleichseitiges Dreieck.

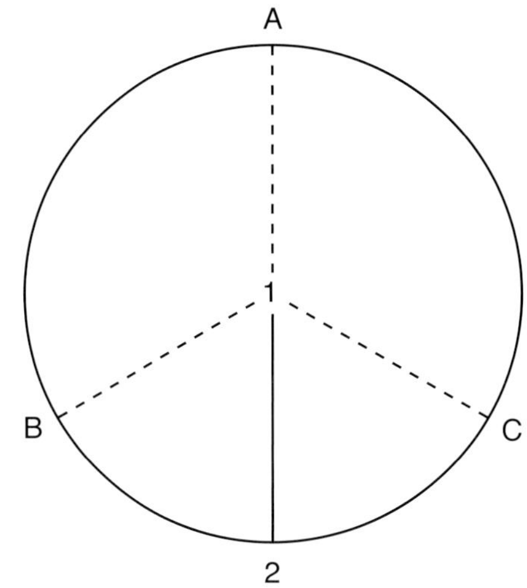

Abb. 10.1

So teilen Sie einen Kreis in 4 gleiche Teile

1. Ziehen Sie eine senkrechte Linie.
2. Stechen Sie mit dem Zirkel bei Punkt 1 ein und ziehen Sie einen Kreis (**Abb. 10.2**).
3. Um Punkt A und B zu ermitteln, nehmen Sie einen **beliebigen** Abstand in den Zirkel, der größer ist als der Radius des Kreises. Stechen Sie in Punkt 2 ein und ziehen Sie auf beiden Seiten außerhalb des Kreises je einen kurzen Bogen. Nun stechen Sie in Punkt 3 ein und wiederholen Sie den Vorgang. Sie erhalten zwei x-förmige Markierungen (= Punkt A und B).
4. Ziehen Sie eine Linie von Punkt A zu Punkt B. Sie haben den Kreis in vier gleiche Teile geteilt.
   ***Stattdessen** können Sie mit dem **Winkelmesser** alle 90° eine Markierung an der Kreislinie anbringen.*

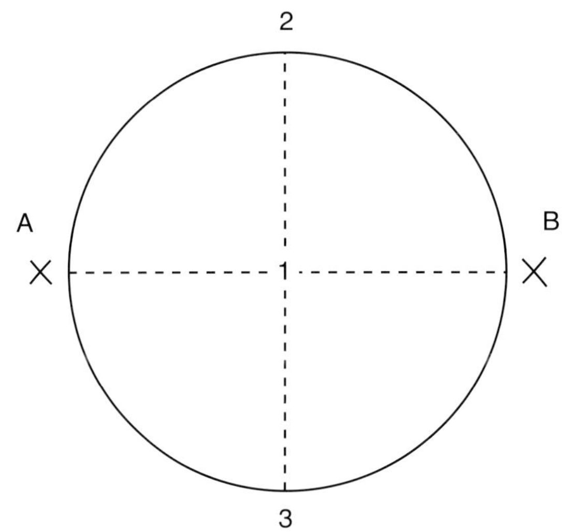

Abb. 10.2

So teilen Sie einen Kreis in 5 gleiche Teile

1. Ziehen Sie eine senkrechte Linie.
2. Stechen Sie mit dem Zirkel bei Punkt 1 ein und ziehen Sie einen Kreis (**Abb. 10.3**).
3. Um Punkt A und B zu ermitteln, nehmen Sie einen **beliebigen** Abstand in den Zirkel, der größer ist als der Radius des Kreises. Stechen Sie in Punkt 2 ein und ziehen Sie auf beiden Seiten außerhalb des Kreises je einen kurzen Bogen. Nun stechen Sie in Punkt 3 ein und wiederholen Sie den Vorgang. Sie erhalten zwei x-förmige Markierungen (= Punkt A und B).
4. Legen Sie das Lineal an die Punkte A und B an und markieren Sie Punkt C.
5. Nehmen Sie wieder den Radius des Kreises in den Zirkel, stechen Sie in Punkt 2 ein und markieren Sie Punkt D und E.

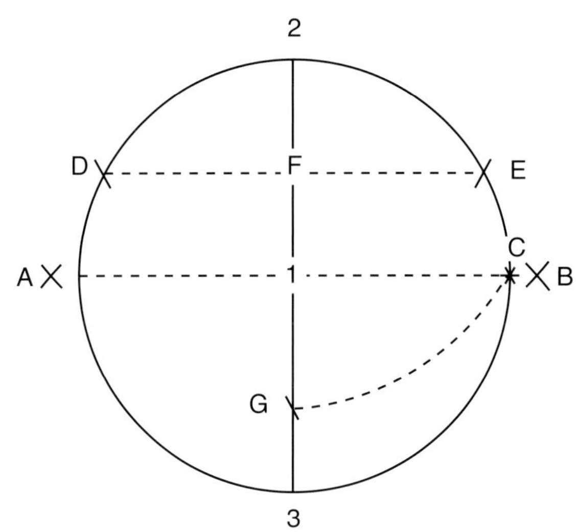

Abb. 10.3

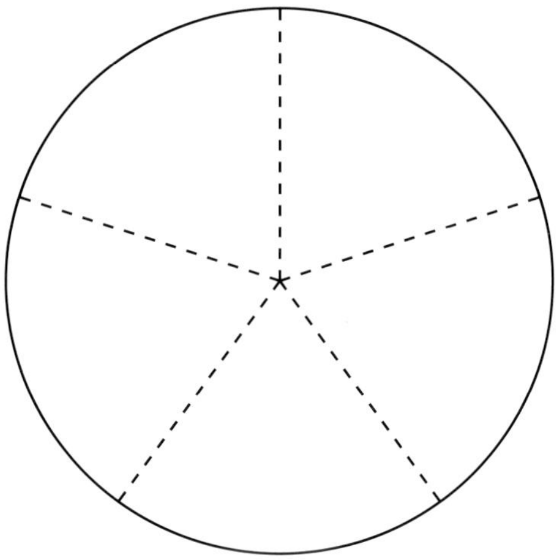

Abb. 10.4

6. Legen Sie das Lineal an die Punkte D und E an und markieren Sie Punkt F.
7. Nehmen Sie den Abstand zwischen den Punkten F und C in den Zirkel und markieren Sie den Punkt G.
8. Nehmen Sie den Abstand zwischen den Punkten C und G in den Zirkel und schlagen Sie ihn fünfmal auf dem Kreisbogen ab. Sie haben den Kreis in fünf gleiche Teile geteilt (**Abb. 10.4**).
   Stattdessen *können Sie mit dem* ***Winkelmesser*** *alle 72° eine Markierung an der Kreislinie anbringen.*

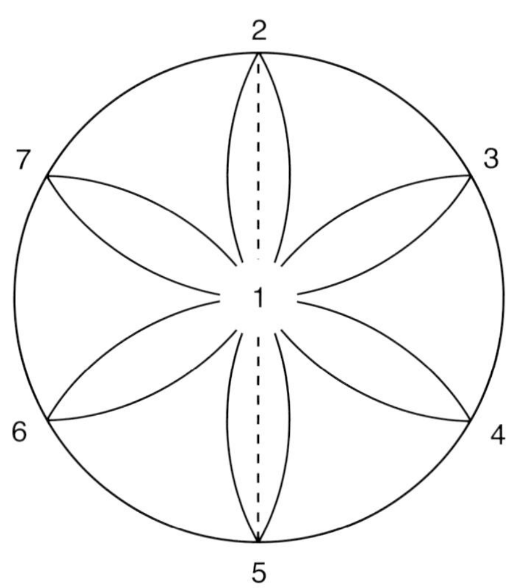

Abb. 10.5

So teilen Sie einen Kreis in 6 gleiche Teile

1. Ziehen Sie eine senkrechte Linie.
2. Stechen Sie mit dem Zirkel bei Punkt 1 ein und ziehen Sie einen Kreis (**Abb. 10.5**).
3. Stechen Sie mit dem Zirkel bei Punkt 2 ein (Radius bleibt gleich) und markieren Sie Punkt 3 und 7 (oder ziehen Sie einen Kreisbogen von Punkt 3 nach Punkt 7).
4. Stechen Sie mit dem Zirkel bei Punkt 3 ein (Radius bleibt gleich) und markieren Sie Punkt 4 (oder ziehen Sie einen Kreisbogen von Punkt 4 nach Punkt 2).
5. Stechen Sie bei jedem neu ermittelten Punkt ein und wiederholen Sie den Vorgang, bis die 6-teilige Rosette fertig ist.
   Stattdessen *können Sie mit dem* ***Winkelmesser*** *alle 60° eine Markierung an der Kreislinie anbringen*

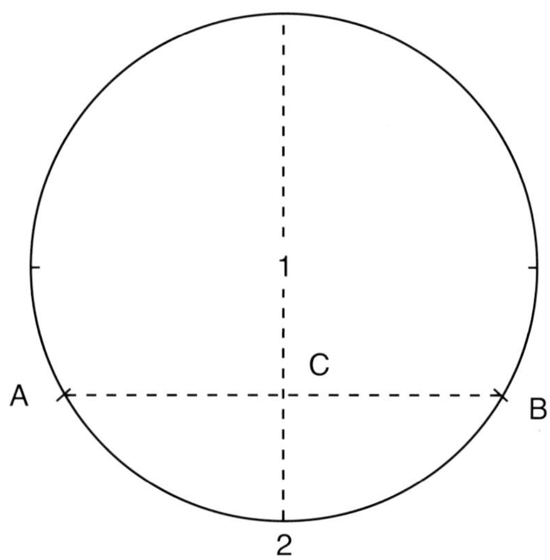

Abb. 10.6

So teilen Sie einen Kreis in 7 gleiche Teile

1. Ziehen Sie eine senkrechte Linie.
2. Stechen Sie mit dem Zirkel bei Punkt 1 ein und ziehen Sie einen Kreis (**Abb. 10.6**).
3. Stechen Sie mit dem Zirkel bei Punkt 2 ein (Radius bleibt gleich) und markieren Sie Punkt A und B.
4. Legen Sie das Lineal an die Punkte A und B an und markieren Sie Punkt C.
5. Stechen Sie in Punkt C ein und nehmen Sie den Abstand zwischen C und B in den Zirkel. Wenn Sie diesen Abstand 7-mal auf dem Kreis abschlagen, haben Sie ihn in sieben gleiche Teile geteilt. Den Briefhalter auf Seite 99 werden wir mit einer 7-fachen Rosette schmücken.
   Stattdessen *können Sie mit dem* ***Winkelmesser*** *alle 51,5° eine Markierung an der Kreislinie anbringen.*

So teilen Sie einen Kreis in 8 gleiche Teile

1. Ziehen Sie eine senkrechte Linie.
2. Stechen Sie mit dem Zirkel bei Punkt 1 ein und ziehen Sie einen Kreis (**Abb. 10.7**).
3. Um Punkt A und B zu ermitteln, nehmen Sie einen **beliebigen** Abstand in den Zirkel, der größer ist als der Radius des Kreises. Stechen Sie in Punkt 2 ein und ziehen Sie auf beiden Seiten außerhalb des Kreises je einen kurzen Bogen. Nun stechen Sie in Punkt 3 ein und wiederholen Sie den Vorgang. Sie erhalten zwei x-förmige Markierungen (siehe oben bei: **So teilen Sie einen Kreis in 4 gleiche Teile**).
4. Legen Sie das Lineal an die Punkte A und B an und markieren Sie auf der Kreislinie Punkt 4 und 5.
5. Um Punkt C, D, E und F zu ermitteln, nehmen Sie einen **beliebigen, kürzeren** Abstand in den Zirkel. Stechen Sie nacheinander in Punkt 2, 3, 4 und 5 ein und ziehen Sie auf beiden Seiten außerhalb des Kreises je einen kurzen Bogen.
6. Ziehen Sie je eine Linie von C nach F, von D nach E und von A nach B. Sie haben den Kreis in acht gleiche Teile geteilt.
   ***Stattdessen** können Sie mit dem **Winkelmesser** alle 45° eine Markierung anbringen.*

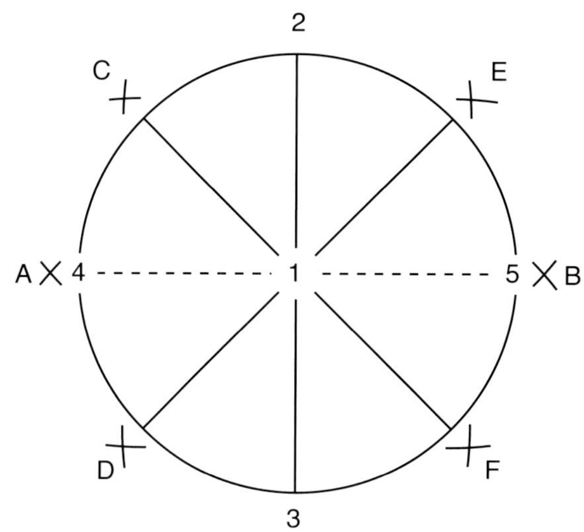

Abb. 10.7

So teilen Sie einen Kreis in 12 gleiche Teile

1. Zeichnen Sie zuerst eine 6-teilige Rosette. Ziehen Sie dazu eine waagrechte Linie von Punkt 2 nach Punkt 5 (**Abb. 10.8**).
2. Um Punkt A und B zu ermitteln, nehmen Sie einen **beliebigen** Abstand in den Zirkel, der größer ist als der Radius des Kreises. Stechen Sie in Punkt 2 ein und ziehen Sie auf beiden Seiten außerhalb des Kreises je einen kurzen Bogen. Nun stechen Sie in Punkt 5 ein und wiederholen Sie den Vorgang. Sie erhalten zwei x-förmige Markierungen.
3. Nehmen Sie wieder den Radius des Kreises in den Zirkel, beginnen Sie bei Punkt A und markieren Sie die nächsten 6 Teilungspunkte.
   ***Stattdessen** können Sie mit dem **Winkelmesser** alle 30° eine Markierung anbringen.*

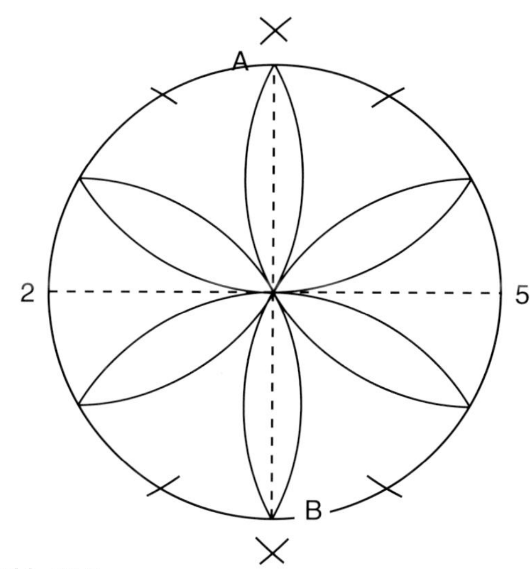

Abb. 10.8

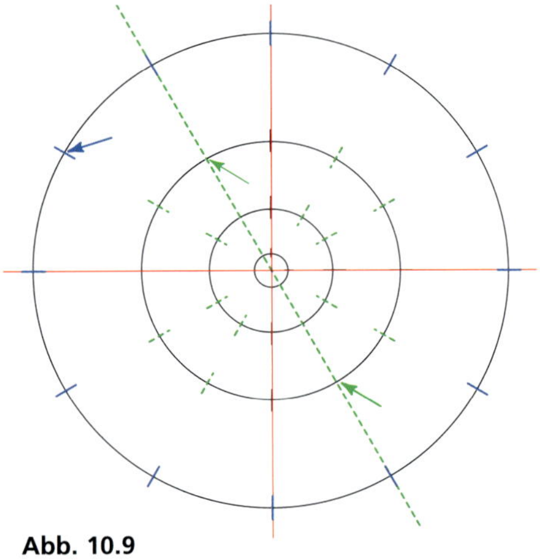

Abb. 10.9

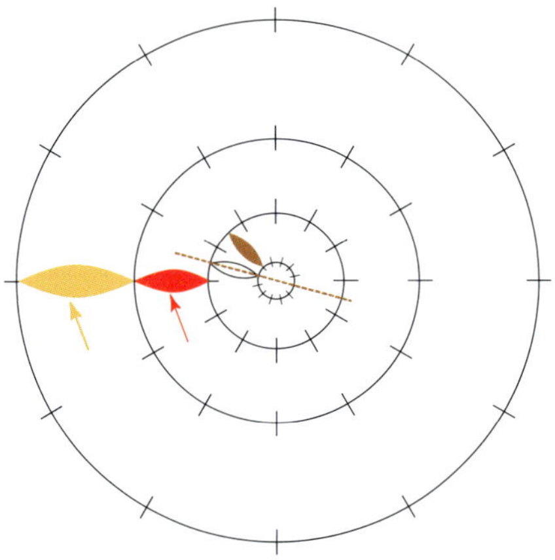

Abb. 10.10

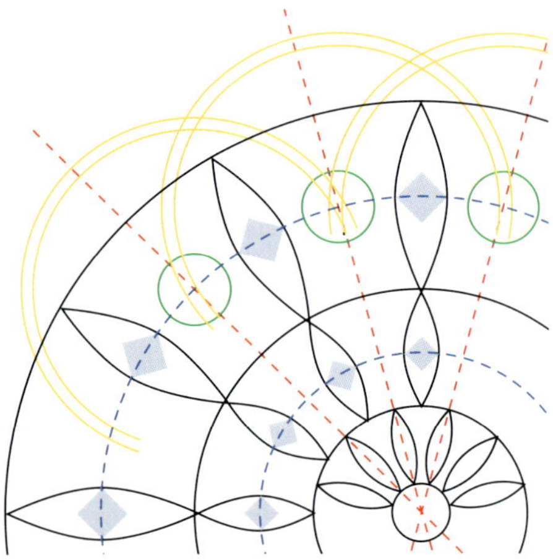

Abb. 10.11

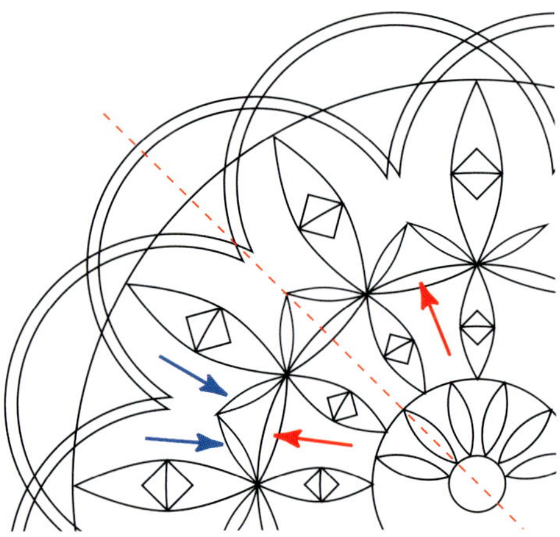

Abb. 10.12

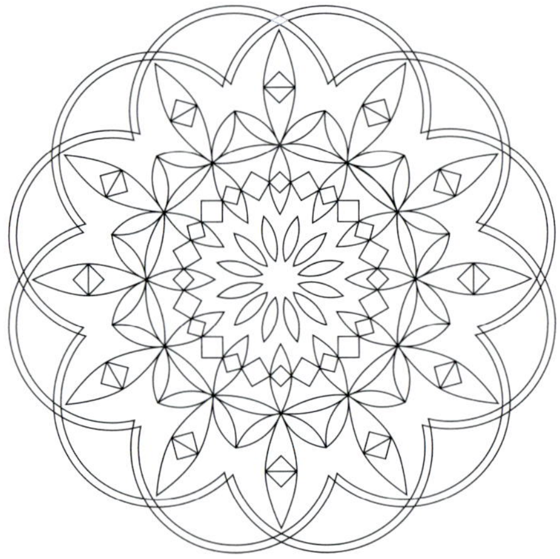

Abb. 10.13 Die fertige Rosette hat einen Durchmesser von etwa 190 mm.

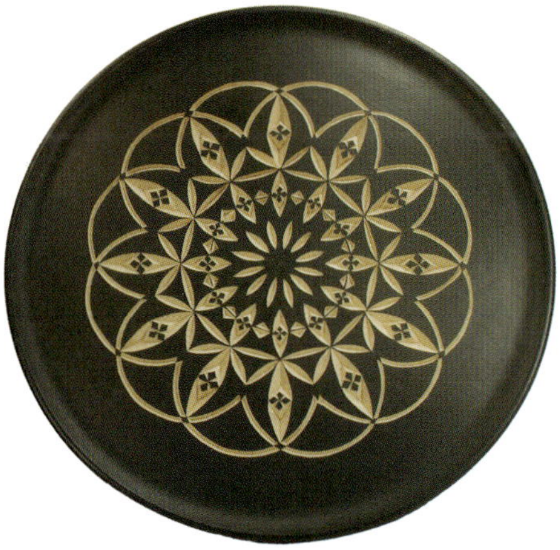

Abb. 10.14 Hier wurde die Rosette in eine bemalte Holzoberfläche geschnitzt. Diese Technik werden wir in Kapitel 14 genauer kennenlernen.

Eine 12-teilige Rosette zeichnen

Auf **Abb. 10.13** sehen Sie den Originalentwurf der 12-teiligen Rosette, die wir nun zeichnen wollen. Die geschnitzte Ausführung lässt sich wunderbar beizen und kommt auch mit einem farblosen Finish sehr gut zur Geltung. **Abb. 10.14** zeigt eine weitere Variante: Die Rosette wurde in eine schon bemalte Holzoberfläche geschnitzt.

Zeichnen Sie die Rosette zunächst zur Übung auf Papier und dann erst auf das Holz. Sie brauchen dazu einen hochwertigen Fallnullenzirkel mit einer Länge von 150 mm und einer B- oder B2-Mine, eine Kreisschablone mit mehreren Größen und eine große Kreisschablone.

Lassen Sie sich durch die Abbildungen mit den farbigen Linien und Pfeilen nicht entmutigen – nehmen Sie einfach einen Arbeitsschritt nach dem anderen in Angriff!

Ziehen Sie zuerst eine waagrechte Linie. Dann zeichnen Sie mit der Kreisbogen-Methode (siehe Seite 63, Mitte) eine weitere Linie, die genau senkrecht zu der ersten Linie steht. Auf der **Abb. 10.9** sind beide Linien rot eingezeichnet.

Nun stechen Sie mit dem Zirkel in den Mittelpunkt ein und ziehen Sie 4 Kreise mit (etwa) folgenden Radien:

1. Kreis: 7 mm, 2. Kreis: 22 mm, 3. Kreis: 45 mm, 4. Kreis: 80 mm.

Teilen Sie den vierten (äußersten) Kreis in 12 gleiche Teile (siehe Seite 65). Die 12 kleinen Kreisbogen sind auf **Abb. 10.9** blau eingezeichnet.

Legen Sie das Lineal am Mittelpunkt und nacheinander an den Teilungspunkten an und markieren Sie die Teilungslinien am zweiten und am dritten Kreis (auf **Abb. 10.9** grün strichliert). Am ersten (kleinsten) Kreis werden jetzt noch keine Markierungen angebracht.

Nun zeichnen Sie die Blütenblattformen zwischen dem dritten und dem vierten Kreis (**Abb. 10.10**, gelber Pfeil). Ich habe dazu eine Kreisschablone mit einem Durchmesser von 69,85 mm an jedem der 12 Kreisbogen (siehe **Abb. 10.9**) angelegt.

Als Nächstes kommen die Blütenblattformen zwischen dem zweiten und dem dritten Kreis (**Abb. 10.10**, roter Pfeil). Hier habe ich eine Kreisschablone mit einem Durchmesser von 38,1 mm verwendet.

Jetzt wird auch der erste (der kleinste) Kreis in 12 Teile geteilt. Statt aber die bestehenden Teilungslinien (für den zweiten, dritten und vierten Kreis) zu verlängern, werden die Teilungslinien jeweils zwischen den bestehenden Teilungslinien zentriert (eine dieser Linien ist in **Abb. 10.10** braun strichliert eingezeichnet).

Sie können wieder Teilungslinien konstruieren oder die Mitte „nach dem Augenmaß" ermitteln, so wie ich es mache. Dann zeichnen Sie mithilfe unserer erprobten Beilagscheiben-Schablone die restlichen Blütenblattformen. Insgesamt erhalten Sie 36 strahlenförmig angeordnete Blütenblätter.

Ermitteln Sie nun mit dem Lineal den Mittelpunkt eines Blütenblattes in der mittleren Reihe (**Abb. 10.11**). Stechen Sie mit dem Zirkel in den Mittelpunkt der Rosette ein und ziehen Sie eine ganz feine Kreislinie durch den Mittelpunkt des Blütenblattes (in **Abb. 10.11** als blau strichlierte Linie sichtbar). Wiederholen Sie den Vorgang in der äußeren Blütenblätter-Reihe.

Zeichnen Sie ein Karo in jedes Blütenblatt. Damit alle Karos die gleiche Größe haben, empfehle ich, eines auszumessen und die Eckpunkte der übrigen mit dem Zirkel mithilfe von winzigen Kreisbogen zu markieren.

Legen Sie das Lineal so an, dass die inneren Blütenblätter halbiert werden (rot strichlierte Linien), und ermitteln Sie die Punkte, die auf der **Abb. 10.11** grün eingekreist sind. Stechen Sie mit dem Zirkel in einen grün eingekreisten Punkt nach dem anderen ein und ziehen Sie die beiden gelb eingezeichneten Kreisbogen. Ich habe für den inneren Kreisbogen einen Radius von 30 mm und für den äußeren einen Radius von 32 mm gewählt; dadurch entsteht eine 2 mm breite Kerbe zum Schnitzen.

Für die Blütenblätter, die auf **Abb. 10.12** durch rote Pfeile markiert sind, suchen Sie nach Ihrem persönlichen Geschmack eine Kreisschablone in passender Größe aus.

Zu allerletzt zeichnen Sie die mit blauen Pfeilen markierten Blütenblätter, die etwas kleiner sind als die mit roten Pfeilen markierten. Sie können dazu die Beilagscheiben-Schablone nehmen.

Die fertige Rosette sehen Sie auf **Abb. 10.13.** Wie bei den meisten Rosetten aus überlappenden Kreisen sind beim Schnitzen mehrere Varianten möglich, z. B. eine erhabene und eine vertiefte Version (siehe auch **Abb. 10.15 und 10.16**).

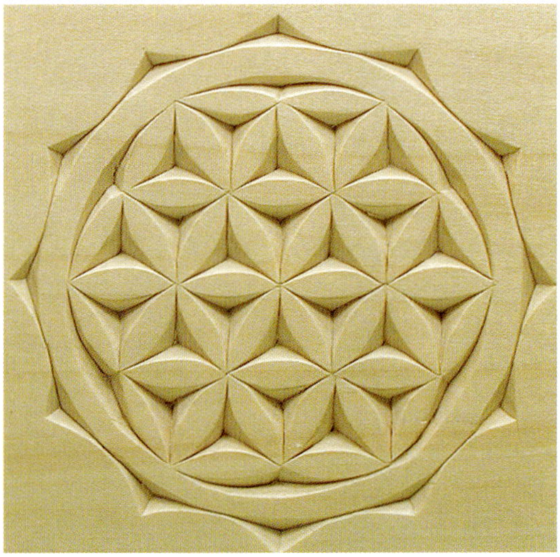

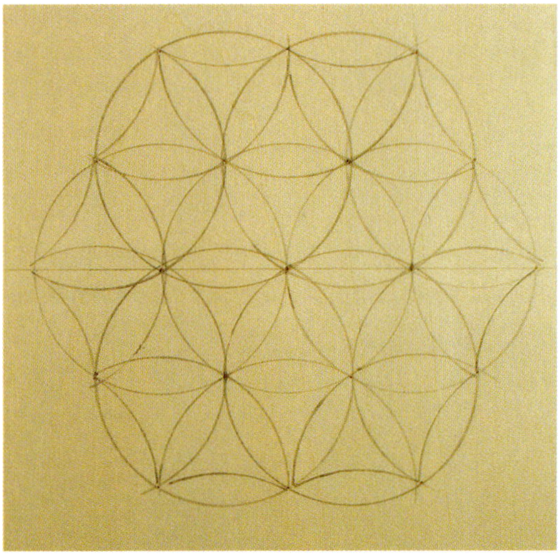

Abb. 10.15 und Abb. 10.16 Rosetten aus überlappenden Kreisen gehören seit Jahrhunderten zum Formenschatz verschiedenster Kulturen auf der ganzen Welt. Die Einsatzmöglichkeiten sind vielfältig. Von derselben Rosette können Sie etwa eine erhabene und eine vertiefte Version schnitzen und damit allerlei hölzerne Gegenstände verzieren.

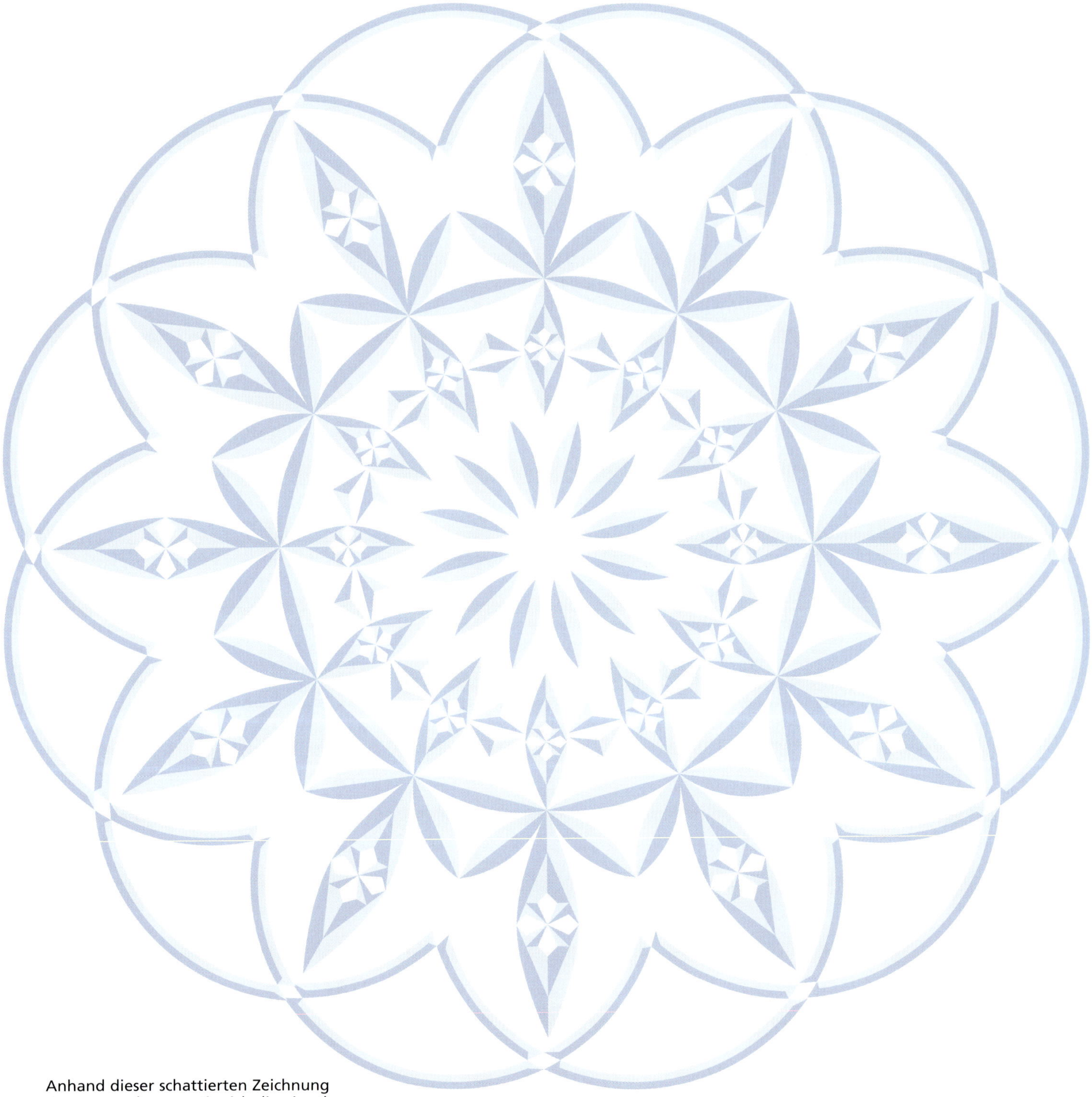

Anhand dieser schattierten Zeichnung der Rosette können Sie sich die einzelnen Arbeitsschritte bildlich vorstellen.

11 ANORDNUNG UND GESTALTUNG

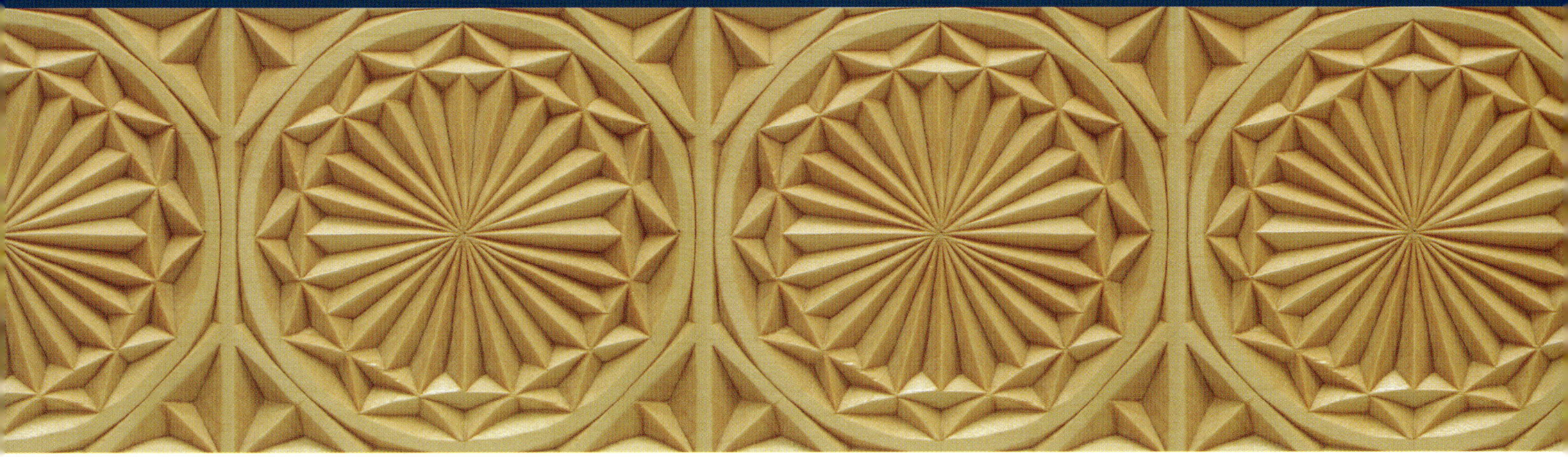

Bevor wir zu schnitzen beginnen, müssen wir die Anordnung des Musters auf der verfügbaren Fläche gut überlegen und die Fläche entsprechend einteilen. Ich mache diese Arbeit besonders gerne – viele Kerbschnitzer schätzen sie gar nicht, vielleicht auch deshalb, weil sie mit dem Problem ziemlich allein gelassen werden. Meines Wissens existiert kein Buch, das bei diesem Arbeitsschritt Hilfe anbietet. Ich hoffe, dass das folgende Kapitel diese Lücke füllt. Ich gebe meine Erfahrungen gerne weiter; bedenken Sie jedoch, dass auch hier Geschmäcker und Gewohnheiten verschieden sind und es keine „absolute Wahrheit“ gibt.

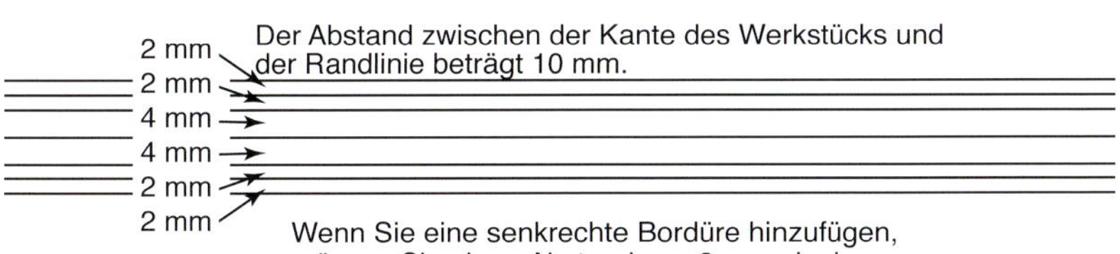

Abb. 11.1 Waagrechte Hilfslinien für eine Kerbschnittbordüre.

BORDÜREN RICHTIG PLATZIEREN

Wie platzieren wir eine Bordüre auf einem quadratischen oder rechteckigen Werkstück? Eine Möglichkeit sieht so aus: Sie ziehen zuerst eine waagrechte und eine senkrechte Mittellinie und zeichnen dann – von innen nach außen – 4-mm-Quadrate, bis die gewünschte Länge erreicht ist. Diese Methode hat einen Nachteil: Die seitlichen Bordüren sind nicht immer gleich weit von den Kanten entfernt wie die obere und die untere Bordüre. Ich ziehe lieber eine Randlinie rund um das gesamte Werkstück und achte dabei auf einen gleichmäßigen Abstand von allen Kanten. Bei einer Schmuckkassette in Normalgröße empfehle ich einen Abstand von 10 mm zu sämtlichen Außenkanten.

An dieser Randlinie können Sie sich orientieren, wenn Sie die Hilfslinien für Ihre Bordüre

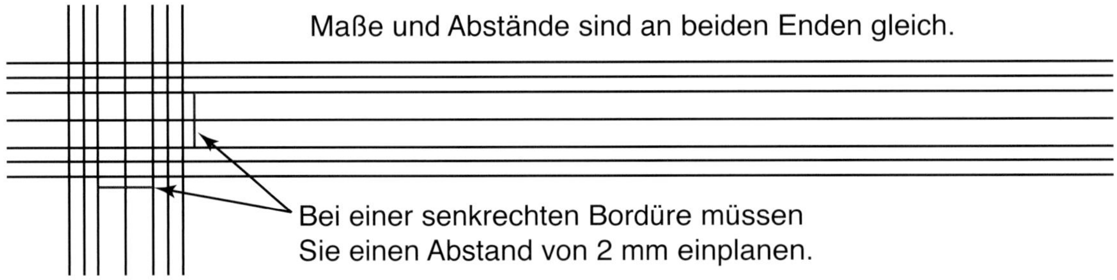

Abb. 11.2 Hilfslinien für eine senkrechte Kerbschnittbordüre.

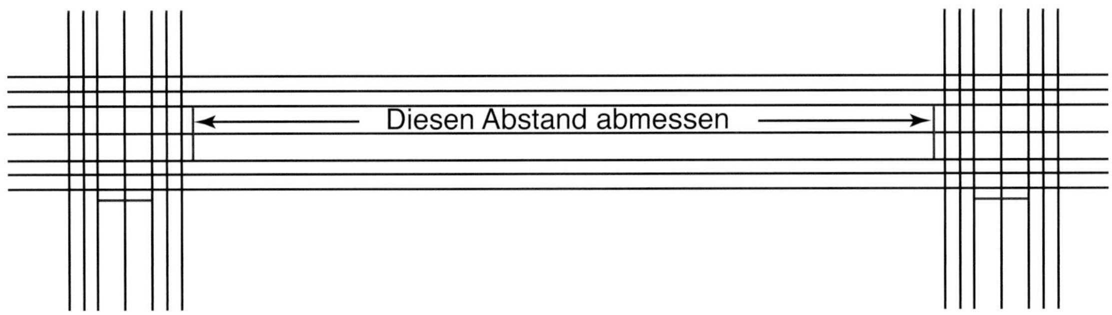

Abb. 11.3 Messen Sie genau nach, um die Bordüre richtig zu platzieren.

ziehen. Wenn Sie Ihre Bordüre mit 2 mm breiten Linienschnitten einrahmen wollen, vergessen Sie nicht, genügend Platz dafür einzuplanen. **Abb. 11.1 und 11.2** zeigen, wie's geht.

Ein Beispiel: Für eine Bordüre aus erhabenen Karos in Normalgröße (siehe Kapitel 6) brauchen wir eine Reihe 4-mm-Quadrate an der gesamten Länge des Werkstücks. Jedes Karo besteht aus 4 Quadraten und misst daher 8 x 8 mm. Die Karos sollen gleich groß sein, und an den Enden sollen keine unvollständigen Karos übrigbleiben.

Als Nächstes müssen wir die Länge der Borte ermitteln, die von den Abmessungen des Werkstücks abhängt **(Abb. 11.3)**. Wenn diese Abmessungen immer durch acht teilbar wären, hätten wir es leichter. Aber das Leben ist nun einmal kein Wunschkonzert!

Nehmen wir also an, dass der Abstand zwischen den beiden senkrechten roten Markierungen **(Abb. 11.3)** 202 mm beträgt. In unserer Bordüre braucht jedes Karo 8 mm Platz. 202 dividiert durch 8 ergibt 25,25. Wenn wir also 25 Karos zu je 8 mm schnitzen, brauchen wir 25 x 8 = 200 mm.

Von unseren verfügbaren 202 mm brauchen wir also nur 200 mm und haben 2 mm übrig. Die einfachste Lösung bestünde darin, an jeder Seite einen (kaum merkbaren) zusätzlichen Abstand von 1 mm zu lassen.

Die Sache ist jedoch nicht immer so einfach. Hätten wir z. B. 206 mm zur Verfügung, so

Abb. 11.4 Bordüre aus gekreuzten Bogenschnitten.

würden 6 mm übrigbleiben und wir müssten an jedem Ende einen zusätzlichen Abstand von 3 mm lassen. Zusammen mit dem vorgesehenen Abstand von 2 mm wären das schon 5 mm. In einem solchen Fall füge ich ein weiteres Karo hinzu. Für insgesamt 26 Karos zu je 8 mm brauche ich dann 208 mm. Drei Lösungen bieten sich an:

1. Ich verkleinere den Abstand auf beiden Seiten von 2 mm auf 1 mm und erhalte genau die benötigten 208 mm.

2. Ich schnitze 25 „normal große", 8 mm breite Karos und ein 6 mm breites Karo. Diese Lösung gefällt mir nicht, weil das schmale Karo zu auffällig ist.

3. Ich schnitze 24 „normal große", 8 mm breite Karos (24 x 8 = 192 mm) und zwei 7 mm breite Karos (2 x 7 = 14 mm). Dazu brauche ich insgesamt 206 mm.

Ich würde die dritte Lösung wählen und zwischen den beiden 7-mm-Karos ein paar 8-mm-Karos arbeiten. So fallen die beiden schmalen Karos garantiert niemandem auf.

So weit, so problemlos. Was tun wir aber bei einer Bordüre aus gekreuzten Bogenschnitten (**Abb. 11.4**)? Bei der abgebildeten Bordüre ist jedes Motiv 8 mm hoch und 30 mm lang. Was die Höhe betrifft, können wir die Maße aus **Abb. 11.1** (2 mm, 2 mm, 4 mm, 4 mm, 2 mm, 2 mm) übernehmen.

Wie steht es mit der Länge? Für 7 Motive zu je 30 mm brauchen wir 210 mm. Wir nehmen nun an, dass wir nur 202 mm zur Verfügung haben – das sind 96,2 % von 210 mm. Wenn wir die ursprüngliche Länge der einzelnen Motive ebenso auf 96,2 % reduzieren, kommen wir auf 28,86 mm pro Motiv. 7 solche Motive würden genau 202 mm ergeben.

Ich weiß nicht, wie gut Sie sehen und wie sicher Ihre Hand ist – aber ich persönlich würde es nicht schaffen, 28,86 mm genau abzumessen – 29 mm jedoch sehr wohl. 7 Motive zu je 29 mm sind insgesamt 203 mm lang. Ich muss nur eines der Motive um 1 mm oder 2 Motive um je 0,5 mm kürzen.

Wie Sie sehen, ist es gar nicht schwer, die Bordüre an den verfügbaren Platz anzupassen. Solange keines der Motive (Segmente) deutlich größer oder kleiner ist als die übrigen, wird dem Betrachter nichts auffallen.

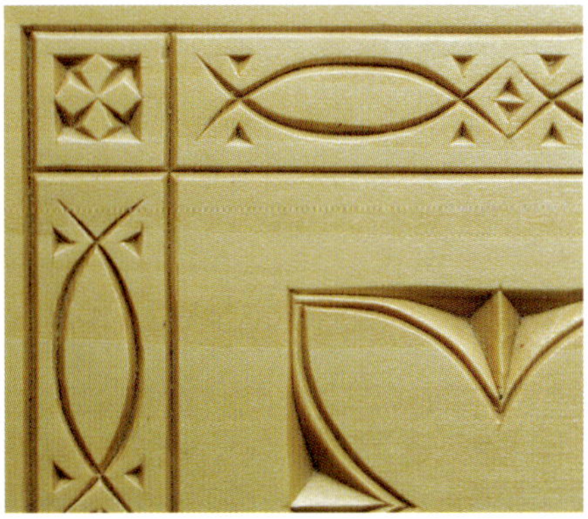

Abb. 11.5 Diese Bordüre besteht aus gekreuzten Bogenschnitten. Das erhabene Karo in der Ecke passt gut dazu.

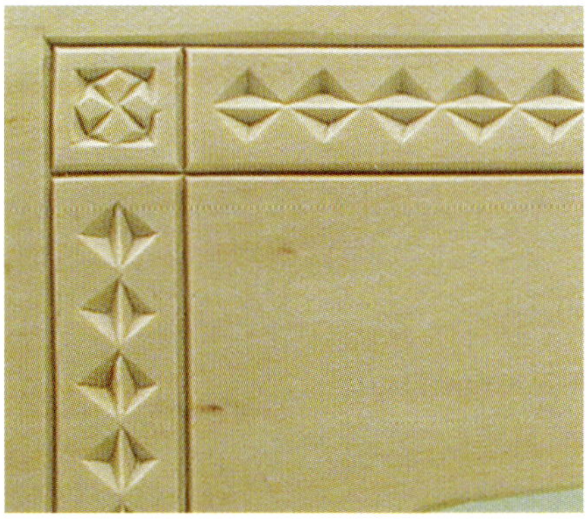

Abb. 11.6 Natürlich passt ein erhabenes Karo als Eckverzierung auch zu einer Dreischnittbordüre mit versenkten Karos.

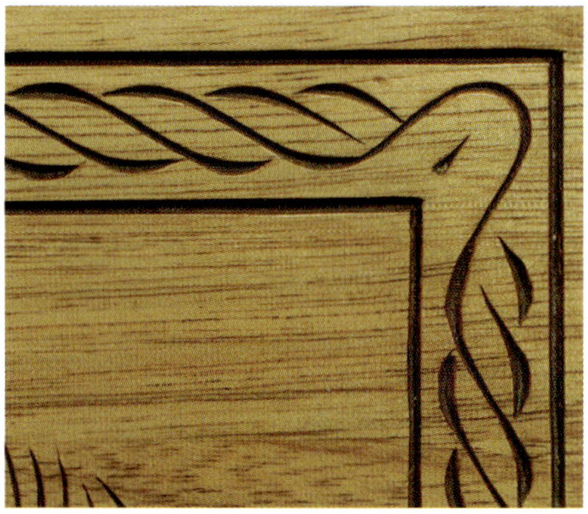

Abb. 11.7 Das Schnurornament wurde um die Ecke geführt. Beachten Sie den Stechschnitt, der die Ecke betont.

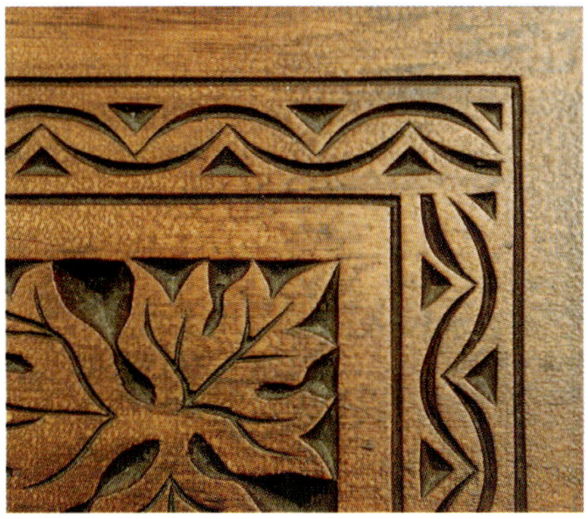

Abb. 11.8 Die spitzenartige Bordüre wurde bis zum Ende der Längsseite fortgeführt. Der frei gebliebene Platz an der Schmalseite ist mit der gleichen Bordüre verziert.

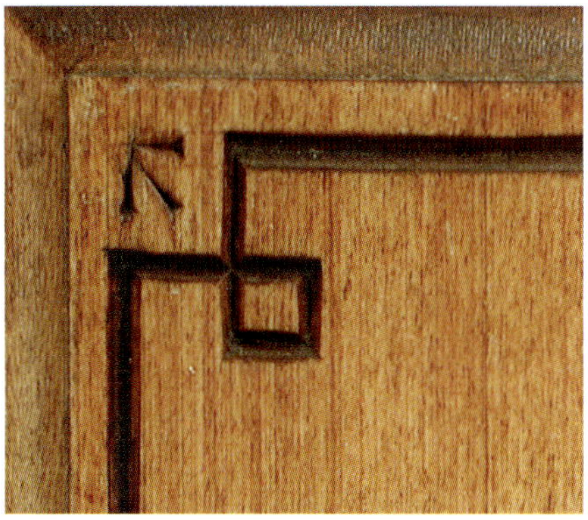

Abb. 11.9 Der Linienschnitt ermöglicht eine ebenso einfache wie elegante Lösung für die Ecke.

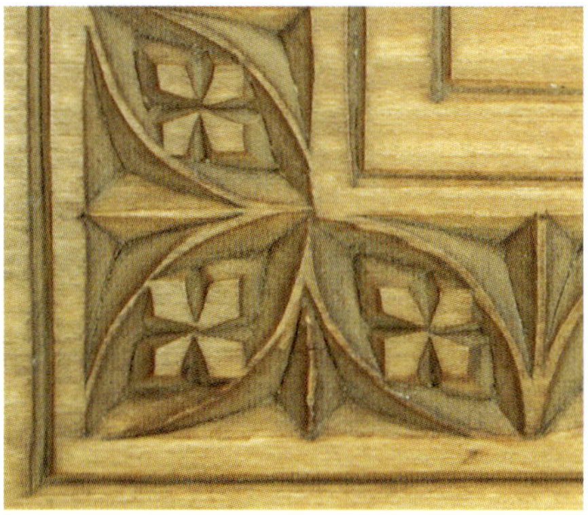

Abb. 11.10 Auch diese breite Borte, die Sie schon aus Kapitel 7 kennen, lässt sich um die Ecke führen.

TIPP

Wenn das fertige Stück vor einem Spiegel (z. B. auf einem Toilettentisch) aufgestellt wird, ist die Rückseite sichtbar. Vergessen Sie daher nicht, auch die Rückseite zu schnitzen.

CLEVERE ECKLÖSUNG

Um eine Bordüre „um die Ecke" zu führen, gibt es zahlreiche Möglichkeiten. Einige davon sehen Sie auf **Abb. 11.5–11.10**. Ich möchte Sie allerdings davor warnen, ein und dasselbe Projekt mit zu vielen Bordüren und Eck-Verzierungen zu schmücken **(siehe Abb. 11.11)**.

Noch ein wichtiger Punkt: Die Bordüre sollte auch auf der Vorderseite, der Rückseite und den Seitenflächen des Werkstücks gearbeitet werden, wenn Sie diese Flächen auch beschnitzen wollen. Richten Sie die Bordüren sorgfältig aneinander aus **(Abb. 11.12)**.

Die Ecken haben noch eine weitere Funktion: Wenn Sie für Ihre Schnitzarbeit eine Rosette oder ein anderes rundes Hauptmotiv gewählt haben, das Sie mit einer Bordüre umrahmen wollen, wird das Projekt ungefähr wie in der schematischen Darstellung auf **Abb. 11.13** aussehen.

Wenn Sie sich das Rechteck mit dem darin zentrierten Kreis genau ansehen, werden Sie das Gefühl nicht loswerden, dass hier etwas fehlt – und das liegt nicht nur an dem leeren Raum links und rechts von der Rosette. Wenn wir in die Mitte eines viereckigen Werkstücks mit einer viereckig verlaufenden Bordüre ein rundes Motiv setzen, müssen wir den Kontrast zwischen dem Viereck und dem Kreis optisch abmildern.

Die Lösung sehen Sie in **Abb. 11.14**. Unser Blick wandert von der rechteckigen Form des Umrisses über die Ellipse, die durch die abgerundeten Ecken entsteht, zu dem runden Motiv in der Mitte. Der leere Raum wird zum Teil aufgefüllt, zugleich wird der Gesamteindruck gefälliger. Um die abgerundeten Ecken zu gestalten, gibt es wieder eine Vielzahl von Lösungen. **Abb. 11.15 bis 11.18** zeigen einige Beispiele.

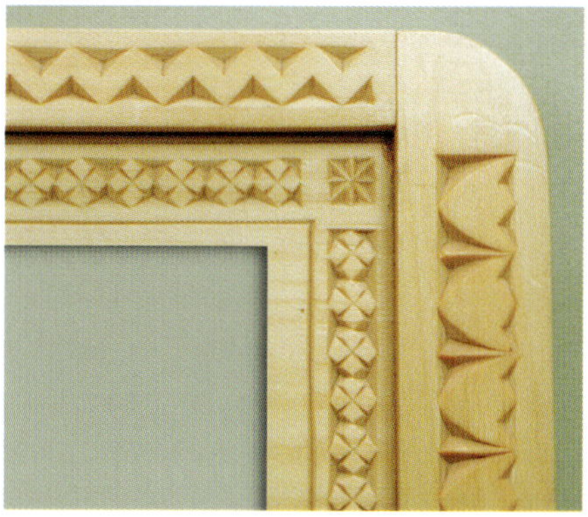

Abb. 11.11 Außen eine waagrechte Zackenreihe und eine senkrechte Eierstabmuster-Bordüre, innen eine Bordüre aus erhabenen Karos, in der Ecke eine Kombination aus 4-teiliger Rosette und Andreaskreuz: Hier wurde des Guten zu viel getan, und der Gesamteindruck leidet darunter. Schade – denn die Schnitzerei ist schön ausgeführt. Eine Kombination aus nur zwei Mustern wäre besser gewesen.

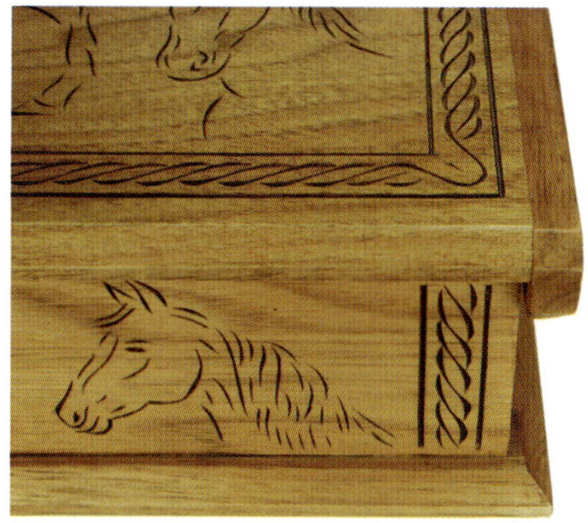

Abb. 11.12 Vergessen Sie nicht auf die Bordüren auf der Vorder- und Rückseite sowie auf den Seitenflächen. Richten Sie die Bordüren sorgfältig aneinander aus. Achten Sie auf solche Details, dann wirkt die fertige Arbeit noch gekonnter!

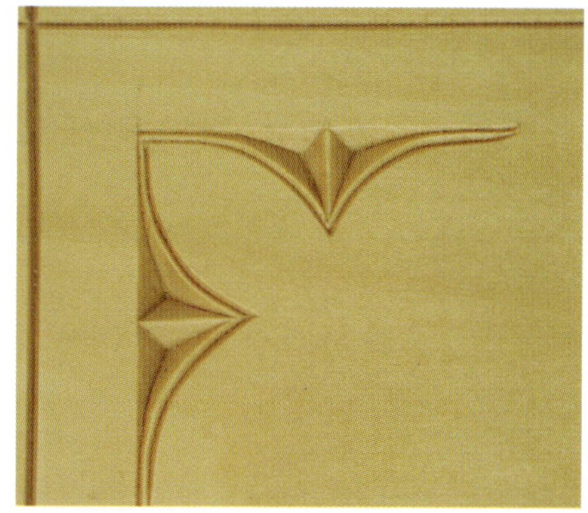

Abb. 11.15 Hier ist das Ornament von einem Grat umgeben, der den Gesamteindruck entscheidend verändert. Zwei weitere Grate bilden zusätzliche Schatten und verkleinern die Kerben, die Sie schneiden müssen.

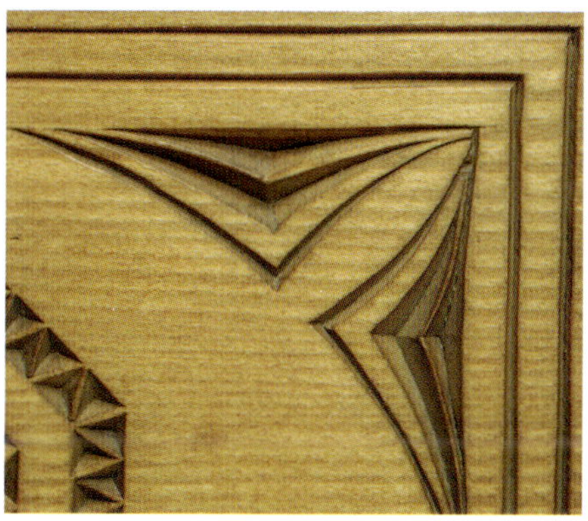

Abb. 11.16 Noch einmal das gleiche Motiv wie in Abb. 11.15. Ein wichtiger Unterschied ist die doppelte Linie, die die Arbeit einrahmt und den frei bleibenden Platz verkleinert.

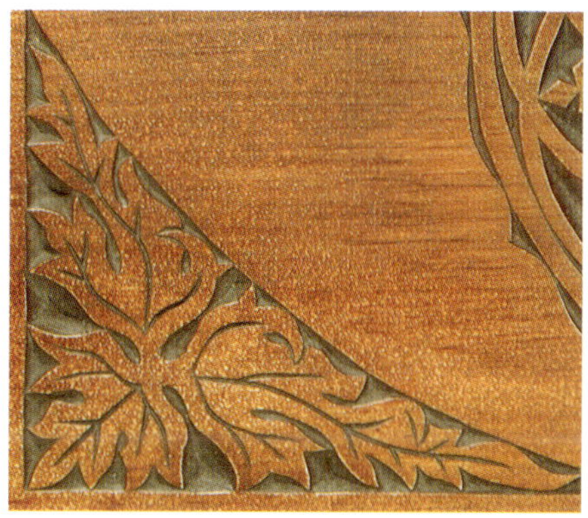

Abb. 11.17 Das Blattornament in der Ecke verdankt seine Beliebtheit dem Kerbschnitzkünstler Wayne Barton.

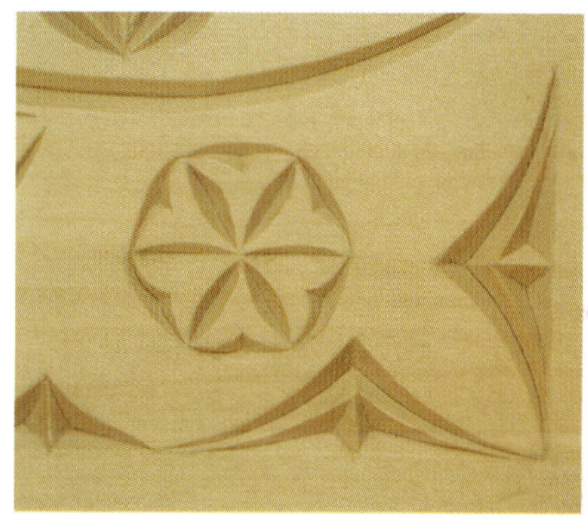

Abb. 11.18 Eine weitere Variante des Motivs, das ich in Abb. 11.15 und 11.16 vorgestellt habe.

Abb. 11.13 Auf dieser schematischen Darstellung werden die Umrisse des runden Hauptmotivs und der rechteckigen Bordüre angedeutet.

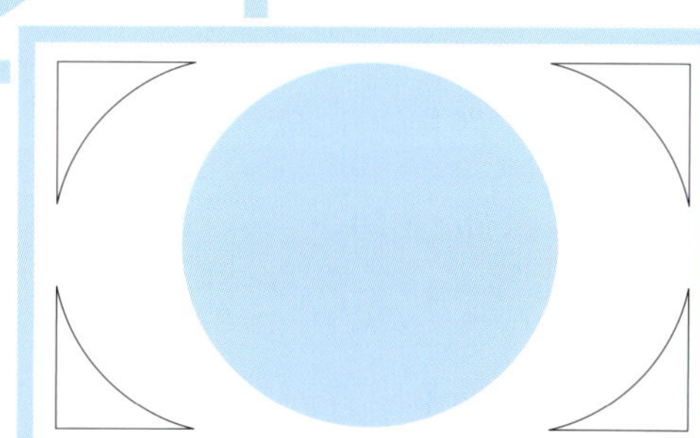

Abb. 11.14 Die abgerundeten Ecken mildern den Kontrast zwischen dem kreisförmigen Motiv und der rechteckigen Bordüre ab.

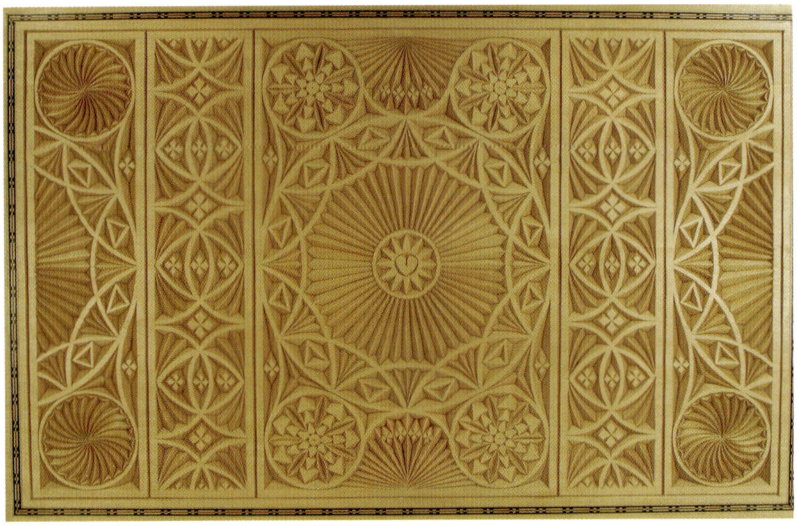

Abb. 11.19 Hier sehen Sie den Deckel der Besteckkiste, die ich aus Lindenholz geschnitzt und mit einem farblosen seidenmatten Polyurethanlack behandelt habe.

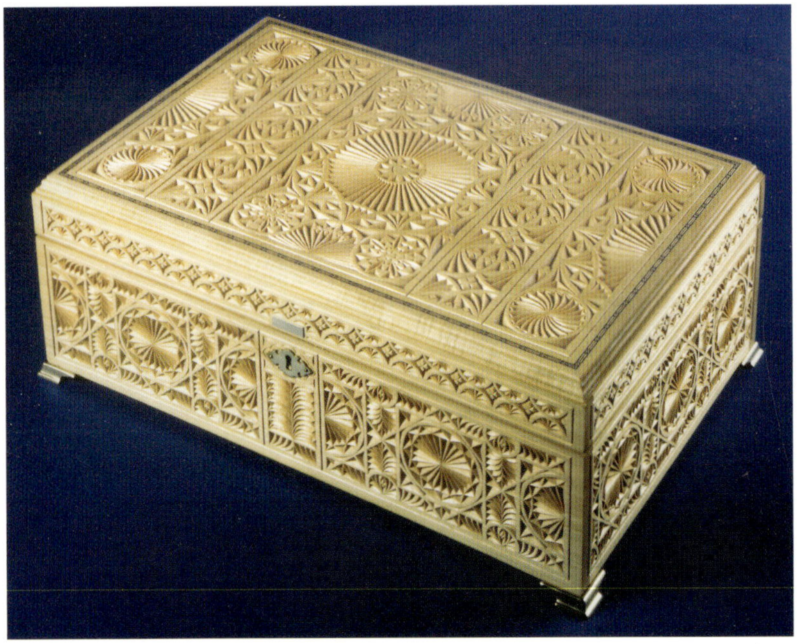

Abb. 11.20 Durch die Messingfüße an den Ecken wirkt die Kiste optisch nicht so gewichtig und lässt sich auch leichter handhaben.

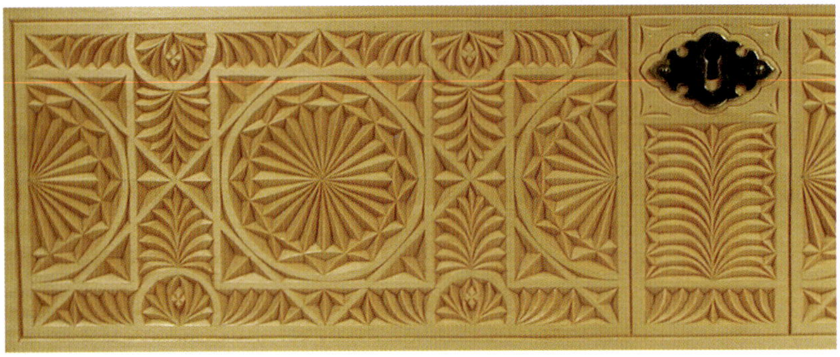

Abb. 11.21 An der Vorderseite der Besteckkiste sehen Sie, wie sich die dünnen Grate immer wieder mit breiteren Stegen abwechseln. Die Stege wirken als optische Ruhepunkte und machen das Muster interessanter.

Grossflächige Kerbschnitzarbeiten

Ein Kerbschnitzmuster für eine größere Fläche zu entwerfen, ist gar nicht so leicht. Hier macht es einen großen Unterschied, welches Holz Sie verwenden. Die Vorzüge von Linden- und Butternussholz habe ich schon in Kapitel 1 erwähnt. Lindenholz ist durch seine unauffällige Maserung ideal für aufwändige Kerbschnitzmuster und bringt die Arbeit schön zur Geltung. Butternuss lässt sich gut schnitzen, das Muster muss aber schlicht und unkompliziert sein und darf keine scharfen Grate aufweisen, damit es nicht mit der schönen Maserung um die Aufmerksamkeit des Betrachters wetteifert.

Abb. 11.19, 11.20 und 11.21 zeigen eine Besteckkiste mit den Maßen 370 x 550 x 190 mm. Der Deckel hat also eine beachtliche Größe, daher beschloss ich, die Fläche in 5 Felder zu teilen und jedes Feld mit einem Rahmen zu versehen. Das Muster sollte einiges Können erfordern und viele dünne Grate, aber auch breitere Stege als optische Ruhepunkte und viele verschiedene Formen in unterschiedlichen Größen aufweisen. Einerseits wirken zu viele gleich geformte und gleich große Kerben unruhig und verwirrend, andererseits muss ein Grundgedanke oder ein wiederkehrendes Motiv erkennbar sein. Um all diese Vorgaben zu erfüllen, habe ich auf den fünf Feldern nur drei Grundmuster eingesetzt. Die beiden äußeren Felder zeigen jeweils denselben Ausschnitt aus dem Muster im großen Mittelfeld. Die beiden Felder links und rechts des Mittelfeldes sind identisch.

Um die gesamte Arbeit einzurahmen und die verschiedenen Muster optisch zusammenzuführen, habe ich lamellierte Leisten gewählt, die auch beim Musikinstrumentenbau eingesetzt werden. Die Leisten bestehen aus Ahorn, Rosenholz und ebonisiertem Ahorn und sind auf 1 m abgelängt erhältlich.

Die Vorlage auf das Holz übertragen 12

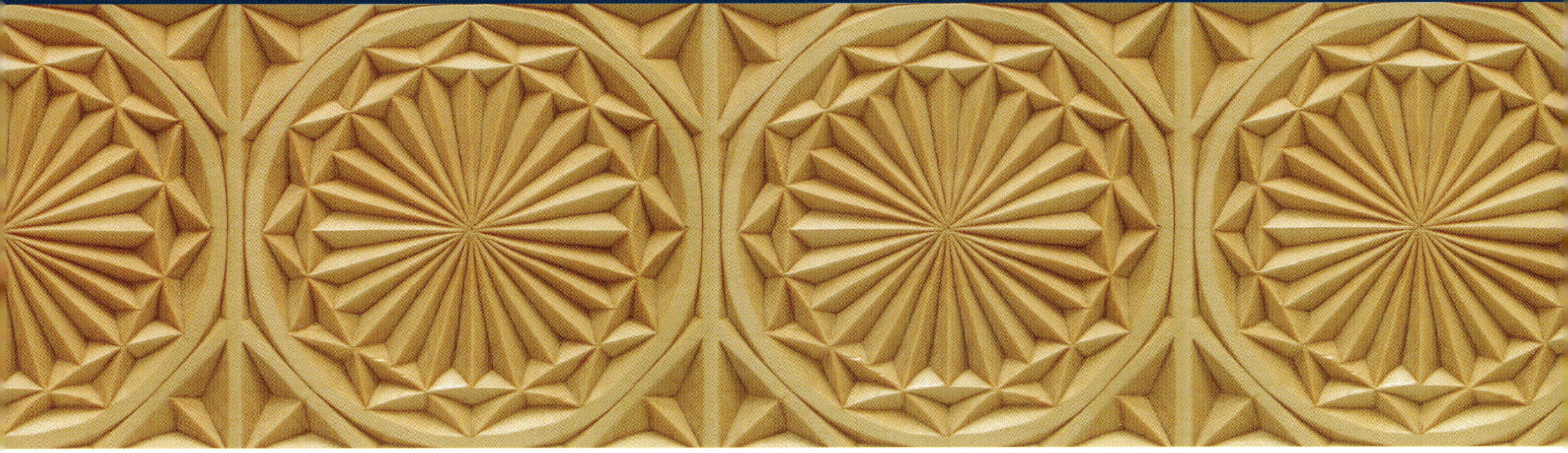

Direkt auf das Holz zeichnen

Bei geometrischen Mustern empfehle ich dringend, die Vorlage mit hochwertigen Zeichengeräten (mechanischer Bleistift mit 0,5-mm-Minen in Härtegrad B, 150-mm-Fallnullenzirkel, Reißschiene mit metrischer und angloamerikanischer Skala, 150-mm-Lineal) direkt auf das Holz zu zeichnen. Da Rosetten und andere geometrische Figuren so präzise wie möglich gearbeitet werden sollten, nehmen Sie sich Zeit für eine genaue Zeichnung.

Übertragen mit Graphitpapier

Mit Graphitpapier lassen sich gerade Linien und geometrische Figuren nicht mit der notwendigen Genauigkeit übertragen. Anderes gilt bei frei gestalteten, nicht an geometrische Formen gebundenen Schnitzarbeiten. Hier ist der Spielraum größer, und Sie können durchaus mit Graphitpapier arbeiten. Sie bekommen es in allen Künstlerbedarfsgeschäften und in den meisten Bastelläden. Kohlepapier hingegen schmutzt und schmiert und ist für unsere Zwecke nicht geeignet.

Wenn Sie die Vorlage zuerst auf Transparentpapier (Pauspapier) oder Dünndruckpapier abpausen, lässt sie sich leichter und präziser auf dem Werkstück platzieren und mit den Bordüren und anderen Schmuckelementen ausrichten. Wenn Sie die Transparentpapier-Vorlage genau auf der richtigen Stelle platziert haben, befestigen Sie sie mit einigen Stücken Abdeckband. Dann schieben Sie das Graphitpapier zwischen Transparentpapier und Holzoberfläche und beginnen Sie das Muster nachzuziehen. Ein (ernst gemeinter) Tipp: Vergewissern Sie sich, dass das Graphitpapier mit der richtigen Seite zum Holz zeigt!

Wenn die Vorlage auf eine dunkle Holzart oder auf eine bemalte Oberfläche übertragen wird, könnte Saral besser geeignet sein als Graphitpapier.

Unter der Markenbezeichnung Saral ist ein Transferpapier erhältlich, das gerne zum Übertragen von Schnittmustern auf Stoff verwendet wird. Es wird in Stoff- und Nähzubehörgeschäften und auch in manchen Bastelläden in den Farben Weiß, Rot und Blau angeboten.

Übertragen mit dem Brenngerät

Im Jahr 2000 wurde in den USA eine Methode zum Übertragen von Schnitzvorlagen mit einem Brenngerät erfunden. Es funktioniert ähnlich wie ein Brandmalgerät; statt eines Stiftes hat es jedoch eine kreisrunde Brennfläche, außerdem braucht man ein eigens für diesen Zweck entwickeltes Transferpapier.

Die Vorlage wird auf diesem speziellen Papier ausgedruckt und mit dem Brenngerät auf das Holz übertragen. Das Holz muss dazu vorbereitet werden – die notwendigen Arbeitsschritte sind jedoch leicht zu bewältigen. Die mit dem benutzerfreundlichen Gerät mitgelieferte Gebrauchsanweisung enthält alle notwendigen Informationen. Wenn Sie nur einige wenige Vorlagen übertragen wollen, sind Sie mit den herkömmlichen Zeichengeräten wahrscheinlich besser bedient. Wenn Sie sich jedoch eingehender mit dem Kerbschnitzen beschäftigen wollen und/oder sich mit Zirkel, Lineal und Reißschiene absolut nicht anfreunden können, zahlt sich die Investition entschieden aus. Auch ich habe sie nicht bereut!

Sie sollten einen Computer, einen Scanner und einen Laserdrucker zur Verfügung haben (ein Tintenstrahldrucker ist nicht geeignet). Ein Computerfreak brauchen Sie nicht zu sein, Grundkenntnisse in einem Grafikprogramm, wie Photoshop oder CorelDraw, genügen.

Zuerst wählen Sie die Vorlage aus und scannen Sie sie ein. Mit einem Grafikprogramm können Sie die Vorlage vergrößern, verkleinern, dehnen oder auf andere Weise abändern. Verwenden Sie das Grafikprogramm auch zum Entfernen jener Vorlagelinien, die nicht weggeschnitten werden können. Bedenken Sie: Wenn Sie die Vorlage einmal auf das Holz übertragen haben, können Sie die Linien nur entweder wegschneiden oder äußerst mühsam abschleifen.

Drucken Sie die Endversion der Vorlage mit dem Laserdrucker auf dem mitgelieferten Spezialpapier aus (wie gesagt: ein Tintenstrahldrucker ist ungeeignet). Dann platzieren Sie die Vorlage auf dem Werkstück und übertragen Sie sie mit dem Brenngerät auf das Holz. Die Genauigkeit und Qualität der Übertragung sowie die klaren, präzisen Linien werden Sie begeistern (siehe **Abb. 12.1**). Auf der Website von Chipping Away wird das Brenngerät vorgestellt; siehe auch die Bezugsquellen auf Seite 117.

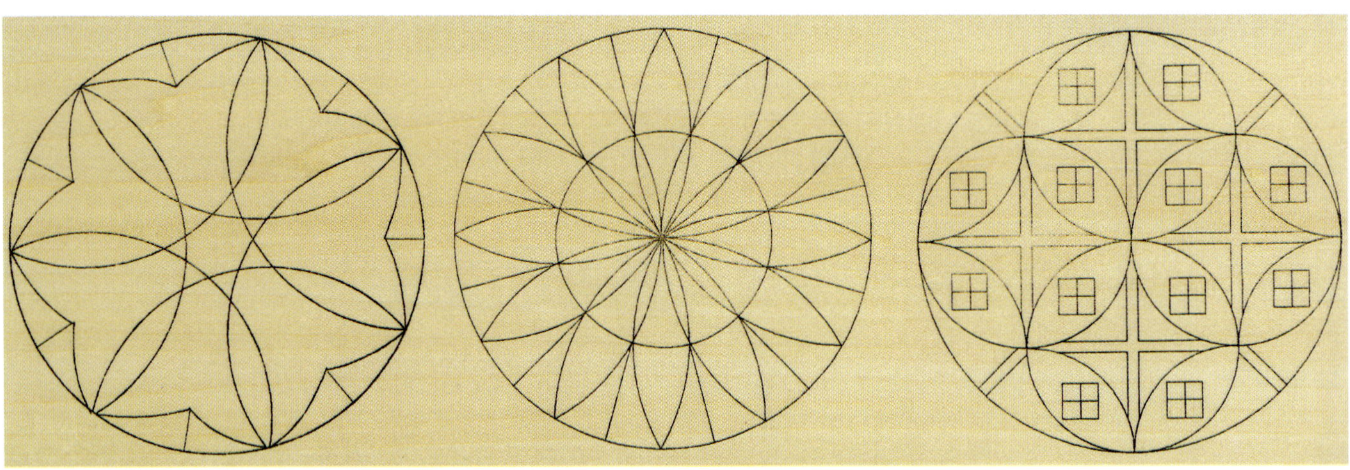

Abb. 12.1 Diese Schnitzvorlagen wurden mit dem neuartigen Brenngerät auf das Holz übertragen.

Weitere Übertragungs-methoden

Erfahrene Kerbschnitzer werden Ihnen bestätigen, dass das Zeichnen der Vorlage oft länger dauert als das Schnitzen. Es gibt mehrere Übertragungsmethoden, mit denen es schneller geht. Probieren Sie sie selbst aus und machen Sie Ihre eigenen Erfahrungen; hier in aller Kürze meine Meinung zu diesen Methoden.

Aufkleben

Keine gute Idee! Das Aufkleben der Papiervorlage auf das Holz ist für die Arbeit mit der Dekupiersäge zu empfehlen – zum Kerbschnitzen aber nicht. Durch das aufgeklebte Papier sehen Sie die Holzmaserung nicht und können auch nicht beurteilen, wie präzise Ihr Schnitt ausgefallen ist. Bei frei gestalteten Motiven mag die Methode eher zu akzeptieren sein als bei geometrischen Mustern; für mich persönlich kommt sie überhaupt nicht in Frage.

Aufbügeln

Unverlässlich! Die Vorlage muss dazu fotokopiert werden, und zwar mit einem Tonerpulver und nicht mit Kohlepapier. (Manche Faxgeräte arbeiten mit Kohlepapier – diese Kopien lassen sich nicht aufbügeln!) Damit sich der Toner auf das Holz übertragen lässt, muss die Kopie ziemlich frisch sein. Bei einer älteren Kopie funktioniert die Methode gar nicht gut.

Stellen Sie ein normales Bügeleisen auf Baumwolltemperatur ein. Legen Sie die kopierte Vorlage mit der bedruckten Seite nach unten auf das Werkstück und bügeln Sie die Vorlage auf das Holz auf. Das Problem dabei: Die Sohle des Bügeleisens erhitzt sich meist nur ungleichmäßig; daher wird auch der Toner oft nur an manchen Stellen auf das Holz übertragen – andere Stellen bleiben leer. Wenn man dann noch einmal darüberbügelt, um dieses Manko zu beheben, kann sich der zuvor übertragene Toner wieder lösen.

Lackverdünner

Bei dieser Methode legt man die fotokopierte Vorlage mit der bedruckten Seite nach unten auf dem Holz auf, befeuchtet einen Lappen mit Lackverdünner (nicht mit Mineralspiritus, Terpentin oder anderen ähnlichen Produkten!) und fährt damit über das Papier. Das Papier saugt das Verdünnungsmittel auf, der Toner wird auf das Holz übertragen.

Man kann stattdessen das Holz mit dem Verdünner befeuchten, die fotokopierte Vorlage mit der bedruckten Seite nach unten darauflegen und mit einem trockenen Tuch darüberfahren.

Die Hauptprobleme dabei: 1. Zu viel Verdünner bewirkt, dass der Toner zerrinnt und wie Farbe in das Holz „hineinblutet“. 2. Zu wenig Verdünner führt dazu, dass der Toner ungleichmäßig auf das Holz übertragen wird. 3. Ein ziemliches Geschmiere ist nicht zu vermeiden. 4. Der Verdünner ist hochgiftig und darf nur in einem gut belüfteten Bereich angewendet werden. 5. Sogar durch Abschleifen lässt sich der Toner nur sehr schwer wieder vom Holz entfernen.

Selbstklebende Folie

Für Muster ohne allzu viele scharfe Grate ist eine selbstklebende transparente Polyesterfolie (ähnlich einer Overheadfolie) gut geeignet. Sie erhalten sie unter Markenbezeichnungen, wie Chartpak oder Repro Film, in Spezialgeschäften für Architektur- oder technischen Zeichenbedarf.

Drucken Sie die Vorlage auf die leere Folie aus (achten Sie darauf, dass die Vergrößerung stimmt und dass Sie die richtige Seite der Folie bedrucken!). Ziehen Sie das Trägerpapier ab und kleben Sie die Vorlage auf das Holz. Durch die transparente Folie sehen Sie beim Arbeiten die Holzoberfläche, die Maserung und auch allfällige Holzfehler. Nun können Sie zu schnitzen beginnen und einfach durch die Folie durchschneiden. Angenehmer Nebeneffekt: Wenn die Arbeit fertig ist, müssen Sie keine Vorlagelinien entfernen – Sie brauchen nur die Folie abzuziehen. Es macht nichts, wenn Klebstoff auf die Messerklinge kommt. Es genügt, wenn Sie etwaige Klebstoffspuren hin und wieder von der Klinge abwischen.

Tipp

Es ist wichtig, das Holz vor dem Aufzeichnen der Vorlage richtig vorzubereiten. Alles Wissenswerte zum Abschleifen, zur Auswahl der Bleistifte usw. finden Sie in Kapitel 14.

Tipp

Die Schnitzarbeit ist meist nur so gut wie die Zeichnung. Nehmen Sie sich Zeit und zeichnen Sie genau!

13 Schriften

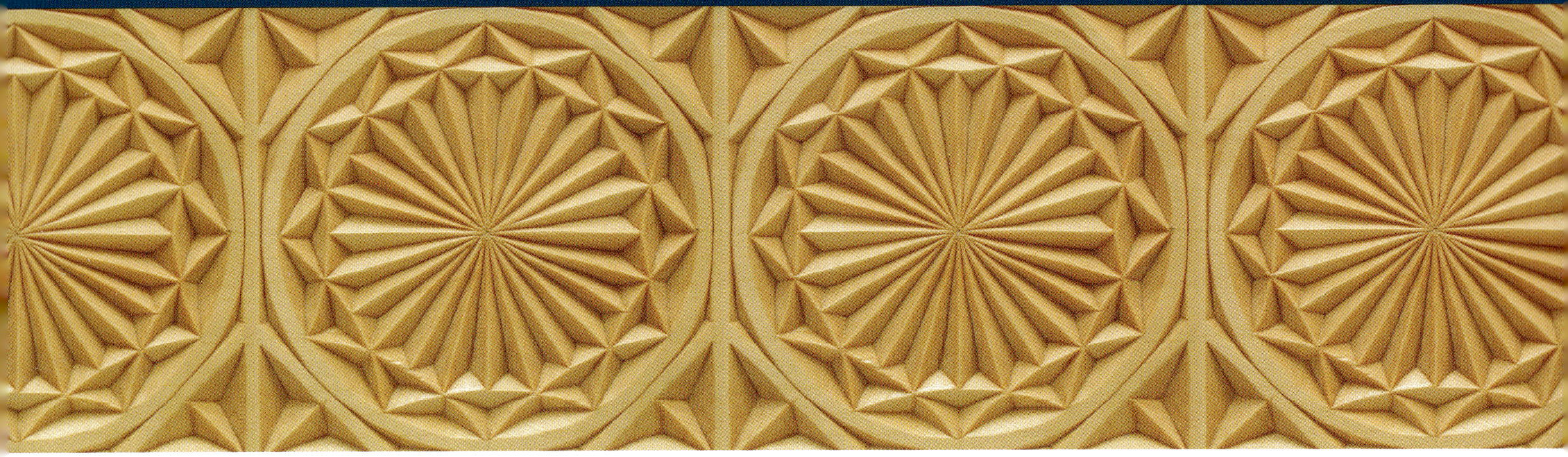

Wenn der Name des oder der Beschenkten eine Schnitzarbeit ziert, wird sie dadurch automatisch aufgewertet. Das gilt für einen einfachen Gläseruntersetzer ebenso wie für eine edle Schmuckkassette. Man sieht sofort, wem das schöne Stück gehört, und der Besitzerstolz ist dementsprechend!

Wenn Sie dieses Buch von Anfang an durchgelesen haben, gibt es zum Schnitzen von Buchstaben nicht mehr allzu viel dazuzusagen. Ich wiederhole, nicht mehr allzu viel! Ein paar Tipps will ich Ihnen schon noch mitgeben! Zunächst einige Bemerkungen zur Größe und zur Schriftart, zu den richtigen Abständen zwischen Buchstaben und Wörtern und zur Platzierung der Schrift auf dem Werkstück.

Schriftart

Die Schriftart soll zur Schnitzarbeit und zu der beschenkten Person passen. Die Antiqua-Schrift beispielsweise ist auf der altehrwürdigen römischen Schrift aufgebaut, die keine Kleinbuchstaben kannte. Eine Schrift, die nur aus Antiqua-Großbuchstaben besteht, wirkt zwar besonders edel, könnte aber auch als kühl und unpersönlich empfunden werden.

Wenn ich den Namen einer Firma in ein Projekt integrieren möchte, wären Antiqua-Großbuchstaben durchaus geeignet, ebenso für einen Familiennamen auf einem schönen Möbelstück. Wenn ich den Vornamen eines Kindes auf ein Geschenk schnitze, würde ich jedoch eine andere Schrift wählen. **Abb. 13.1 bis 13.4** zeigen Beispiele für verschiedene Schriften.

GROSS- UND KLEINBUCHSTABEN

Vorsicht: Während Sie in einer Antiqua-Schrift Großbuchstaben aneinanderreihen können, sieht das bei manchen anderen Schriften fürchterlich aus (siehe etwa **Abb. 13.4** unten). Auch „gebrochene" Schriften (z. B. die gotische Schrift) sind dafür nicht geeignet, auch wegen der schweren Lesbarkeit der Großbuchstaben.

ABSTÄNDE ZWISCHEN DEN BUCHSTABEN

Auch die Abstände zwischen den Buchstaben sind von Bedeutung. Vor ein paar Jahren saß ich bei einem Schnitzwettbewerb in der Jury. Eine wunderschöne Schmuckkassette wurde eingereicht und gewann den dritten Platz. An der Vorderseite waren drei geschnitzte Buchstaben zu sehen – K I M (siehe **Abb. 13.5**).

Nach der Preisverleihung bat mich der Künstler um ein paar Tipps, wie er die Schnitzarbeit noch verbessern könnte. Ich machte einige Vorschläge, beglückwünschte ihn zu der gelungenen Arbeit und fügte hinzu, die Person, für die die Kassette bestimmt sei, würde das schöne Geschenk gewiss zu schätzen wissen. Zu meiner Überraschung sagte der Mann, die Kassette sei für seine Tochter Kim gedacht … Dabei hatte ich die Buchstaben wegen der großen Abstände für Initialen gehalten!

K I M

Abb. 13.5. Die Buchstaben K I M sehen wegen der großen Abstände eher wie Initialen als wie ein Name aus.

HIER SIND DIE ABSTÄNDE GERADE RICHTIG.

HIER SIND DIE ABSTÄNDE ZU KLEIN.

HIER SIND DIE ABSTÄNDE ZU GROSS.

Abb. 13.6

CHIPPING AWAY

Chipping Away

Abb. 13.1 Für eine Anwaltskanzlei namens „Chipping Away" wäre die obere Schrift (Antiqua) goldrichtig. Zu einer Schnitzzubehör-Firma scheint mir der untere Schriftzug besser zu passen.

EMILEE

Emilee

Abb. 13.2 Für ein junges Mädchen namens Emilee passt das untere Schriftbild besser. Wäre Emilee eine erwachsene Frau, so könnte man auch die Antiqua-Schrift wählen und vielleicht auch den Familiennamen hinzufügen.

ZANE

Zane

Abb. 13.3 Für einen kleinen Jungen namens Zane würde ich den unteren Schriftzug nehmen, für ein Mädchen jedoch nicht.

Cindy

CINDY

Abb. 13.4 Die obere Schriftart passt zu einem Mädchen – für einen Mann wäre sie zu feminin.

Wir lesen ganze Wörter, nicht die Buchstaben, aus denen sie bestehen. Das gilt auch für den Text, den Sie gerade lesen. Sehen Sie sich diesen Text genauer an und beachten Sie, wie knapp die Buchstaben aneinandergereiht sind. Auch beim Schnitzen sollten Sie die Buchstaben so knapp aneinander platzieren, wie es ohne Schwierigkeit möglich ist **(siehe Abb. 13.6)**.

Abstände zwischen Wörtern

Der Abstand zwischen zwei Wörtern soll der halben Höhe eines Großbuchstabens entsprechen. Wenn die Großbuchstaben 50 mm hoch sind, sollte der Abstand zwischen den Wörtern also 25 mm betragen. Übrigens: Der Abstand zwischen zwei Sätzen sollte der vollen Höhe eines Großbuchstabens entsprechen, ebenso der Abstand zwischen den einzelnen geschnitzten Textzeilen.

Initialen gelten beim Schnitzen als Wörter. Vergessen Sie bei Initialen auch die Punkte nicht! Beim Kerbschnitzen sind die Punkte meist nicht rund, sondern dreieckig. Ähnliches gilt übrigens für viele runde Formen: Blütenblätter, Augen und Federn sind bei meinen Kerbschnitzarbeiten nie rund, sondern immer spitz.

Kleinbuchstaben stellen eine besondere Herausforderung dar. Sehen Sie sich die Buchstaben in **Abb. 13.8** mit ihren kleinen Kügelchen an. Beim Schnitzen können Sie den Kügelchen eine zugespitzte Form geben. Die Punkte auf dem i und dem j werden beim Kerbschnitzen zu Dreiecken.

Der Computer ist eine wahre Fundgrube für verschiedene Schriftarten. Mit seiner Hilfe können Sie die Schrift nach Wunsch auch vergrößern oder verkleinern und die Abstände werden automatisch angepasst.

Wenn Sie Schriftart und Schriftgröße gewählt haben, drucken Sie die Vorlage auf Papier aus.

Ich persönlich übertrage die Buchstaben oder die Wörter genauso, wie sie auf dem Holz aussehen sollen, auf Pergamentpapier oder Pauspapier. Dann ziehe ich sowohl auf der Papiervorlage als auch auf dem Holz waagrechte und senkrechte Hilfslinien, richte diese Linien aneinander aus, befestige das Papier mit Abdeckband am Holz und übertrage die Buchstaben mit Graphitpapier (dazu siehe Kapitel 12).

Buchstaben schnitzen

Inzwischen sollten Sie schon eine ziemlich genaue Vorstellung vom Schnitzvorgang haben. Halten Sie das Messer durchgängig in Position 1, es sei denn, dass Position 2 wegen der Faserrichtung günstiger ist. Sehen Sie sich jede Kerbe genau an und zerlegen Sie sie in einfache Arbeitsschritte. Gehen wir diese Schritte am Beispiel eines Buchstabens durch.

Abb. 13.8 zeigt den Buchstaben F in einer Antiqua-Schrift. (Vorlagen für das ganze Alphabet in derselben Schriftart finden Sie auf Seite 82–83.) Wenn Sie keinen Computer haben, können Sie die Buchstaben auf Pergamentpapier abpausen und auf das Werkstück übertragen. Sie können sie aber auch mit Lineal und Zirkel auf das Holz zeichnen. Bedenken Sie, dass die Schnitzarbeit meist nur so gut ist wie die Zeichnung – also nehmen Sie sich die Zeit, die Buchstaben sorgfältig zu zeichnen.

Auf **Abb. 13.9** sehen Sie, dass ich die Serifen nur angedeutet habe. Ob Sie die Serifen zeichnen oder nicht, bleibt Ihnen überlassen; es kann jedoch nichts schaden, wenn Sie sich damit beschäftigen. Wie Sie bald bemerken werden, lassen wir die Serifen außer Acht, bis der ganze übrige Buchstabe fertig geschnitzt ist **(Abb. 13.10** bis **13.19)**.

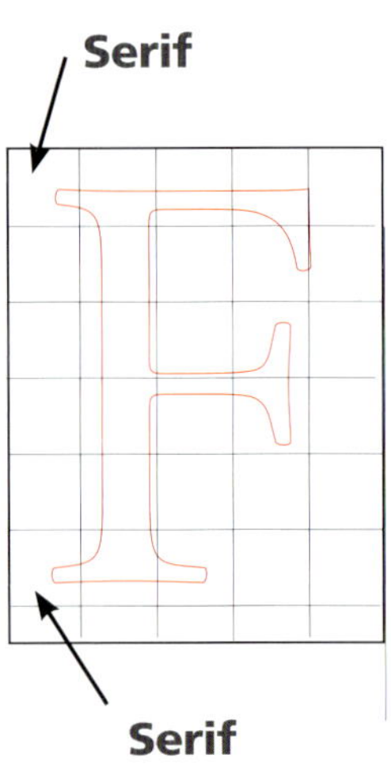

Abb. 13.8 Der Buchstabe F in einer Antiqua-Schrift.

A F J

Abb. 13.7

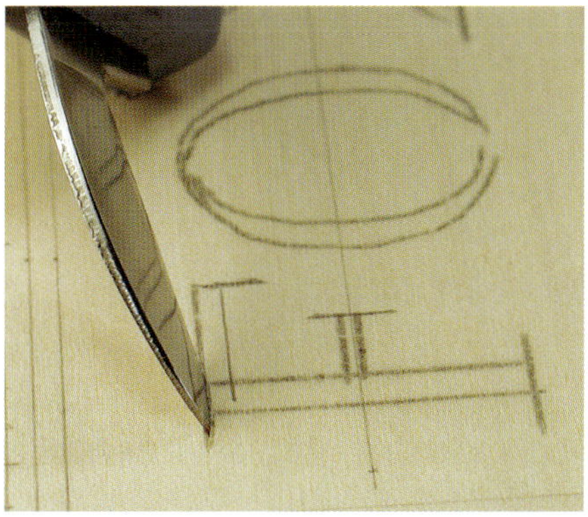

Abb. 13.9 Beginnen Sie mit den Stoppschnitten an den größten Kerben. Beim F setzen Sie einen Stoppschnitt an der ganzen Oberkante. Beginnen Sie am äußersten linken Ende der Serife zu schneiden.

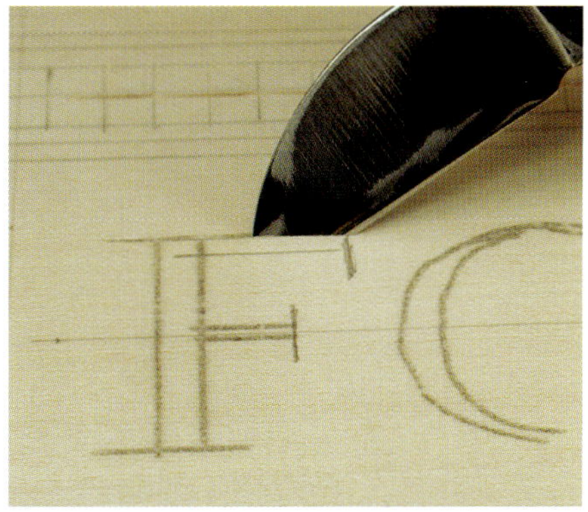

Abb. 13.10 Halten Sie einen konstanten Schnittwinkel von 65° ein. Schließen Sie den Stoppschnitt am äußersten rechten Ende der Buchstaben-Oberkante ab.

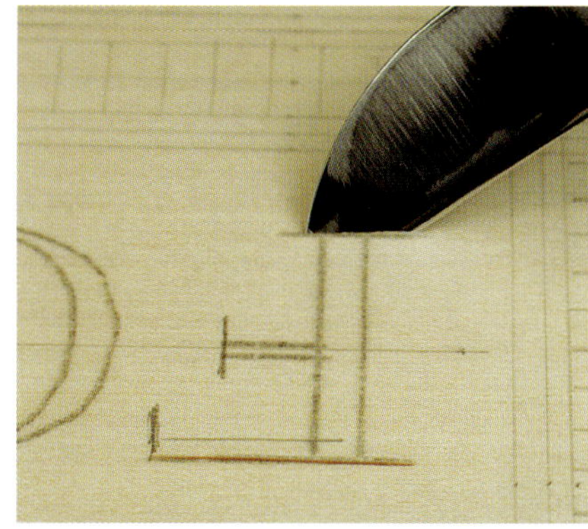

Abb. 13.11 Nun setzen Sie einen Stoppschnitt an der Unterkante des Buchstabens. Beginnen Sie am Ende der inneren Serife und schneiden Sie bis zum Ende der äußeren Serife.

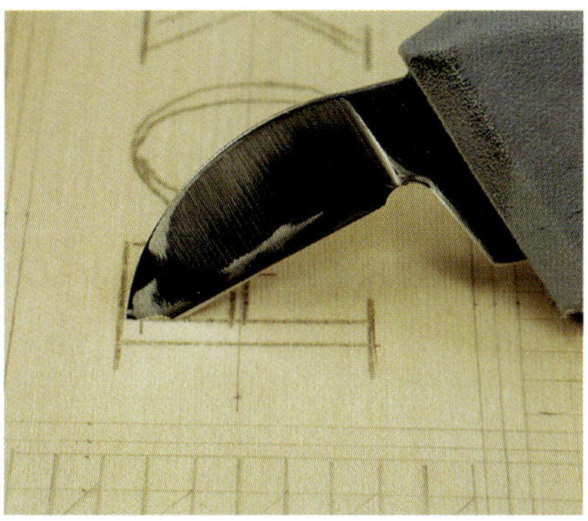

Abb. 13.12 Schneiden Sie, am oberen Stoppschnitt beginnend, am Stamm …

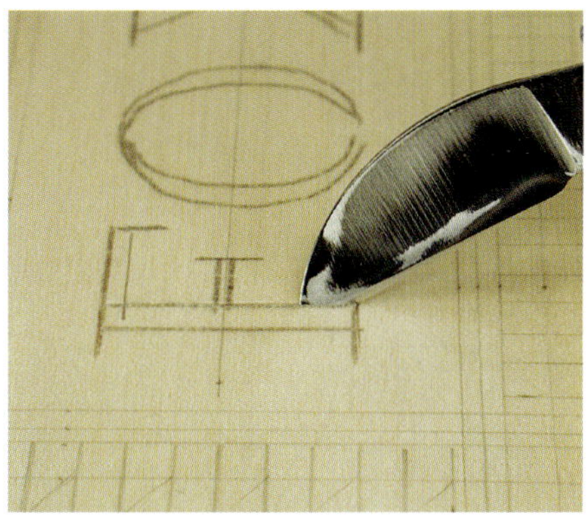

Abb. 13.13 … entlang bis zum unteren Stoppschnitt.

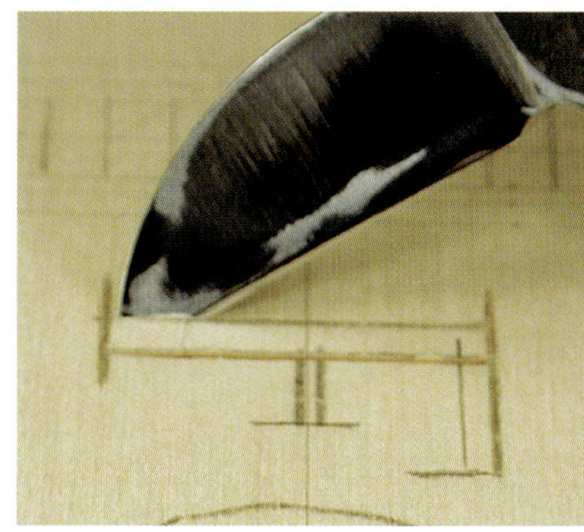

Abb. 13.14 Drehen Sie das Brett und wiederholen Sie den Schnitt …

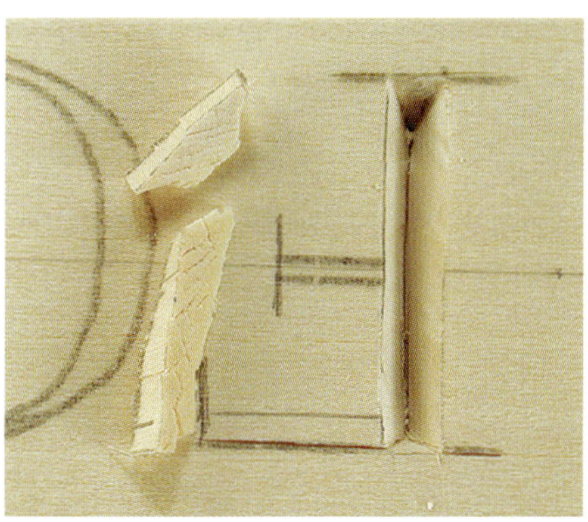

Abb. 13.15 … an der anderen Seite, bis der Span herausspringt.

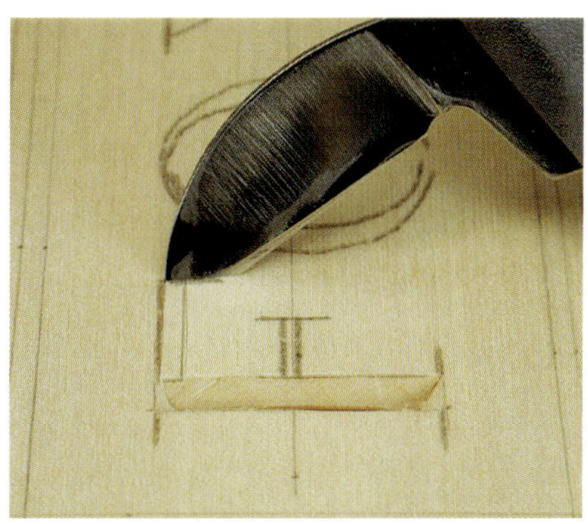

Abb. 13.16 Machen Sie es bei den übrigen Kerben ebenso: Zuerst setzen Sie die Stoppschnitte, dann schneiden Sie den Span heraus.

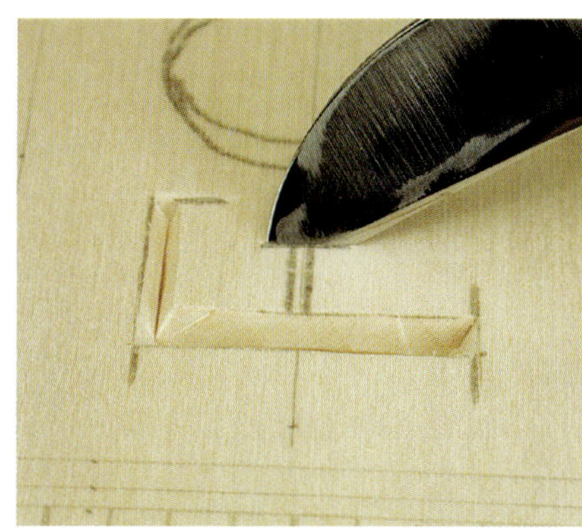

Abb. 13.17 Auch hier wird zuerst der Stoppschnitt gesetzt.

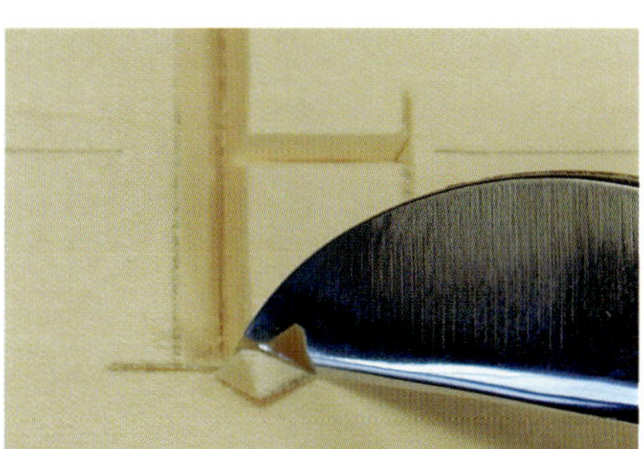

Abb. 13.18 Der Buchstabe ist fertig, Sie müssen nur noch die Serifen herausschneiden. Wechseln Sie dabei zwischen Position 1 und Position 2 (wie bei den keilförmigen Einschnitten, siehe Kapitel 7).

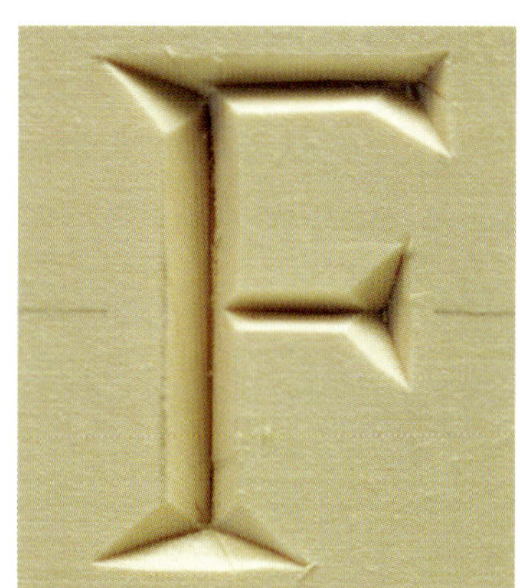

Abb. 13.19 Das Ergebnis kann sich sehen lassen!

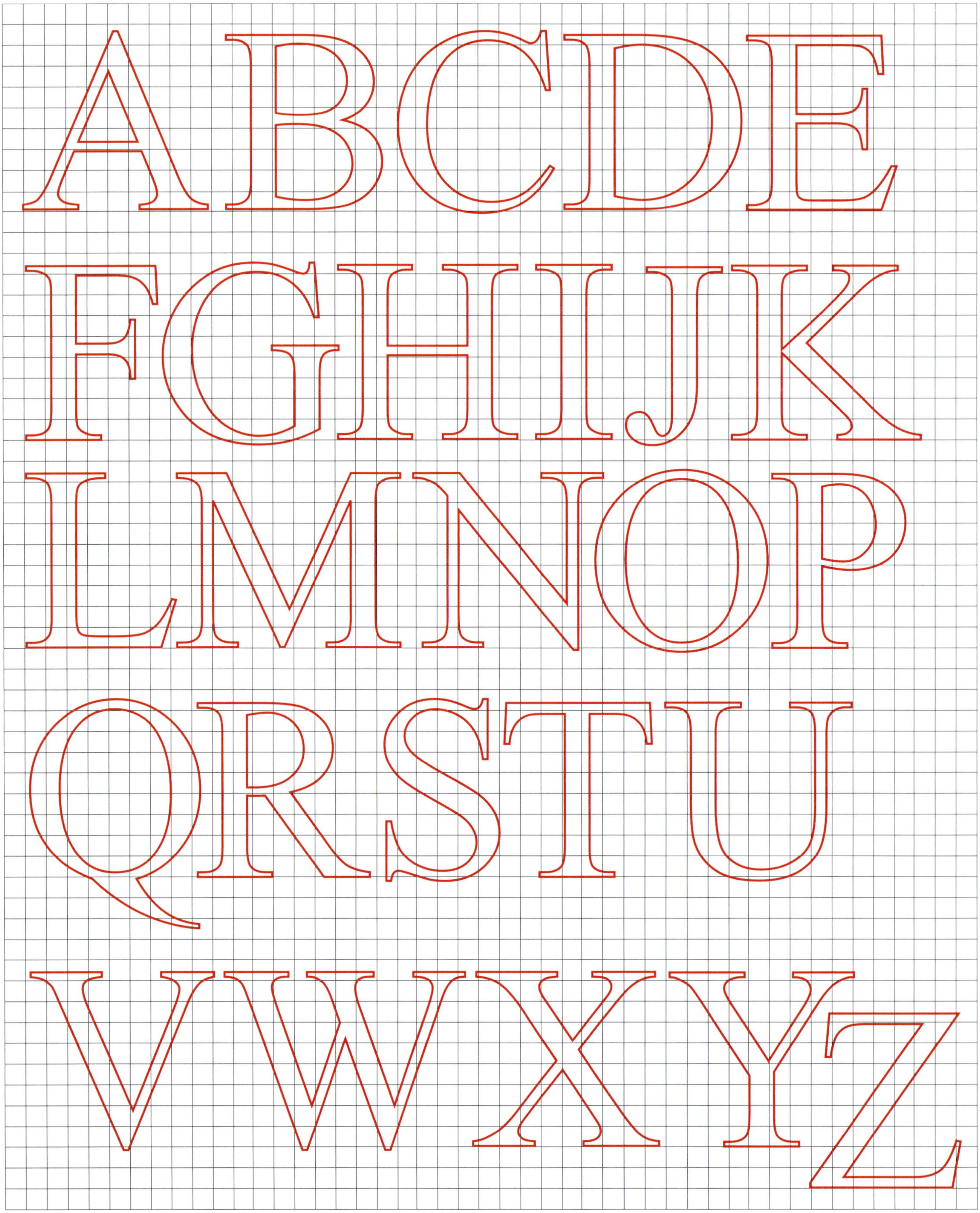
ABCDE
FGHIJK
LMNOP
QRSTU
VWXYZ

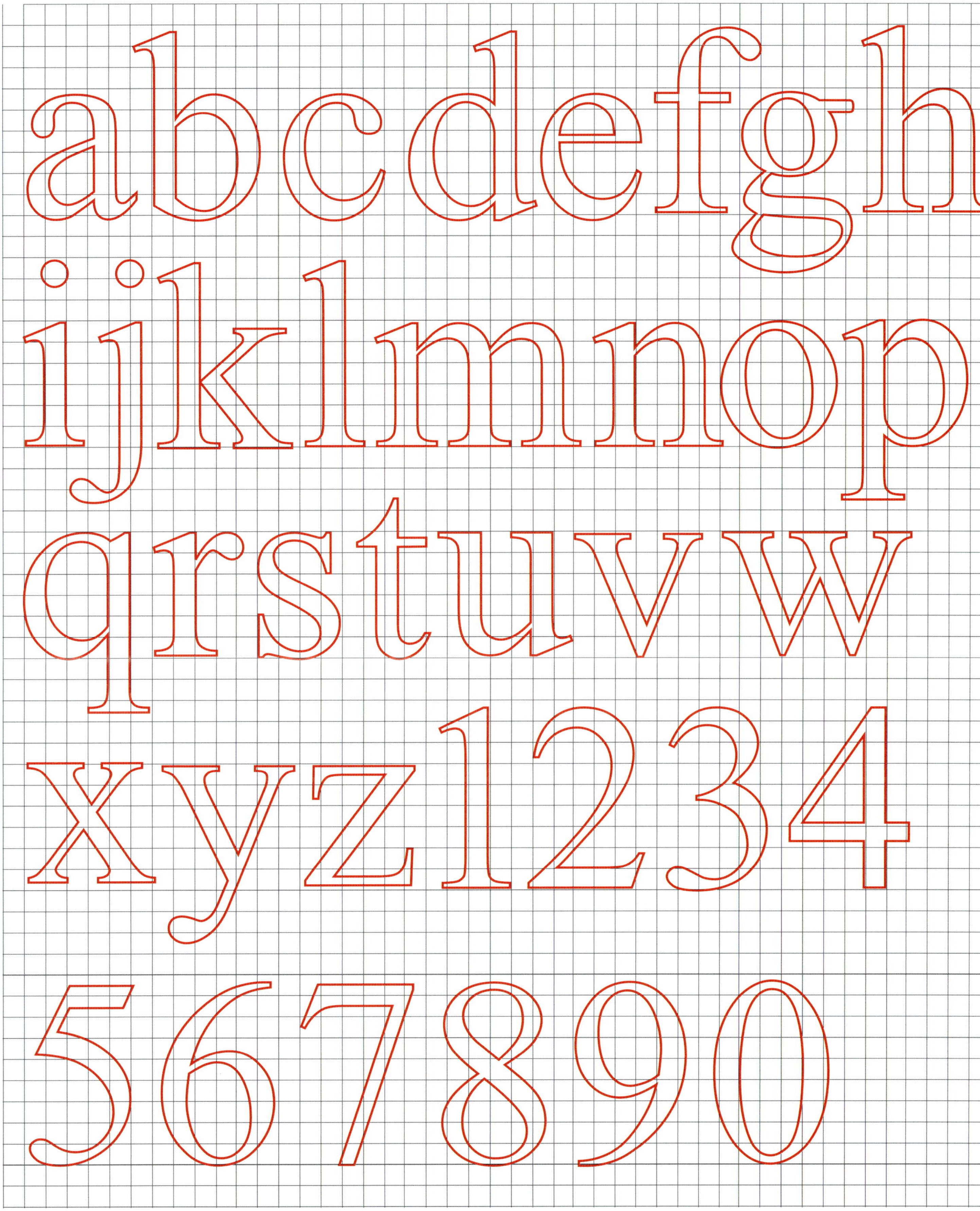

14 Oberflächenbehandlung

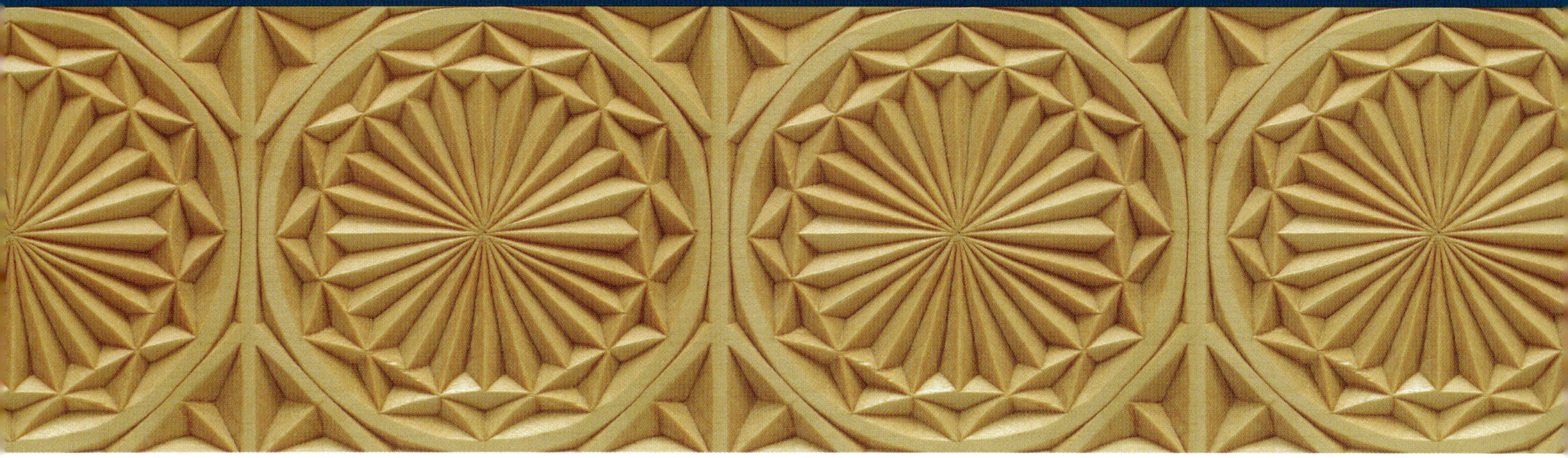

Die Arbeit säubern

Vor der Oberflächenbehandlung müssen Sie Ihre Schnitzarbeit säubern und die Holzoberfläche vorbereiten. Wenn Sie das Werkstück schon gleich zu Beginn richtig vorbehandeln, bevor Sie zu schnitzen oder auch nur zu zeichnen beginnen, fällt das Säubern viel leichter.

In meiner Anfängerzeit hatte ich die größte Mühe, die nicht weggeschnittenen Bleistiftlinien wegzuradieren. Wenn die Holzoberfläche mit einer gröberen Körnung als 220 geschliffen worden ist, dringen Bleistiftspuren in die Kratzer ein, die das Schleifpapier hinterlässt, sodass der Radiergummi sie erst gar nicht erreicht. Linien, die mit harten Bleistiften gezogen werden, sind ebenfalls besonders hartnäckig, da die Bleistiftmine ins Holz hineingedrückt wird. Die Probleme beginnen beim Härtegrad H, manchmal auch schon bei HB.

Eine kurze Anmerkung zu den Härtegraden: Am beliebtesten ist der mittlere Härtegrad HB. Härtere Minen (H, H2, H4) werden gerne für technische Zeichnungen verwendet, weil sie eine dünne Linie erzeugen, die nicht so leicht verwischt wird. Auf der anderen Seite der Skala finden sich die weicheren Minen (B, B2, B4).

Ich empfehle einen mechanischen Bleistift mit einer 0,5 mm starken Mine. Damit können Sie ganz dünne Linien ziehen, auch wenn Sie den Härtegrad B verwenden. B2 wäre zwar noch besser, B2-Minen brechen jedoch für meinen Geschmack zu leicht ab. Für den Zirkel kann ich eine B2-Mine nehmen, weil die Zirkelmine viel dicker ist als die Bleistiftmine. Die Zirkelmine sollten Sie nicht spitzen wie einen Bleistift, sondern schräg abschleifen, wobei der höchste Punkt der Zirkelnadel zugewandt sein soll **(Abb. 14.1)**.

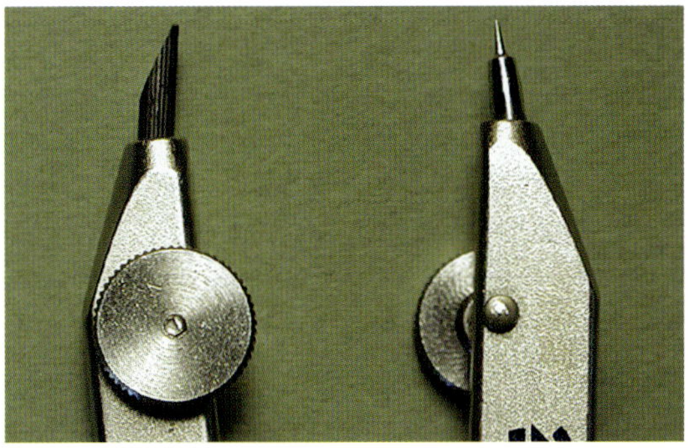

Abb. 14.1 Die Zirkelmine wird schräg abgeschliffen.

Auf diese Weise erhalten Sie präzisere Linien. Die Form der Zirkelnadel („Schulternadel") sorgt dafür, dass die Nadelspitze nicht zu tief in das Holz eindringt.

Um das Holz vorzubereiten, schleifen Sie zunächst die Oberfläche ab und gehen Sie dabei zu immer feineren Körnungen über, bis Sie zumindest die Körnung 320 erreicht haben. Dann zeichnen Sie die Vorlage auf das Holz. Je mehr Bleistiftlinien Sie dann beim Schnitzen wegschneiden können, desto besser – denn umso weniger müssen Sie später radieren. Natürlich werden einige Hilfslinien übrigbleiben, die Sie nicht wegschneiden können. Wenn Sie die Holzoberfläche gut vorbereitet und die Linien mit wenig Druck gezogen haben, lassen sie sich mit einem weißen Kunststoffradierer entfernen. Gröbere Probleme treten auf, wenn Sie dicke Linien gezogen oder beim Zeichnen zu fest aufgedrückt haben. Hartnäckigen Linien, die vom Graphitpapier herrühren, können Sie mit einem Tintenradierer (Tintenkiller) besser zu Leibe rücken. Ich nehme oft einen mit Isopropylalkohol getränkten Wattebausch, um schwer zugängliche Bereiche zu reinigen.

Wenn die Arbeit fertig gesäubert ist, entfernen Sie Schleifstaub und Schmutz mit einem weichen Pinsel oder einem Klebetuch. Eine Schnitzerei mit scharfen Graten sollten Sie nicht abschleifen, da die Grate dadurch abgeflacht werden und der optische Eindruck Schaden nimmt.

Farbloses Finish oder Beize?

Eigentlich sollte man diese Entscheidung schon bei der Auswahl des Projektes und des Musters treffen. Dazu eine kurze Erklärung:

Vor 1990 war es ganz und gar nicht üblich, eine Kerbschnittarbeit zu beizen. Sie erhielt ein farbloses Finish, ob es sich um einen Gebrauchs- oder einen Ziergegenstand handelte und ob sie in Mittel- oder Osteuropa, Skandinavien, England oder Amerika entstanden war. Dafür gab es zwei Hauptgründe: die damals gängigen Kerbschnittmuster und die Beizeigenschaften von Lindenholz.

Gängige Kerbschnitzmuster

Damals galt eine große Anzahl von scharfen Graten als Maßstab für das Geschick des Schnitzkünstlers – je mehr solche Grate das Muster aufwies, desto besser.

Die fertige Arbeit musste ein farbloses Finish bekommen, damit ihre Schönheit auch sichtbar wurde. Eine Beize hätte die von den Graten erzeugten Schatten, von denen die Wirkung der Arbeit abhing, eher versteckt als sichtbar gemacht. Hier muss ich zu einer weiteren Erklärung ausholen: Wenn wir Beize auf ein Brett auftragen, können wir Einfluss darauf nehmen, wie viel Beize vom Holz aufgesaugt wird. Wir können sie einige Minuten einwirken lassen und dann die überschüssige Beize abwischen; wir können sie aber auch fast sofort abwischen, sodass ein ganz dünner Überzug entsteht. Wenn die Beize jedoch auf eine Hirnholzfläche aufgetragen wird, dringt sie viel schneller ein, sodass die Enden eines Brettes viel dunkler werden als die Oberseite.

Beim Kerbschnitzen entsteht nun in jeder Kerbe eine Hirnholzfläche. Wenn Beize aufgetragen wird, dringt sie in das Holz ein und wir können diesen Vorgang kaum beeinflussen.

Tipp

Manche Kerbschnitzer berichten, dass ihre Arbeiten im Laufe des Schnitzvorgangs eine abgegriffene, „schmutzige" Oberfläche bekommen – vielleicht durch den Kontakt mit den Händen oder von den Bleistiftspuren. Mein Tipp: Versiegeln Sie das Holz nach dem Schleifen und noch vor dem Vorzeichnen mit einer Mischung aus 50 % Polyurethanlack und 50 % Mineralspiritus. Eventuell müssen Sie es danach noch einmal leicht abschleifen. Die fertige Arbeit lässt sich dann leichter säubern.

Tipp

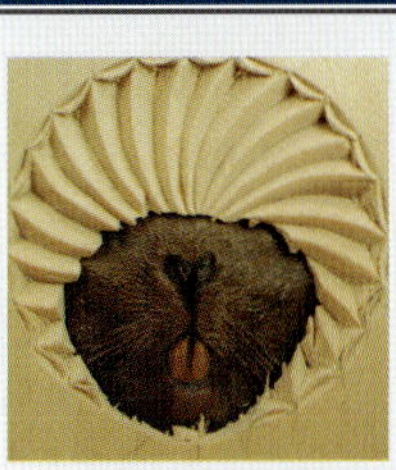

Zum Säubern der Arbeit gehört auch das Nachschneiden aller Kerben, bei denen sich der Span nicht vollständig herausgelöst hat. Dies erweist sich manchmal als Sisyphusarbeit und es ist auf jeden Fall besser, schon während des Schnitzens bei Bedarf nachzuschneiden. Ich erinnere mich an einen Kursteilnehmer, dem dies besonders schwerfiel, weil ihm der „Biberzahn-Effekt" zu schaffen machte (siehe Kapitel 5). Eines Tages kam er triumphierend in den Kurs: Er hatte den Übeltäter gefunden, der an den verwackelten Kerben schuld war!

Tipp

Der Karton, den ich in Kapitel 1 als behelfsmäßigen Befeuchter empfohlen habe, gibt auch eine sehr praktische staubdichte Sprühkabine ab. Legen Sie das Werkstück in den Karton (auf den in Kapitel 1 beschriebenen Ständer), besprühen Sie es und schließen Sie die Klappen des Kartons.

(Ich sage absichtlich „kaum" – was wir dennoch tun können, das werde ich im nächsten Abschnitt erklären.) Dadurch würden die Schatten auf einer Schnitzerei mit scharfen Graten, wie etwa einem Sonnenrad **(Abb. 14.2)**, aus der Entfernung wie Tintenflecke aussehen.

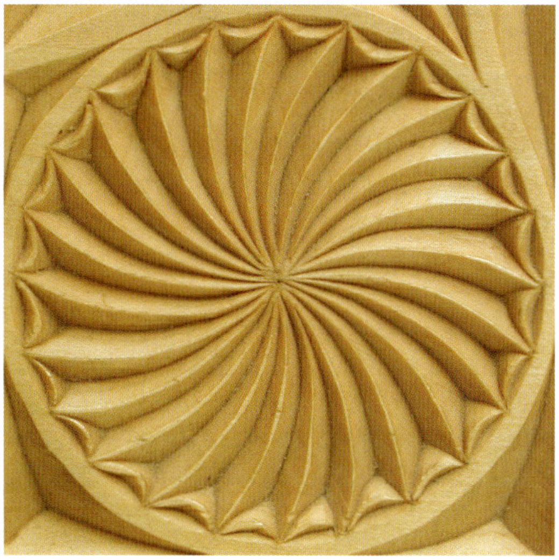

Abb. 14.2 Die Behandlung mit einer Beize würde das eindrucksvolle Spiel von Licht und Schatten auf diesem Sonnenrad zunichtemachen.

Probleme beim Beizen

Wenn Lindenholz gebeizt wird, bilden sich hässliche Flecken mit bis zu 40 mm Durchmesser. Man weiß im Vorhinein nicht, wo sie auftauchen werden. Meistens zeigen sie sich oben und in der Mitte des Werkstücks.

Diese Eigenheit ist zweifellos der Grund, warum Lindenholz trotz seiner schönen, gleichmäßigen, engen Maserung, seiner Fehlerfreiheit und seinem reichlichen Vorkommen seine Bedeutung in der Holzindustrie verloren hat. Noch in den 1920er- und 1930er-Jahren war es gang und gäbe, diese Holzart nicht nur zu Dekorzwecken, sondern auch für Tür- und Fensterzargen, Schränke und Esszimmereinrichtungen zu verwenden. Wird Lindenholz bemalt oder mit Schellack behandelt, gibt es keine Probleme; wird es aber gebeizt, sieht das Ergebnis schrecklich aus. Als Beizen auf Petroleumbasis erfunden wurden und immer mehr an Beliebtheit gewannen, hatte Lindenholz seine bisherige Bedeutung verloren. Als Schnitzholz ist es jedoch immer noch unübertroffen.

Lindenholz beizen – warum?

Vielleicht macht es Ihnen gar nichts aus, bei Ihren Kerbschnitzarbeiten auf eine Beize zu verzichten. Auch ich dachte so. Dann bekam ich Anfang der 1990er-Jahre einen gut bezahlten Auftrag für eine Schmuckkassette. Die Kundin fragte mich, welche Oberflächenbehandlung ich empfehlen würde. Als ich ein farbloses Finish vorschlug, erwiderte sie sofort: „In meinem Schlafzimmer habe ich Nussbaum-Möbel. Da passt eine helle Schmuckkassette nicht dazu." Auch als ich die Schwierigkeiten beim Beizen von Lindenholz erklärte und auf die ungünstigen Auswirkungen auf die Schnitzerei hinwies, ließ sie sich nicht überzeugen. „Vielleicht sollte ich mich nach jemand anderem umsehen", meinte sie halb im Scherz. Mein Ehrgeiz war geweckt, außerdem wollte ich den verlockenden Auftrag nicht verlieren und bat sie um etwas Zeit, um mir eine Lösung zu überlegen. Und so wurde diese Kundin zur stolzen Besitzerin einer von mir entworfenen und geschnitzten Kassette, die speziell für sie mit einer Walnussbeize behandelt worden war.

Eine Beize hat nämlich auch Vorteile. Das Hirnholz an der Innenseite der Kerben, das die Farbe besser aufnimmt, wird dunkler gefärbt und lässt die Arbeit besonders edel wirken. Wenn die Arbeit zum Beizen bestimmt ist, soll sie nicht zu viele scharfe Grate aufweisen. Sehen Sie sich dazu die geschwungenen Bordüren in Kapitel 8 **(Abb. 8.3, 8.4 und 8.6)** an: Die Bordüre mit dem schmalen Grat sieht mit einem farblosen Finish wunderschön aus, kommt aber mit einer Beize gar nicht zur Geltung. Die Variante mit dem breiteren Steg können Sie aber durchaus beizen.

Eine der ersten Entscheidungen: das Finish

Wie gesagt: Die spätere Oberflächenbehandlung sollten Sie ganz am Anfang eines Projektes festlegen. Wenn ich ein Projekt plane, läuft dies ungefähr so ab:

1. Ich beschließe oder werde gebeten, für eine bestimmte Person etwas zu schnitzen.

2. Als Nächstes stelle ich mir die Frage: „Wo wird das fertige Stück aufgestellt, aufgehängt oder verwendet werden?" Die Antwort darauf entscheidet meist über das Finish. Bei der Kundin mit der Schmuckkassette musste z. B. die Holzfarbe durch eine Walnussbeize an die Schlafzimmermöbel angeglichen werden. Wenn eine Plakette an einer bestimmten Wand aufgehängt werden soll, muss das Finish so gewählt sein, dass sie zur Wand passt oder sich von ihr abhebt. Bei einem Gebrauchsgegenstand, der für die Küche bestimmt ist, muss das Finish so beschaffen sein, dass er blitzsauber aussieht. In manchen Fällen wird das Holz bemalt, manchmal sogar vor dem Schnitzen (siehe später).
3. Jetzt kann ich mir das Muster überlegen. Wenn ich mich z. B. für eine Beize entschieden habe, darf ich kein Muster mit vielen scharfen Graten wählen. Bei einem farblosen Finish sind scharfe Grate von Vorteil, solange das fertige Stück nicht so filigran ausfällt, dass es zu dem vorgesehenen Zweck nicht geeignet ist. Wenn die Arbeit bemalt werden soll, wird sie schwieriger zu schnitzen, und größte Präzision ist notwendig, weil jeder Fehler besonders ins Auge springt.

Farbloses Finish

Ein farbloses Finish sollten Sie immer mit einer Sprühdose aufsprühen, nicht mit dem Pinsel auftragen. In der Sprühdose ist das Mittel zwar teurer; beim Auftragen mit dem Pinsel entstehen jedoch pfützenartige Ansammlungen in den Kerben, die den Gesamteindruck beeinträchtigen. Sprühen Sie nur einen dünnen Überzug auf. Damit meine ich, dass Sie nach dem Aufsprühen das Gefühl haben sollen, als wäre es noch nicht genug. Wenn Sie das Stück doch noch einmal einsprühen, bilden sich Tropfen an der Oberfläche, deren Beseitigung mühsam und zeitaufwändig ist.

Ich nehme am liebsten Polyurethanlack auf Petroleum- und nicht auf Wasserbasis. Durch den petroleumbasierten Lack erhält das Lindenholz sofort einen warmen, weichen Gelbton, der das Holz älter wirken lässt und mir persönlich sehr gut gefällt. Wenn Sie Polyurethanlack auf Wasserbasis nehmen, bleibt die ursprüngliche Farbe des Holzes erhalten.

Die Anzahl der Überzüge hängt von der Art des Projekts und seinem Zweck ab. Soll es zur Zierde an die Wand gehängt werden oder ist es zum Gebrauch bestimmt, wie eine Schmuckkassette, die immer wieder geöffnet und geschlossen wird? Handelt es sich um einen Gebrauchsgegenstand für die Küche, der mit Speisen in Berührung kommt? Oder soll es ein Briefkasten werden, den man im Freien aufhängen kann? Es macht auch einen Unterschied, ob Sie an der Küste wohnen, wo die Luftfeuchtigkeit hoch ist, oder in einer Gegend mit geringer Luftfeuchtigkeit.

Beize

Bevor Sie eine Beize auftragen, muss das Holz versiegelt werden. Bei Lindenholz ist dies besonders wichtig. Zum Versiegeln sind verschiedenste Produkte von diversen Herstellern auf dem Markt. Das Produkt muss zu der verwendeten Beize passen. Da ich am liebsten mit Gelbeizen auf Urethanbasis von den amerikanischen Herstellern Bartley und Minwax arbeite, nehme ich zum Versiegeln farblosen Polyurethanlack. Nach zwei dünnen Lacküberzügen wird das Werkstück leicht abgeschliffen.

Gelbeizen kann man nicht miteinander mischen, auch nicht, um einen bestimmten Farbton zu erzielen. Man kann jedoch durchaus auf den ersten Überzug einen zweiten in einer anderen Farbe folgen lassen. Experimentieren Sie mit Holzresten, bis Sie genau den gewünschten Farbton getroffen haben. Für die Zukunft sollten Sie sich genau notieren, wie Sie zu diesem Ergebnis gekommen sind, denn sonst vergessen Sie es bestimmt!

Tipp

Nehmen Sie sich Zeit für eine sorgfältige Oberflächenbehandlung! Eine tadellos geschnitzte Arbeit wirkt mit einer mittelmäßig ausgeführten Oberflächenbehandlung ebenfalls nur mittelmäßig. Ist die Schnitzarbeit jedoch nicht perfekt, kann ein optimales Finish sie trotzdem als erstklassig erscheinen lassen. Wählen Sie kein farbloses Hochglanzfinish! Es lenkt von der Schnitzerei ab, lässt aber jeden Fehler im Holz und in der Schnitzarbeit viel deutlicher hervortreten. Ein mattes oder seidenmattes Finish setzt mit seinem gedämpften Glanz die Arbeit ins rechte Licht, ohne sie zu überstrahlen.

Farben einsetzen: Gewusst wie

Beim Einsatz von Farben gibt es viele Möglichkeiten. Ich arbeite besonders gerne mit Farbkreiden auf Ölbasis (nicht zu verwechseln mit den Farbkreiden, die Kinder im Zeichenunterricht verwenden). Damit kann ich eine schöne, gleichmäßige Farbgebung erzielen. Das Holz wird zuerst, wie beschrieben, mit Polyurethanlack versiegelt; dann trage ich mit der Farbkreide etwas Farbe auf die gewünschte Fläche auf, tauche einen Wattebausch in Terpentin und verteile damit die Farbe gleichmäßig auf dem jeweiligen Bereich. Sie können auch die Farbkreide in Terpentin tauchen und dann die Farbe auf das Holz auftragen. Nehmen Sie Pastelltöne, keine dunklen Farben **(Abb. 14.3)**.

Ein auffallender Farbeffekt entsteht, wenn Sie das Holz bemalen, bevor Sie zu schnitzen beginnen **(Abb. 14.4 bis 14.6)**. Wählen Sie eine matte Acrylfarbe auf Wasserbasis, keine Hochglanzfarbe. Der Farbton soll zu dem Raum passen, für den die Arbeit gedacht ist. Zeichnen Sie die Vorlage mit einem weißen Stift auf das bemalte Holz. Wenn Sie sie mit Transferpapier übertragen, nehmen Sie kein Graphitpapier, sondern Saral, das in Weiß, Blau, Rot und anderen Farben erhältlich ist (siehe dazu Seite 76).

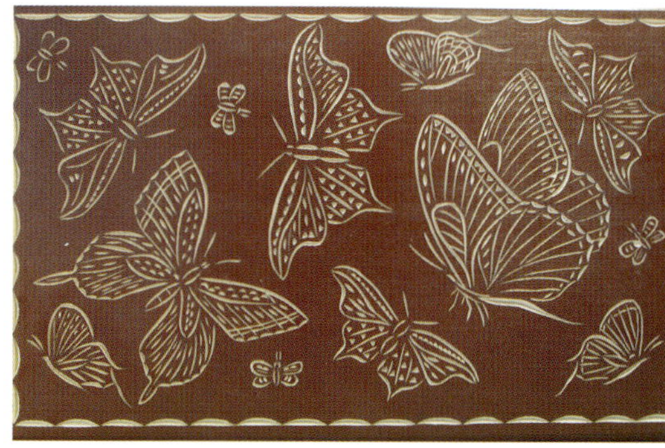

Abb. 14.4 Hier wurde zuerst die Holzoberfläche bemalt und erst dann mit dem Schnitzen begonnen.

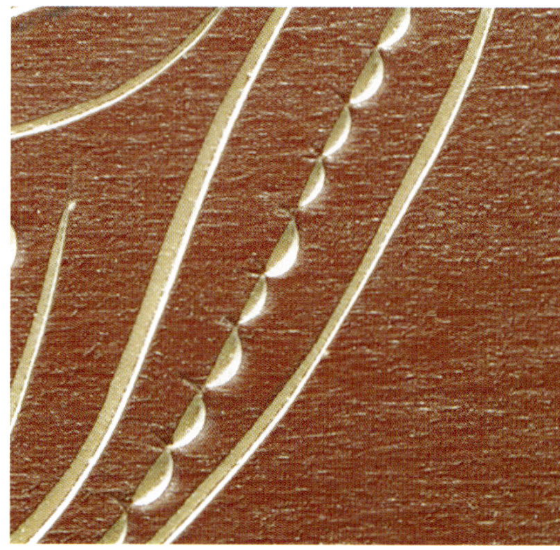

Abb. 14.5 Um die kleinen bogenförmigen Kerben exakt schneiden zu können, habe ich ausnahmsweise ein 7er-Hohleisen eingesetzt. Für die geraden Schnitte nahm ich wieder mein Kerbschnitzmesser.

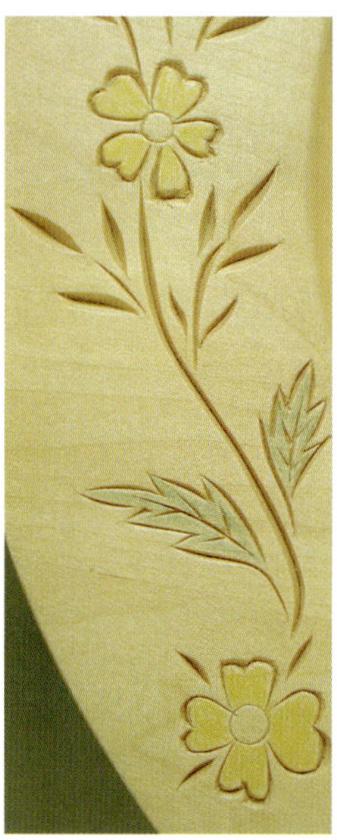

Abb. 14.3 Bei diesem zarten Blumenmuster wurden Farbkreiden auf Ölbasis eingesetzt. Verwenden Sie nur helle Pastelltöne. Dunklere Farbkreiden oder herkömmliche Malfarben könnten kitschig aussehen.

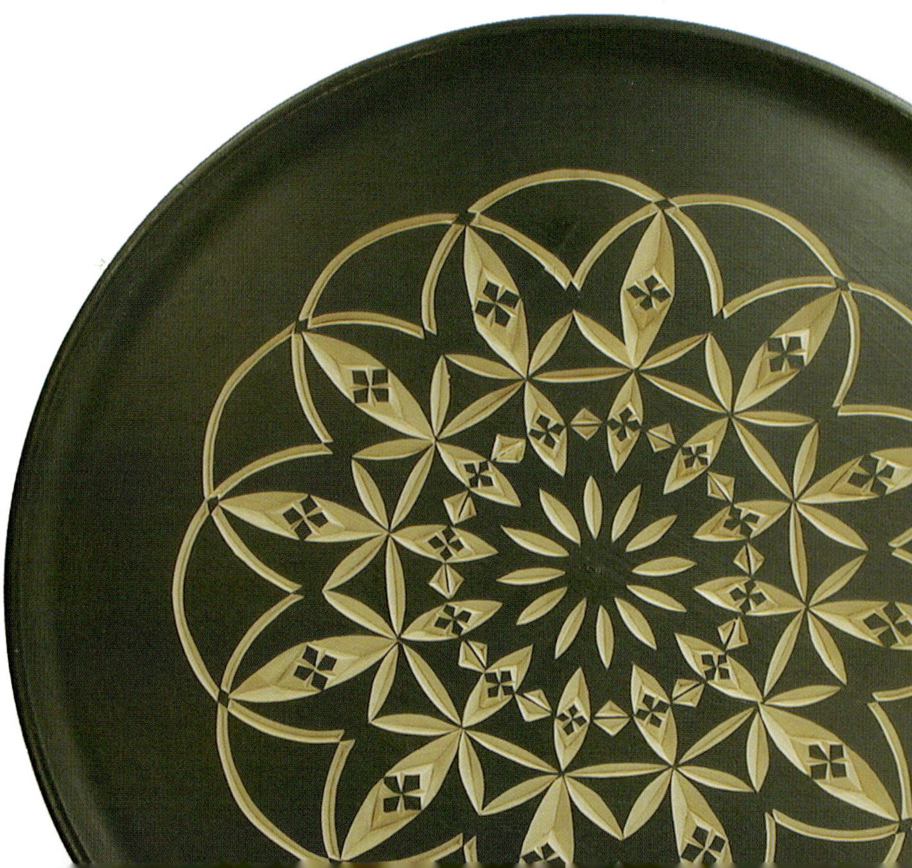

Abb. 14.6 Auch dieser Teller wurde vor dem Schnitzen bemalt. Mit dieser Technik gelingen besonders eindrucksvolle Arbeiten.

Projekte 15

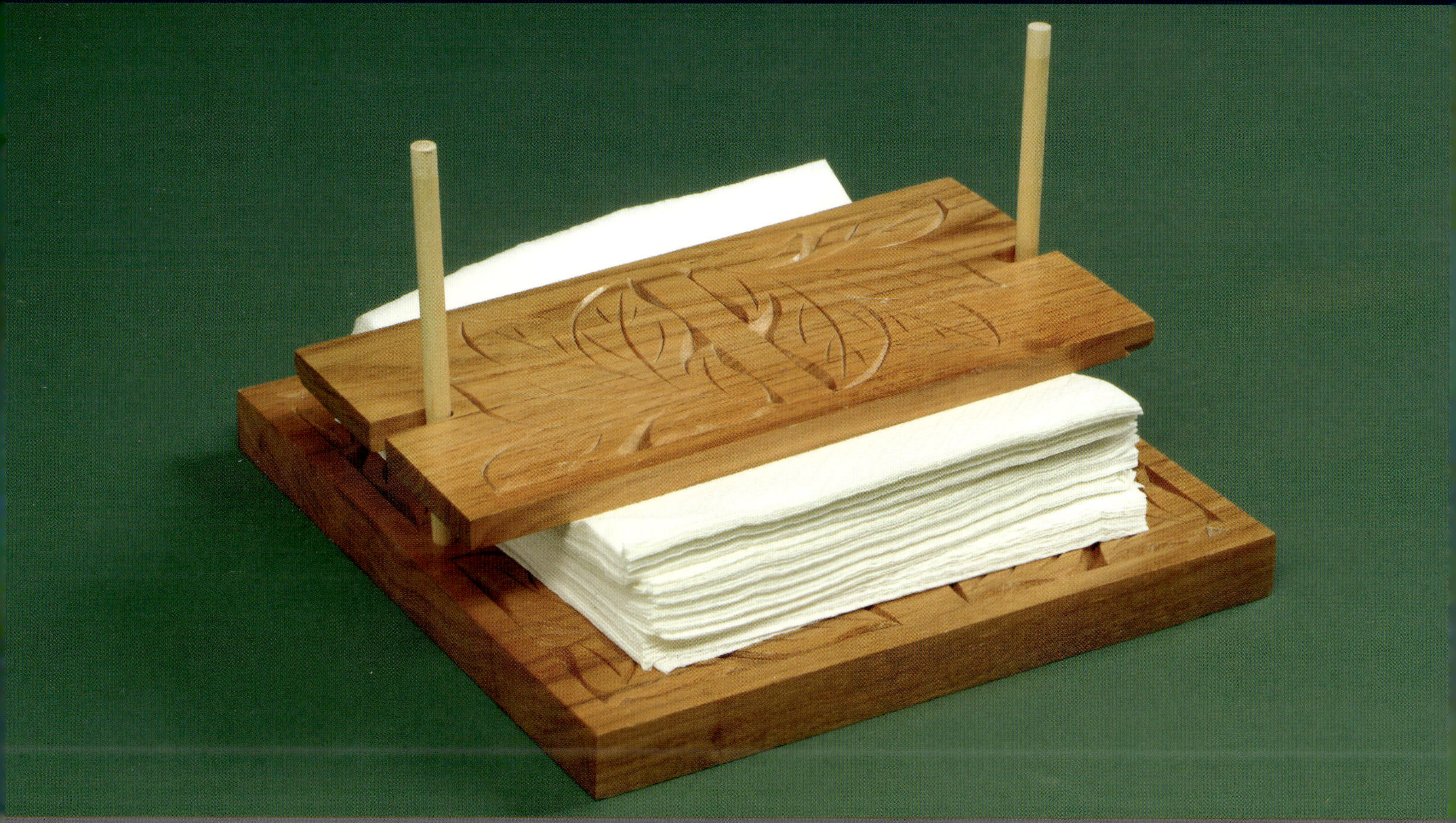

Serviettenhalter

Als erstes Projekt stelle ich Ihnen ein ebenso schönes wie praktisches Helferlein für den täglichen Gebrauch vor. Wie Sie auf dem Foto sehen, ist der Serviettenhalter ganz einfach herzustellen. Ich habe dafür Butternussholz gewählt, Sie können aber ebenso gut Linden-, Kiefern-, Espen- oder Pappelholz, ja sogar Mahagoni verwenden.

Material

Holz: Butternuss
Boden: 200 x 200 x 9 mm
Deckplatte: 95 x 200 x 9 mm
Stäbe: 2 Dübel, 6 mm stark, 115 mm lang

Die Idee

Wir Schnitzer sind fast alle gern in der freien Natur. Viele von uns sind auch Campingfreunde oder picknicken gerne. Da wir beim Picknick nicht ohne Papierservietten auskommen wollen, stehen wir jedes Mal wieder vor dem gleichen weltbewegenden Problem: Wie können wir verhindern, dass die Servietten vom Winde verweht werden? Dieser Serviettenhalter ist nicht nur praktisch, sondern dient auch als Präsentierteller für unsere Schnitzkünste. Die Stubenhocker unter uns können das schöne Stück natürlich auch auf den Esszimmertisch stellen.

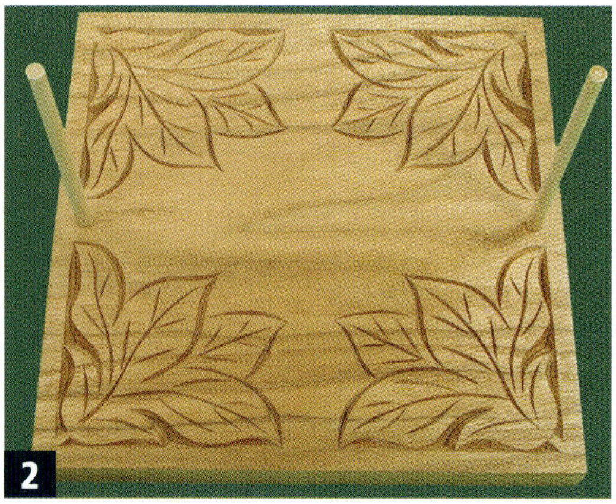

2 In die Bohrlöcher in der Bodenplatte sollten die Dübel exakt hineinpassen.

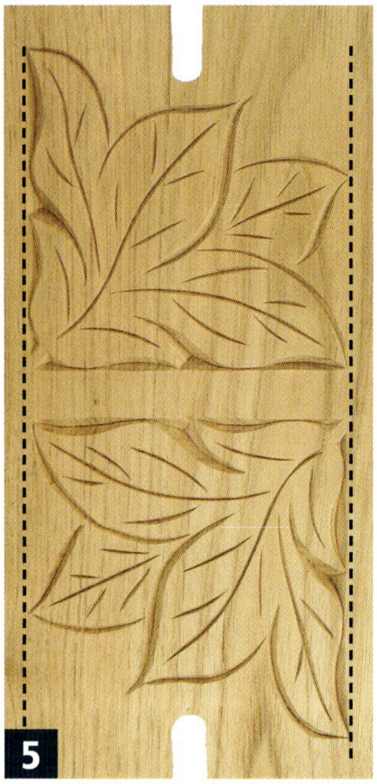

5 So sieht die fertige Deckplatte aus.

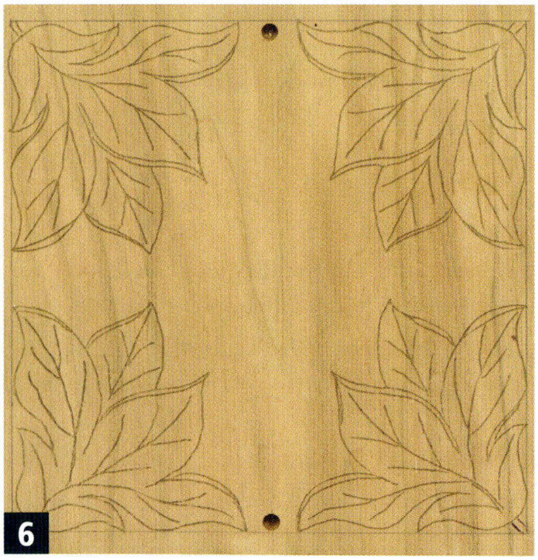

6 Hier sieht man die fertige Zeichnung auf der Bodenplatte. In einer Linie mit der Umrandung sind die Bohrlöcher in 8 mm Abstand von der Kante angeordnet.

Schritt 1: Sägen Sie den Boden und die Deckplatte mit den in der Materialliste angegebenen Maßen aus.

Schritt 2: Bohren Sie 2 Löcher mit einem Durchmesser von 6 mm in die Bodenplatte. Ein Tipp: Bei gekauften Dübeln stimmen die tatsächlichen Maße nicht immer mit den Herstellerangaben überein. Bohren Sie zuerst ein Loch in der angegebenen Stärke in ein Stück Restholz und testen Sie, ob die Dübel hineinpassen.

Schritt 3: Versehen Sie die Deckplatte mit 2 länglichen Ausschnitten (9 mm breit, 19 mm lang), die um die Dübel passen. Bohren Sie jeweils zuerst ein Loch und schneiden Sie dann den Ausschnitt mit einer Dekupiersäge oder Bandsäge aus.

Schritt 4: Um die Oberfläche für die Schnitzvorlage vorzubereiten, schleifen Sie Boden und Deckplatte mit Schleifpapier der Körnung 120, gehen Sie dann zur Körnung 220 und schließlich zur Körnung 320 über. Schleifen Sie sowohl die Ober- und Unterseite als auch die Kanten.

Schritt 5: Ziehen Sie mit Bleistift und Lineal an allen Kanten der Bodenplatte entlang eine Umrahmungslinie. Ich habe zwischen dieser Linie und den Kanten 8 mm Abstand gelassen. Auch die Bohrlöcher habe ich 8 mm innerhalb der Kanten gesetzt, sodass sie sich mit der Umrahmung in einer Linie befinden. Bei der Deckplatte habe ich an den Längskanten entlang – ebenfalls im Abstand von 8 mm – Randlinien gezogen.

Schritt 6: Zeichnen oder übertragen Sie das Muster auf die Bodenplatte (siehe Kapitel 12). Da es sich um ein frei gestaltetes Kerbschnitzmuster handelt, muss nicht jede Linie nachgezeichnet werden; es ist nicht dieselbe Präzision notwendig wie bei einem geometrischen Muster, sodass Sie auch von der Vorlage abweichen können. Wenn die Zeichnung fertig ist, geht es ans Schnitzen!

Fertigstellung: Wenn die Schnitzarbeit fertig ist, entfernen Sie alle Bleistiftlinien, die Sie nicht weggeschnitten haben. Dies sollte ohne Weiteres funktionieren, da Sie das Holz vorher gut abgeschliffen haben. Dieses Muster hat keine scharfen Grate, daher können Sie die fertige Schnitzarbeit leicht abschleifen, ohne dass sie Schaden nehmen kann.

Zum Schluss tragen Sie das gewünschte Finish auf. Ich habe einen farblosen, seidenmatten Sprühlack (Professional Clear Finish/Satin von Varathane) gewählt. Nach drei dünnen Überzügen habe ich die Arbeit mit Schleifpapier der Körnung 320 leicht abgeschliffen und drei weitere dünne Überzüge aufgesprüht. Ein Hochglanz-Finish ist bei Schnitzarbeiten nicht zu empfehlen (siehe Kapitel 14).

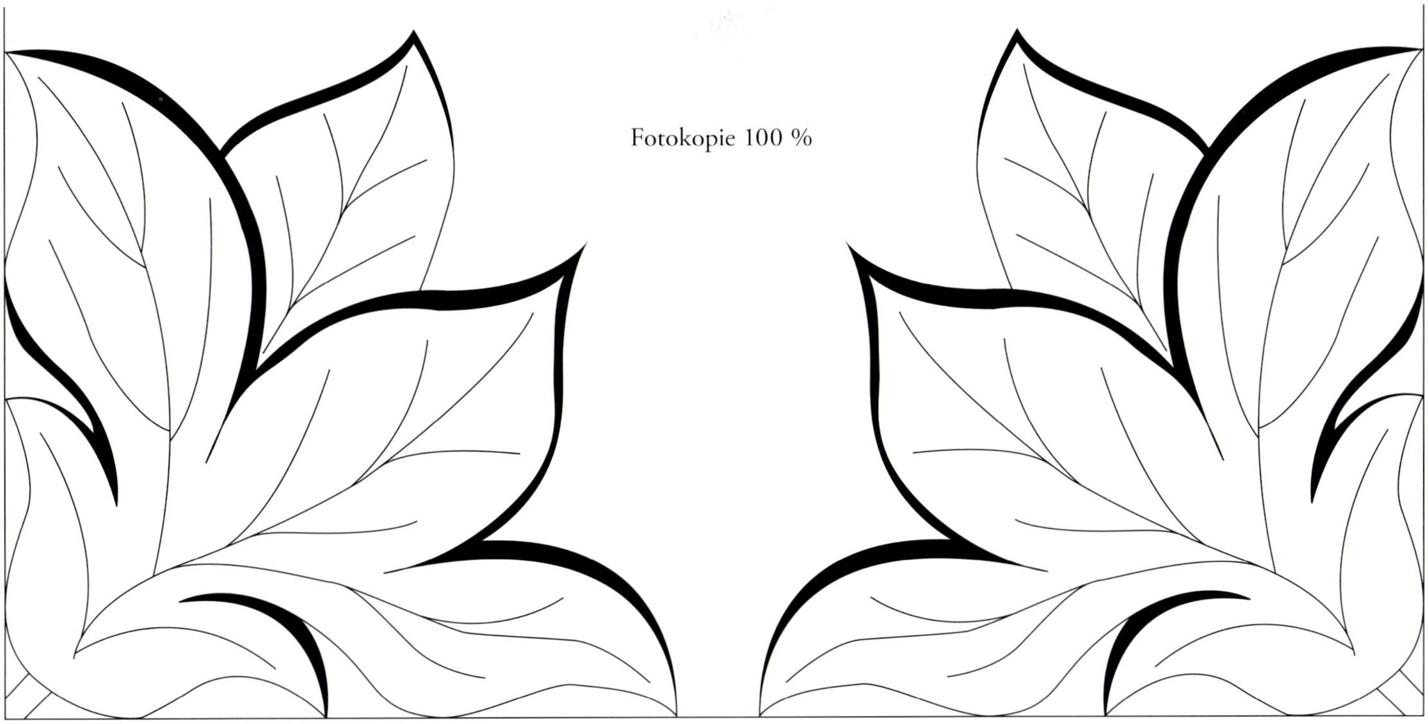

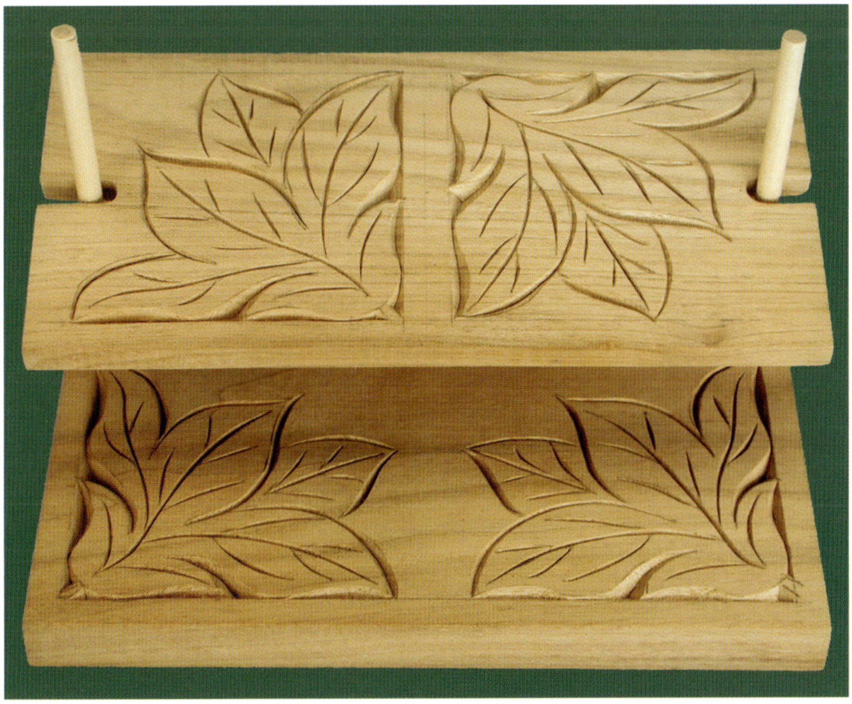

Tipp

Nicht vergessen:

- Das Schnitzmesser während der ganzen Schnitzarbeit in Position 1 halten.
- Mit den größten Kerben am äußeren Rand beginnen. Wenn nötig, einen kleinen Span innerhalb des größeren Spans herausschneiden, damit sich der größere Span sauber herauslösen lässt.
- Den Schnittwinkel von 65° einhalten – außer in räumlich eng begrenzten Bereichen, wo Sie das Messer bis zu einem Winkel von beinahe 90° abrollen lassen müssen, damit das Holz nicht ausbricht.
- Beim Schneiden einer neuen Kerbe muss die Klinge beim ersten Schnitt immer von der vorigen Kerbe weg zeigen.

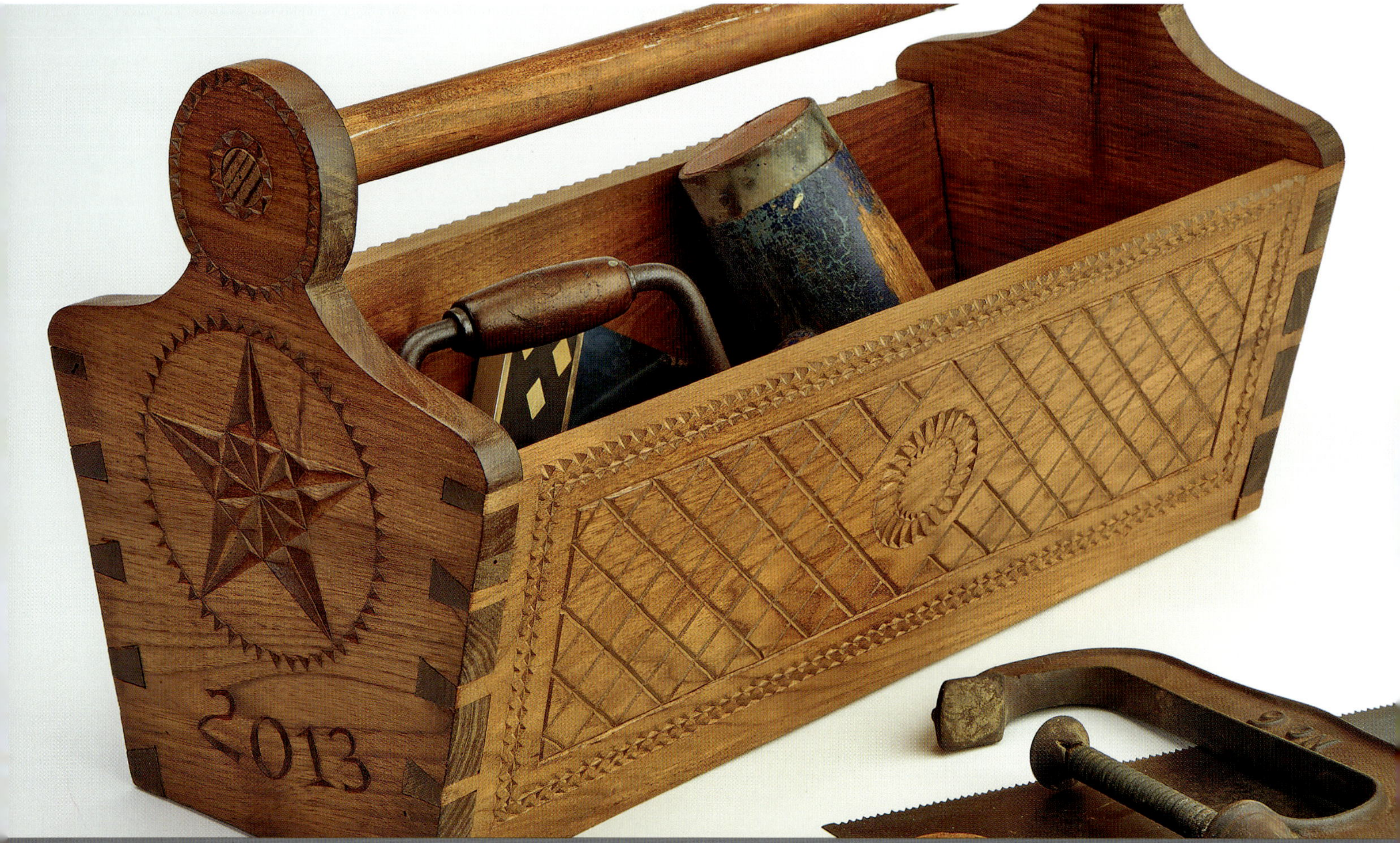

Werkzeugkiste (von David Stewart)

Die Idee

Als ich auf die Idee kam, eine hölzerne Werkzeugkiste zu verzieren, begann ich, mich für das Kerbschnitzen zu interessieren. Die Genauigkeit, die ich dabei erlernte, konnte ich wiederum bei anderen Holzarbeiten gut gebrauchen. Ich beschloss, mich an eine selbst gefertigte Schwalbenschwanzverbindung heranzuwagen.

Meine selbst gebaute Werkzeugkiste mit Schwalbenschwanzverbindung und Kerbschnitzmuster ist bei jeder Handwerksmesse eine Hauptattraktion an meinem Stand. Der Erfolg ist mir ein Ansporn für meine weitere Arbeit.

Holzverbindungen

Eine selbst gefertigte Schwalbenschwanzverbindung besteht aus zwei ineinander verzahnten Teilen – dem „Schwalbenstück" und dem „Zinkenstück". Die breiten, trapezförmigen Schwalben befinden sich an den Schmalseiten der Kiste. Die schmalen Zinken, die zwischen die Schwalben geschoben werden, sind an den Längsseiten.

Ich wähle die so genannte „offene" oder „einfache" Zinkung, bei der die Schwalben und Zinken sichtbar sind. Bei der Anzahl und Größe gibt es keine unabänderlichen Regeln:

Material

- 4 Butternussholzbretter, 19 mm stark: 2 Längsseiten zu je 184 x 533 mm, 2 Schmalseiten zu je 241 x 318 mm
- 1 Zedernholzbrett (Boden), 133 x 496 x 19 mm
- Dübel oder Kleiderstange aus Holz, 533 mm lang, 32 mm Durchmesser
- Holzleim (z. B. Titebond)
- Danish Oil (z. B. Watco, Farbton: Dark Walnut)
- Wachs (z. B. Mosers, Farbton: Braun)
- Graphitpapier
- Transparentpapier
- Schleifpapier der Körnung 220
- Lappen & Einweghandschuhe

Auch verschieden große Zwischenräume und verschieden große Schwalben und Zinken sind möglich. Mir kommt es auf einen stimmigen Gesamteindruck an; ich möchte außerdem keine allzu schmalen Zinken, damit sie sich leicht schneiden lassen.

Bei den Schwalben ist die Schräge (der Winkel) besonders wichtig. Ich habe einen traditionellen Winkel mit dem Verhältnis 1 : 6 gewählt. Tragen Sie eine Strecke von 25 mm auf einer waagrechten Linie und etwas mehr als das Sechsfache (152 mm) auf einer dazu senkrechten Linie ab. Wenn Sie die beiden Endpunkte verbinden, erhalten Sie ein Dreieck mit dem gesuchten Winkel an der Spitze. Anhand des rechts oben abgebildeten Dreiecks (Zinkenwinkels) können Sie die Gleitschräge einstellen. Es gibt Online-Tutorials zur Herstellung von Winkelführungen für Schwalbenschwanzverbindungen; im Fachhandel sind auch Zinkenschablonen erhältlich. Es gibt auch Schablonen zur Herstellung von Schwalbenschwanzverbindungen mit der Oberfräse.

Stattdessen können Sie eine Falzverbindung wählen und sie mit Dübeln oder Schrauben verstärken. Gehrungszinken sind eine weitere Möglichkeit – auch dazu gibt es Online-Tutorials.

Arbeitsschritte

Schneiden Sie aus den langen Seitenbrettern die Längsseiten für die Kiste zu. Zeichnen Sie den Umriss der Schmalseiten auf die kurzen Seitenbretter. Bei dunklem Holz wie z. B. Butternuss nehme ich dazu einen weißen Stift. Da sich die Schmalseiten nach unten zu verjüngen, platzieren Sie die Längsseiten auf die Schmalseiten und markieren Sie den überstehenden Bereich. Wiederholen Sie den Vorgang am anderen Ende der Längsseiten und verbinden Sie die beiden Markierungen mit einer Linie. Schrägen Sie die untere Kante der Längsseiten bis zu dieser Linie ab – ich nehme dazu einen Handhobel.

Schritt 1: Markieren Sie die Dicke und die Oberkante der Längsseiten auf den Schmalseiten. Dann markieren Sie die Dicke der Schmalseiten auf den Längsseiten. Ziehen Sie über die Kanten jeder Schmalseite eine Linie in Höhe der Oberkante der Längsseiten.

Schritt 2: Markieren Sie die Breite der Schwalben und Zinken mit Linien auf einem Stück Restholz. Richten Sie die oberste Markierungslinie auf dem Restholz mit den Markierungslinien auf den Kanten der Schmalseiten (siehe oben Punkt 1) aus. Übertragen Sie sämtliche Markierungen für die Schwalben und Zinken vom Restholz auf die Kanten der Schmalseiten.

Schritt 3: Stellen Sie die Gleitschräge nach dem Zinkenwinkel (siehe Abb. Seite 84 unten) ein oder verwenden Sie eine gekaufte Schablone. Ziehen Sie in diesem Winkel eine Linie zwischen der Markierung auf der Kante und der Dicken-Markierungslinie auf der Fläche der Schmalseite. Zeichnen Sie alle Schwalben und Zinken. Schraffieren Sie die Zinken (sie werden später herausgeschnitten). Ziehen Sie mit dem Messer die Dicken-Markierungslinie quer über die Zinken nach: Hinter dieser Linie darf kein Holz weggenommen werden. Wiederholen Sie diese Schritte auf der gegenüberliegenden Schmalseite des Brettes.

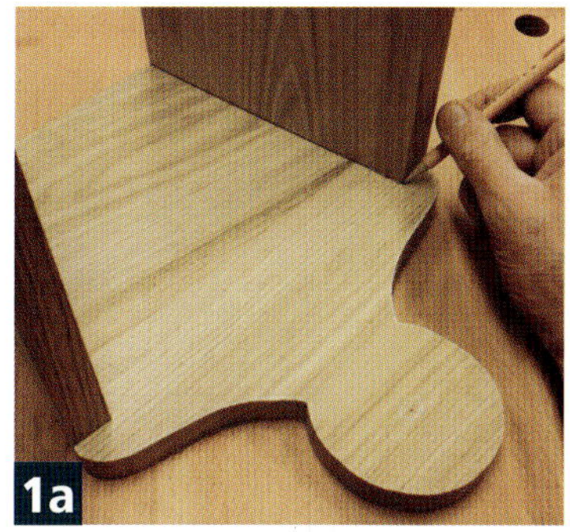
1a

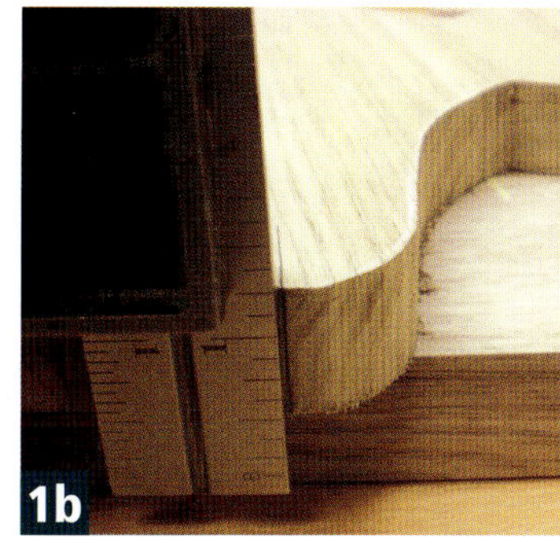
1b

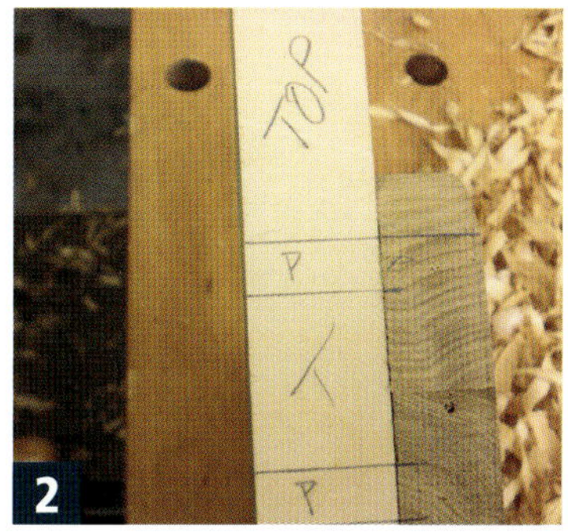

2

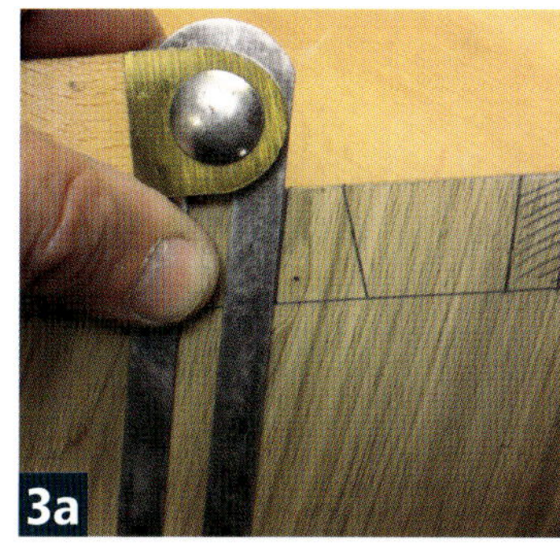
3a

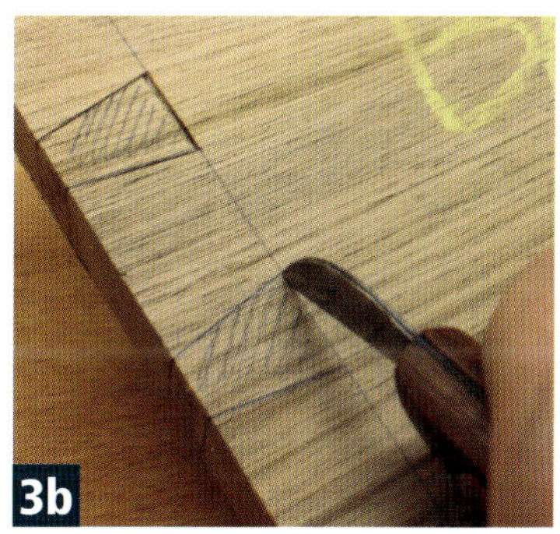
3b

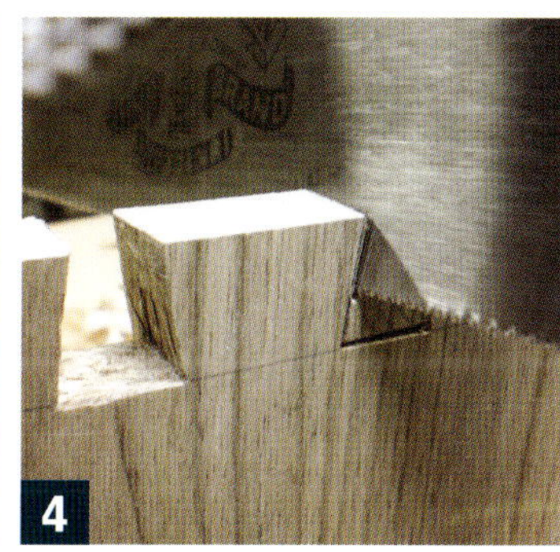
4

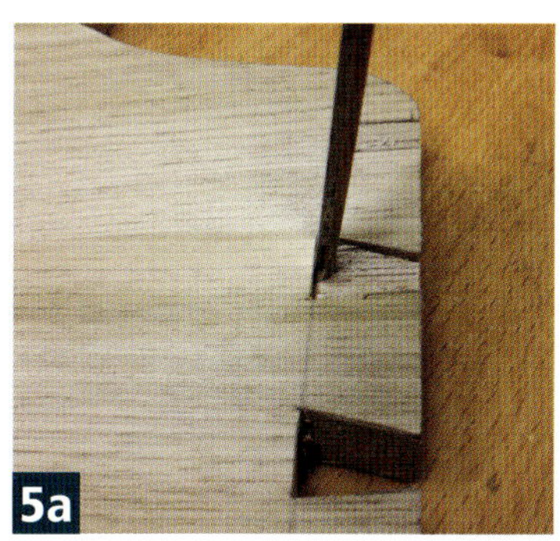
5a

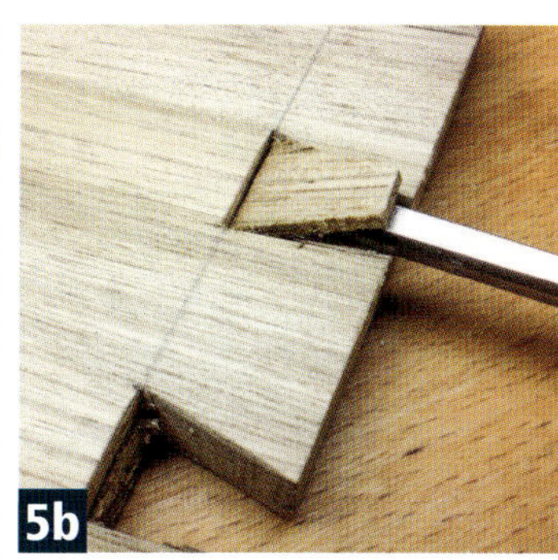
5b

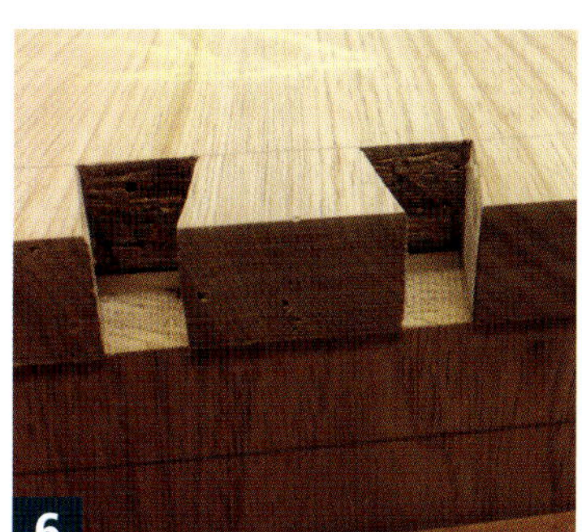
6

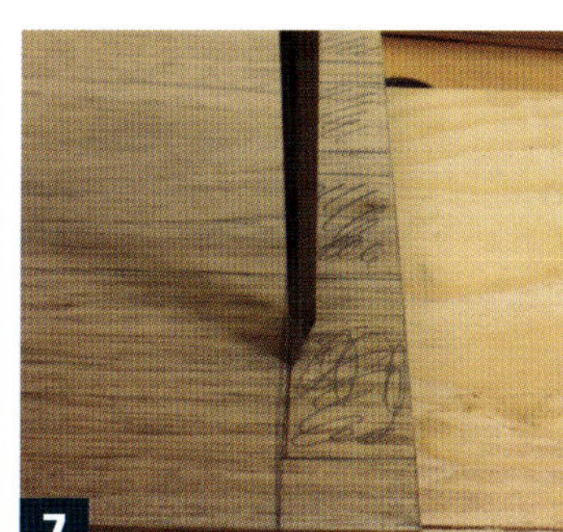
7

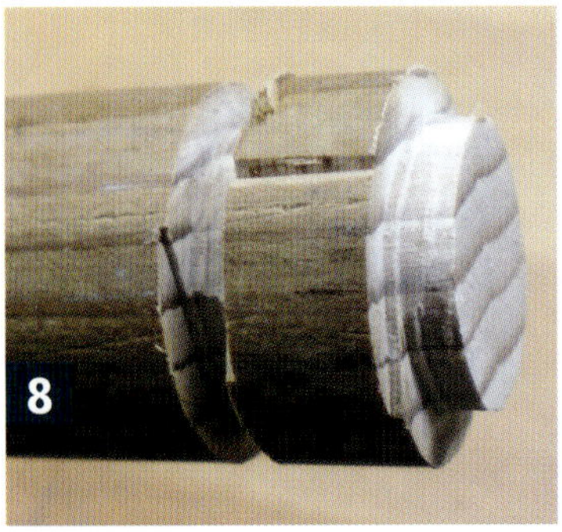
8

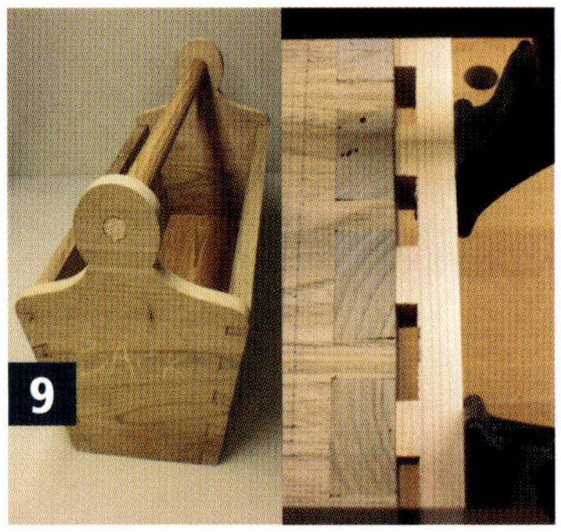
9

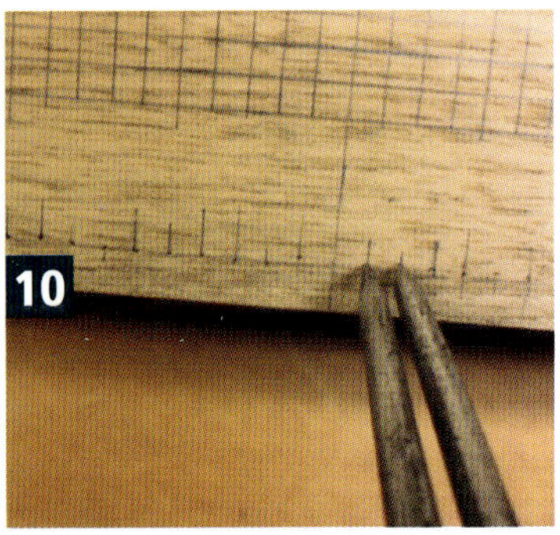
10

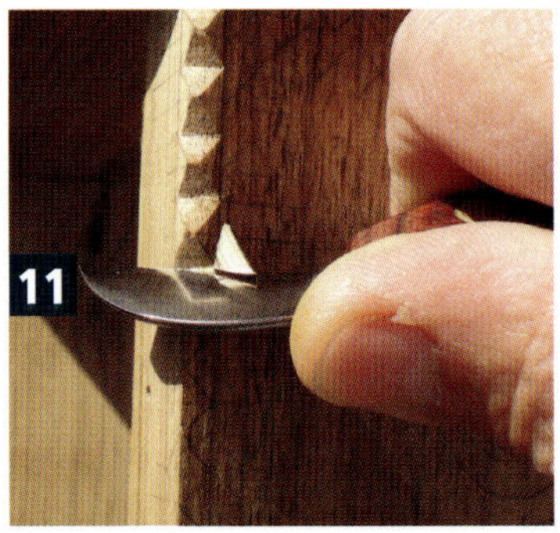
11

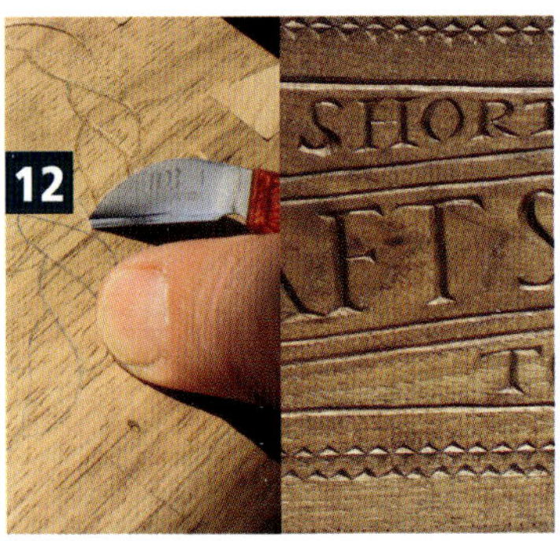
12

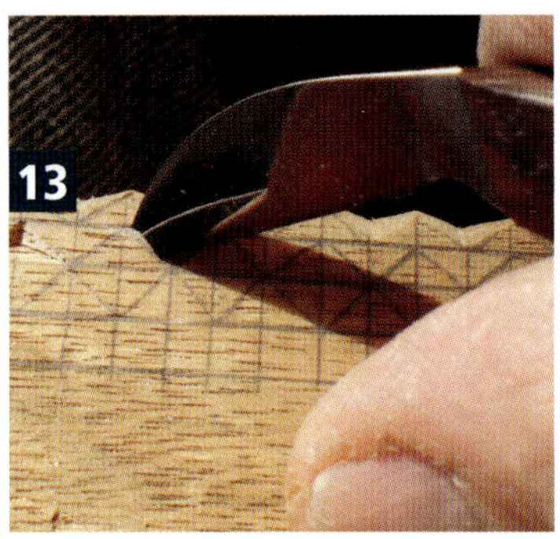
13

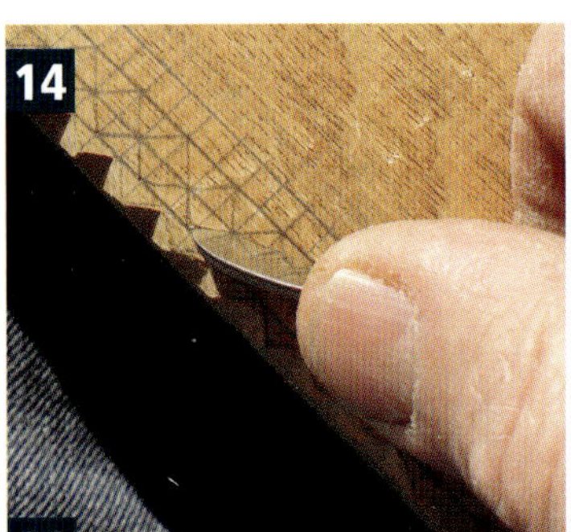
14
16

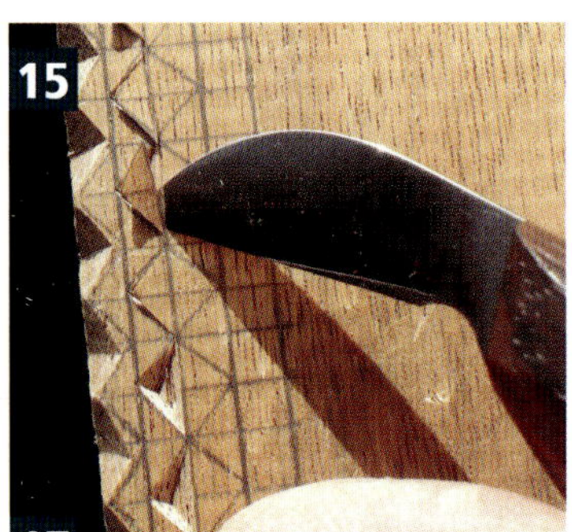
15
17

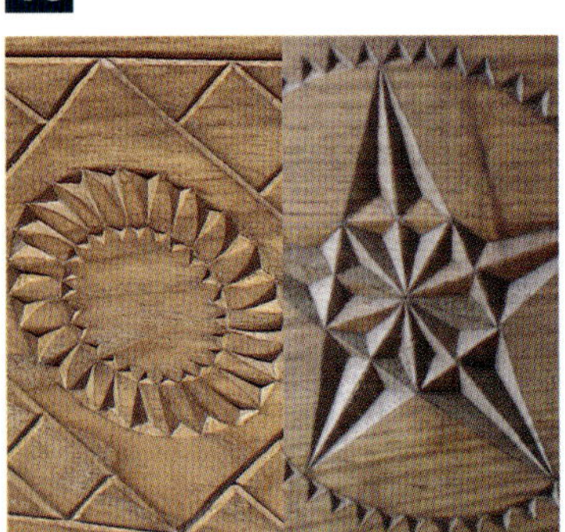

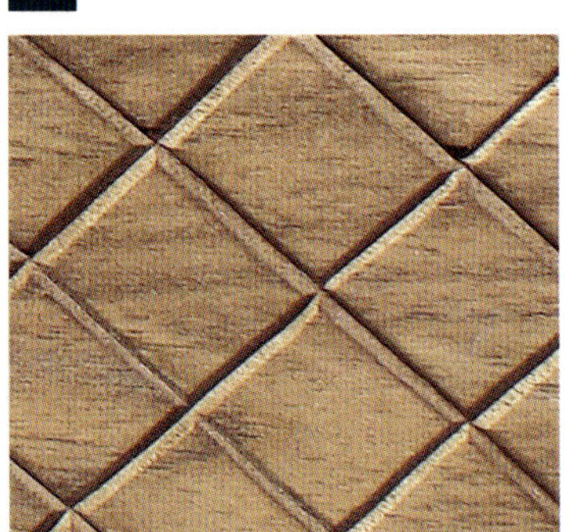

Schritt 4: Zum Schneiden der Schwalben und Zinken ist eine Handsäge besser geeignet als ein Schnitzmesser (ich verwende eine 14 TPI-Rückensäge). Schneiden Sie immer senkrecht zur Fläche des Brettes und nie über die Dicken-Markierungslinie hinaus. Kleine Abweichungen bei der Form der Schwalben sind kein Problem, weil die Schwalben als Vorlage für die Zinken dienen.

Schritt 5: Vertiefen Sie die mit dem Messer gezogene Linie mit einem 13 mm breiten Tischlerstemmeisen. Dann stemmen Sie mit einem 6 mm breiten Tischlerstemmeisen das Abfallholz zwischen den Schwalben heraus. Arbeiten Sie von der Innen- und Außenseite, damit saubere Schlagflächen entstehen.

Schritt 6: Platzieren Sie die Schmalseite auf die Längsseite und markieren Sie die Schwalben mit einem Messer. Verlängern Sie die Markierung an den Kanten mit einer Reißschiene bis zur Dicken-Markierungslinie. Ziehen Sie die Ritzspuren mit einem Bleistift nach und schraffieren Sie die Teile, die herausgestemmt werden.

Schritt 7: Sägen Sie an den Markierungslinien für die Zinken entlang bis zur Dicken-Markierungslinie. Stemmen Sie mit dem 13 mm breiten Stemmeisen das Abfallholz heraus. Fügen Sie die Teile probeweise zusammen und schneiden Sie überall dort, wo sie nicht ganz zusammenpassen, mit dem Messer oder dem Stemmeisen etwas Holz weg. Überprüfen Sie, ob die Ecken genau rechtwinklig sind. Bauen Sie die ganze Kiste probeweise zusammen, überprüfen Sie die Passgenauigkeit und nehmen Sie sie wieder auseinander.

Schritt 8: Bohren Sie Löcher mit 22 mm Durchmesser für die Griffstange. Längen Sie die Griffstange ab. Verkleinern Sie den Durchmesser an den letzten 19 mm beider Enden auf 22 mm. Bearbeiten Sie die Enden mit einem 20 mm breiten Hohleisen Nr. 5, bis sie in die Bohrlöcher passen.

Schritt 9: Schneiden Sie den Boden zu. (Ich schräge ihn an den Seitenkanten im Winkel der Seitenflächen ab, sodass er genau in die Kiste passt, ohne durchzufallen.) Nun leimen Sie die Kiste zusammen und fixieren Sie sie mit Klemmen. (Ich verwende speziell geformte Klemmhölzer, die die Klemmkraft auf die Schwalben richten, damit Schwalben und Zinken richtig ineinandergreifen.)

Schritt 10: Übertragen Sie die Markierungen für die Bordüre auf das Holz. Ich verwende dazu einen Stechzirkel und ziehe von diesen Markierungen aus Linien quer über das Brett. Zum Übertragen der Rosette, der Buchstaben und Ziffern nehmen Sie Graphitpapier und achten Sie auf saubere, klare Linien.

Schritt 11: Bei der Tramp-Art-Bordüre schneiden Sie zuerst entlang der Markierung bis zur Hälfte der Kerbe, dann kippen Sie das Messer in die andere Richtung und schneiden Sie von der anderen Seite bis an den ersten Schnitt heran.

Schritt 12: Beim Schnurornament kippen Sie das Messer so, dass der mittlere (tiefste) Teil des Schnittes sich auf der Linie befindet. Schneiden Sie von beiden Seiten, um den Span herauszulösen. Für den Schnur-Effekt müssen die Kerben an den Enden schmal und in der Mitte breiter sein. Bei Buchstaben und Ziffern schneiden Sie schräg an den Kanten entlang, sodass sich die Schnitte in der Mitte des Buchstabenkörpers treffen.

Schritt 13: Die Bordüren an beiden Längsseiten und rund um die Griffstange an den Schmalseiten bestehen aus dreieckigen Kerben. Schnitt Nr. 1: Halten Sie das Messer in einem Winkel von 65°; stützen Sie dabei den Daumen auf dem Holz ab. Platzieren Sie die Messerspitze auf der Spitze des Dreiecks und senken Sie die Klinge ins Holz, bis der Schnitt über die ganze Seite des Dreiecks reicht.

Schritt 14: Schnitt Nr. 2: Kippen Sie das Messer und platzieren Sie den Daumen auf dem Messerrücken. Halten Sie das Messer im selben Winkel, setzen Sie die Messerspitze wieder an der Spitze des Dreiecks an und senken Sie die Klinge ins Holz, bis der Schnitt über die zweite Seite des Dreiecks reicht.

Schritt 15: Schnitt Nr. 3: Um den Span herauszulösen, schneiden Sie im selben Schnittwinkel an der Basis des Dreiecks entlang. Der Schnitt ist in der Mitte des Dreiecks am tiefsten. Um Zeit zu sparen, schnitzen Sie nicht ein Dreieck nach dem anderen, sondern machen Sie den gleichen Schnitt (Nr. 1 bzw. Nr. 2) an mehreren Dreiecken hintereinander und schneiden Sie dann an der Basis all dieser Dreiecke entlang, um sämtliche Späne herauszulösen. Bei den Dreiecken in der nächsten Reihe gehen Sie ebenso vor, beim ersten Schnitt muss die Klinge jedoch von den fertigen Dreiecken weg zeigen. Achten Sie auf scharfe und geradlinige Grate zwischen den einzelnen Dreiecken.

Das Kerbschnitzmuster

Schritt 16: Die Rosette auf der Längsseite und der Stern auf der Schmalseite bestehen aus Dreiecken in verschiedenen Größen und Kombinationen. Schnitzen Sie die Dreiecke nach der Vorlage wie in Schritt 13, 14 und 15 beschrieben.

Schritt 17: Für den Raster und die übrigen Linienschnitte kippen Sie das Messer so, dass der mittlere (tiefste) Teil des Schnittes sich genau auf der Linie befindet. Führen Sie von beiden Seiten lange, glatte Schnitte aus, um die Späne herauszulösen.

Fertigstellung

Tragen Sie mit dem Pinsel reichlich Danish Oil (Marke Watco, Farbton: Dark Walnut) auf. Wischen Sie das überschüssige Öl ab und lassen Sie die Kiste 2 Wochen trocknen. Dann tragen Sie einen Überzug aus dunkelbraunem Wachs (Marke Mosers) auf und polieren Sie es mit einer Schuhbürste. So lenkt die Maserung nicht zu stark von der Schnitzarbeit ab und es entsteht ein ebenmäßiger Farbton sowie ein starker Kontrast zwischen beschnitzten und unbeschnitzten Teilen.

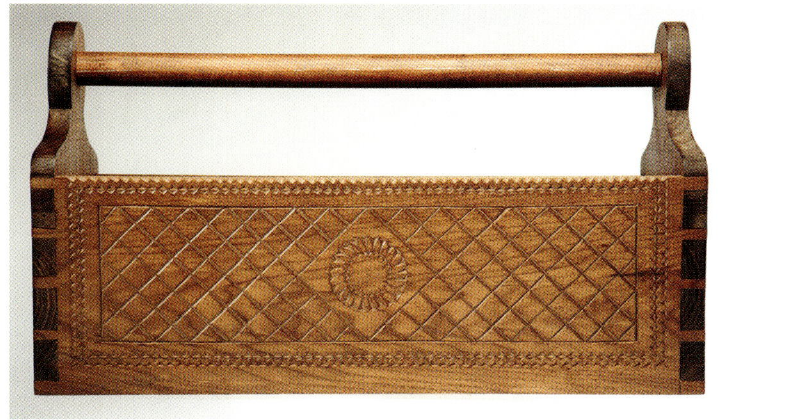

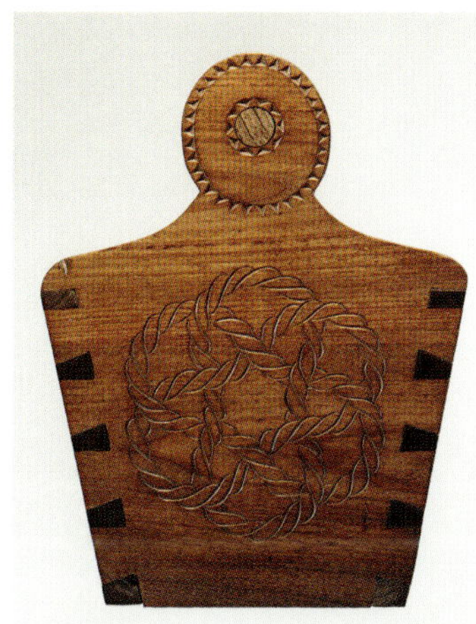

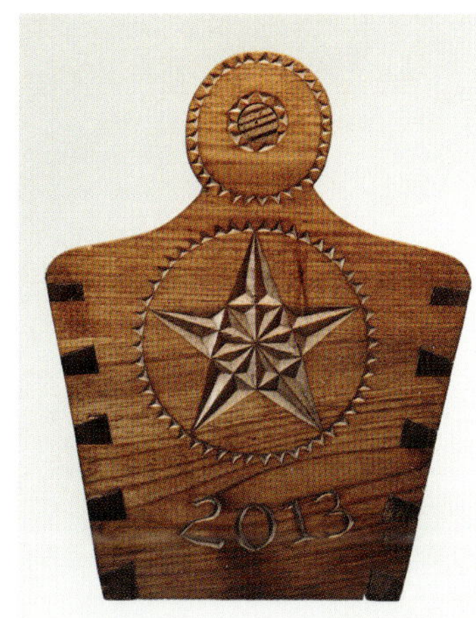

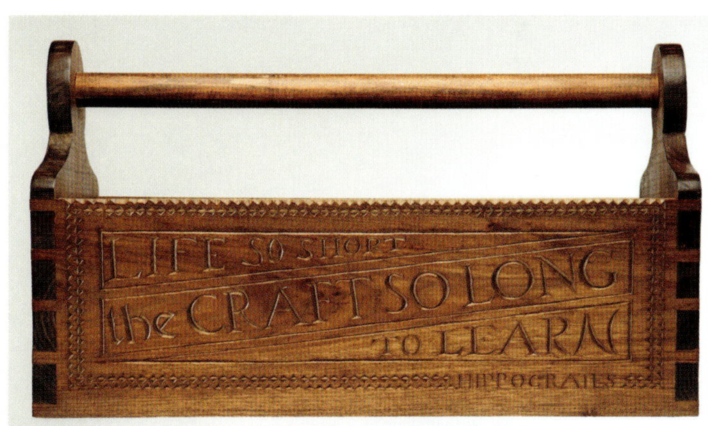

Die hier gezeigten Beschriftungen und Jahreszahlen sind nur Gestaltungsbeispiele – Sie können Ihrer Kreativität natürlich freien Lauf lassen!

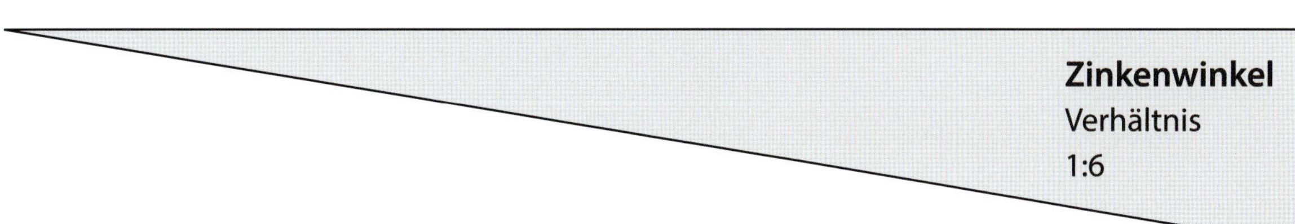

Werkzeugkiste – Kerbschnitzmuster (Schmalseite)

Jedes Quadrat in diesem Raster entspricht 25 mm in der Originalvorlage. Auf 125 % oder nach Wunsch vergrößern

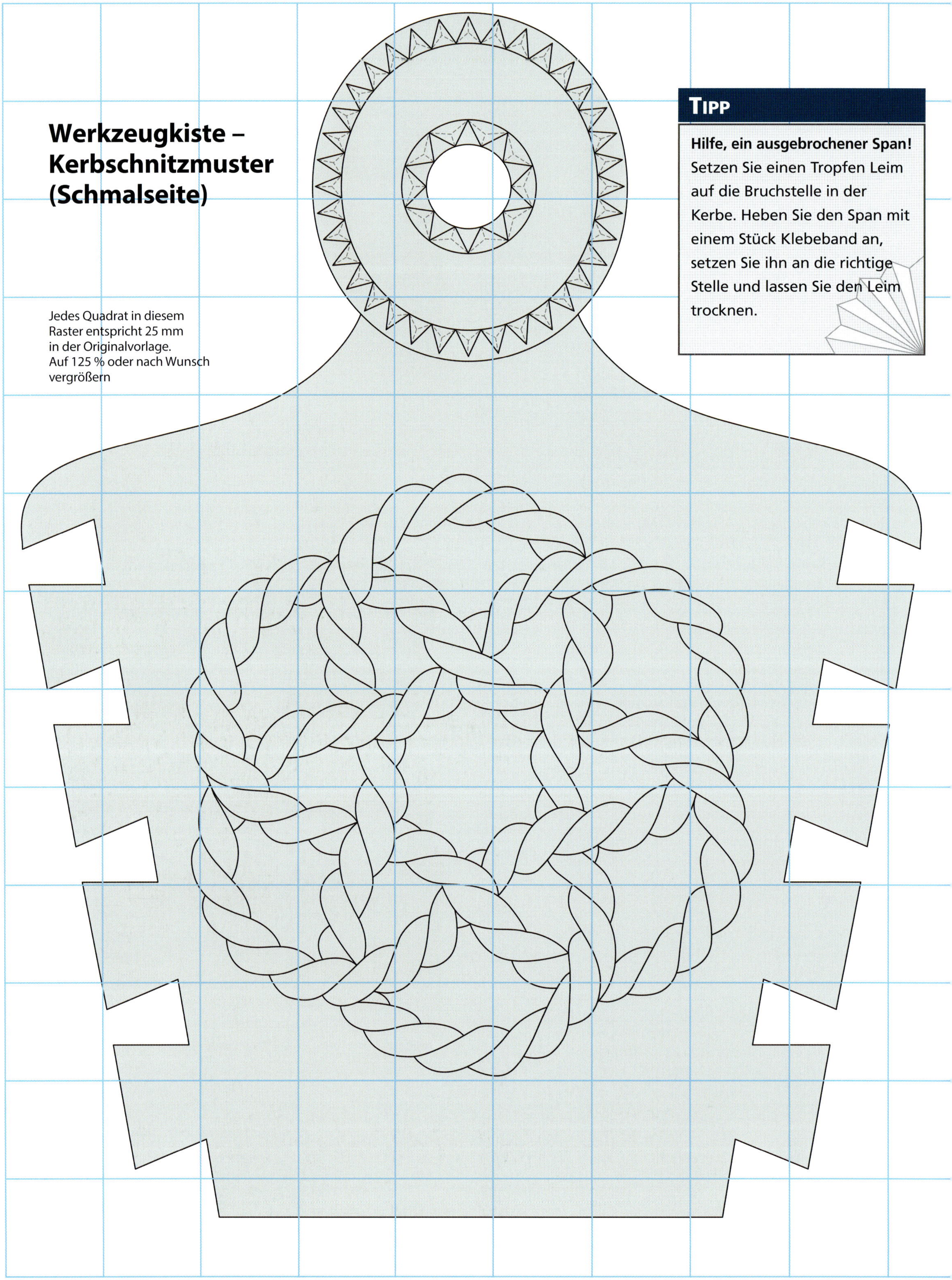

TIPP

Hilfe, ein ausgebrochener Span! Setzen Sie einen Tropfen Leim auf die Bruchstelle in der Kerbe. Heben Sie den Span mit einem Stück Klebeband an, setzen Sie ihn an die richtige Stelle und lassen Sie den Leim trocknen.

Werkzeugkiste – Kerbschnitzmuster (Schmalseite)

Jedes Quadrat in diesem Raster entspricht 25 mm in der Originalvorlage. Auf 125 % oder nach Wunsch vergrößern

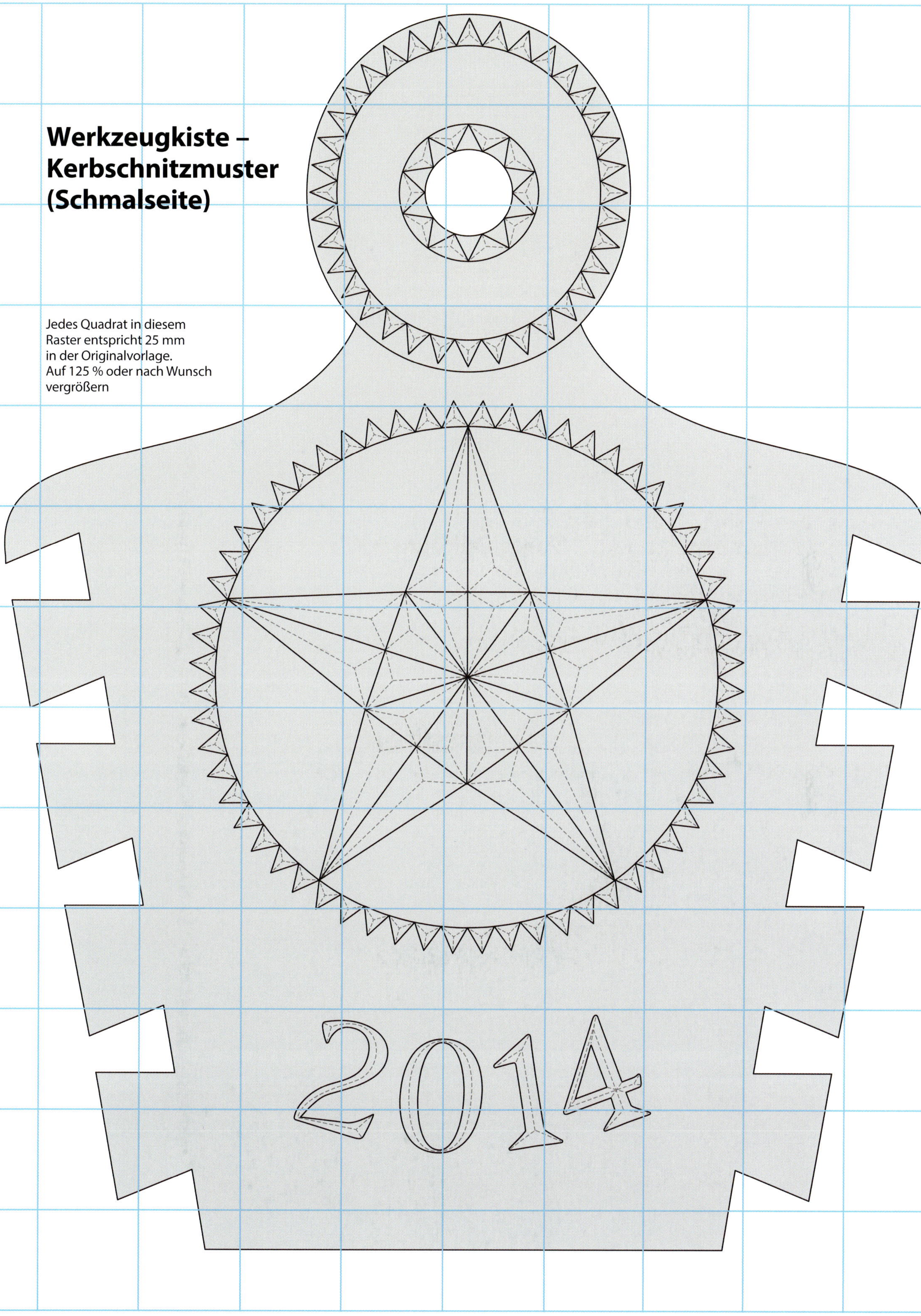

Werkzeugkiste – Kerbschnitzmuster (Längsseite)
(an der strichlierten Linie spiegeln)

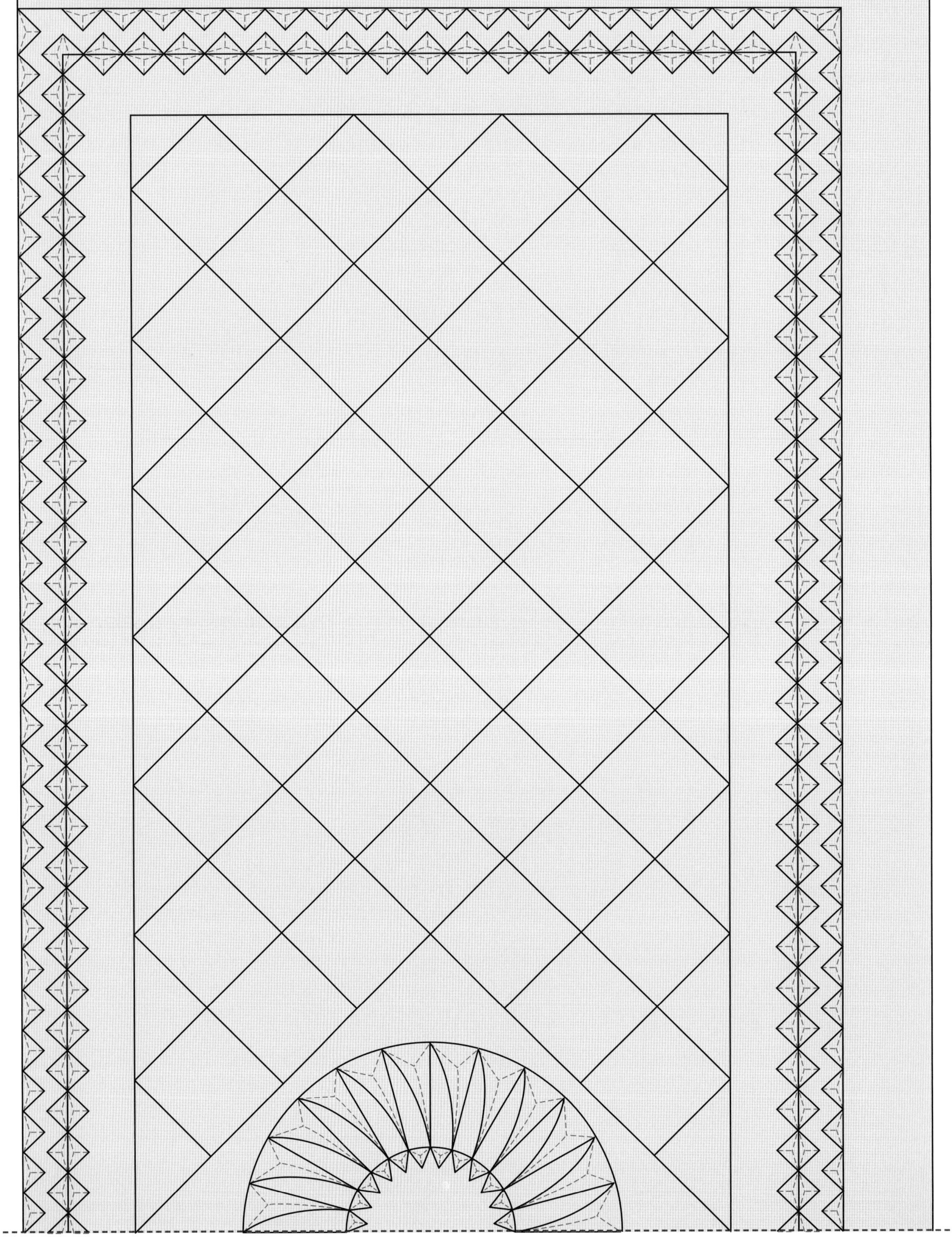

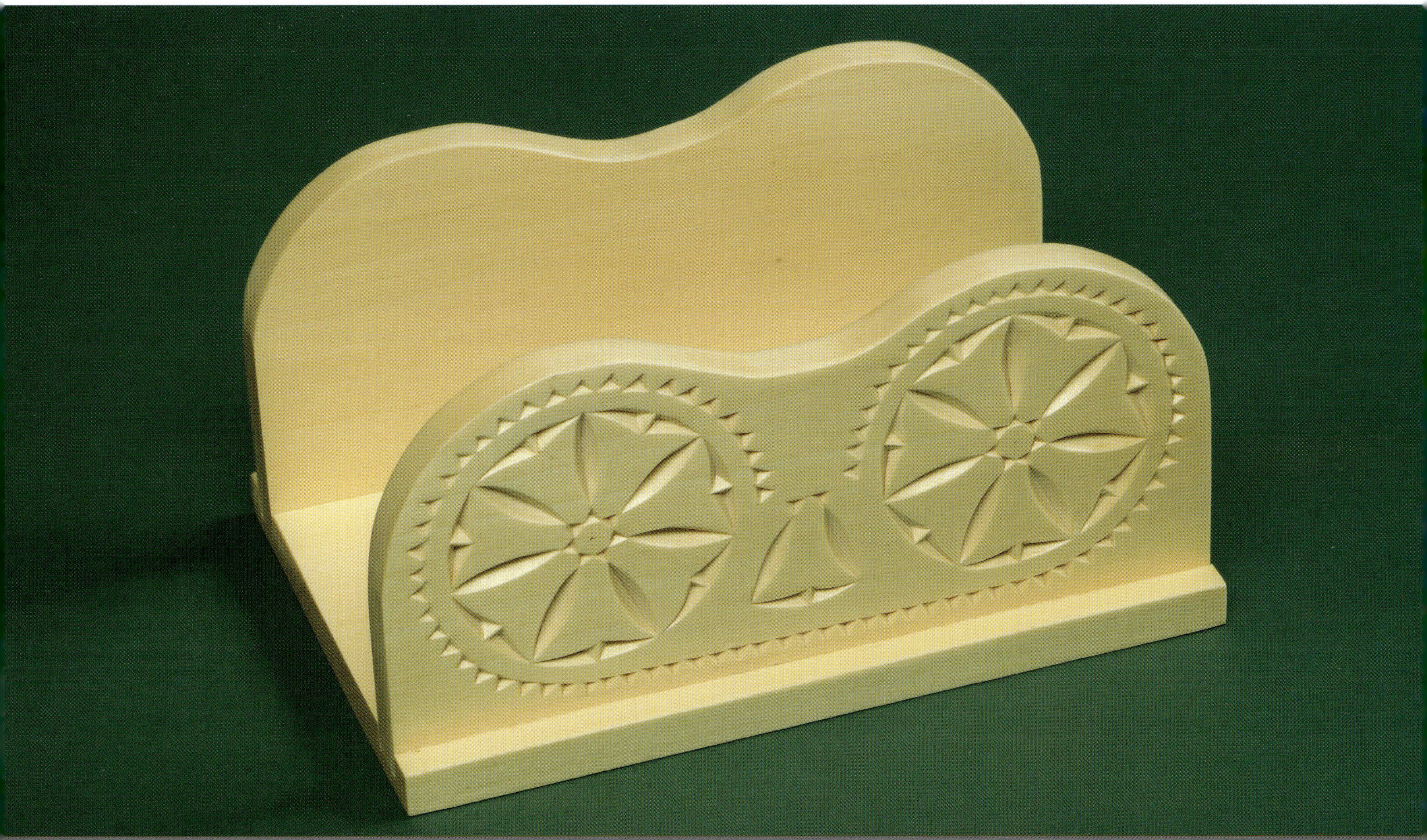

Briefhalter

Diese Schnitzarbeit ist eine Zierde für jeden Schreibtisch und eignet sich auch hervorragend als Geschenk. Wenn Sie wollen, können Sie eine Beschriftung in das Muster integrieren.

Die Bodenplatte ist genutet, damit die senkrechten Steher angebracht werden können. Probieren Sie zuerst aus, ob die Steher in die Nuten passen, und bauen Sie die Teile erst nach dem Schnitzen endgültig zusammen. Der fertig zusammengebaute Ständer lässt sich nicht gut beschnitzen, weil die vorstehenden Teile der Bodenplatte im Weg sind und die Steher oben nicht gestützt werden.

Wenn Sie die Nuten selbst anbringen müssten und kein geeignetes Werkzeug haben, können Sie die Steher auch außen an der Bodenplatte anleimen.

Material

Holz: Lindenholz

Boden: 100 x 150 x 9 mm (wenn die Steher außen angeleimt werden, nehmen Sie 80 mm statt 100 mm Breite)

Vorderer und hinterer Steher: 75 x 150 x 9 mm (wenn die Steher außen angeleimt werden, etwas breiter als 75 mm)

Die Idee

Mein Schreibtisch ist immer vollgeräumt. Auf dem Schreibtisch meiner Frau türmen sich die Papiere. Auf dem Schreibtisch meiner Tochter, die in einer Bank arbeitet, sieht es ähnlich aus. Ich bin zwar nicht überzeugt, dass durch diese Projektarbeit nun allenthalben Ordnung einkehren wird. Der formschöne Briefhalter ist aber auf jeden Fall ein Schritt in die richtige Richtung. Sie können ihn nach der folgenden Anleitung mit einer 7-fachen Rosette aus stilisierten Glocken verzieren oder selbst ein Muster entwerfen. Viel Freude dabei!

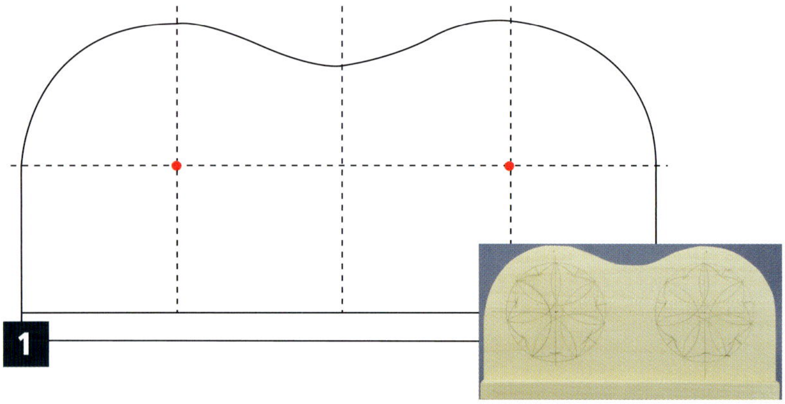

1

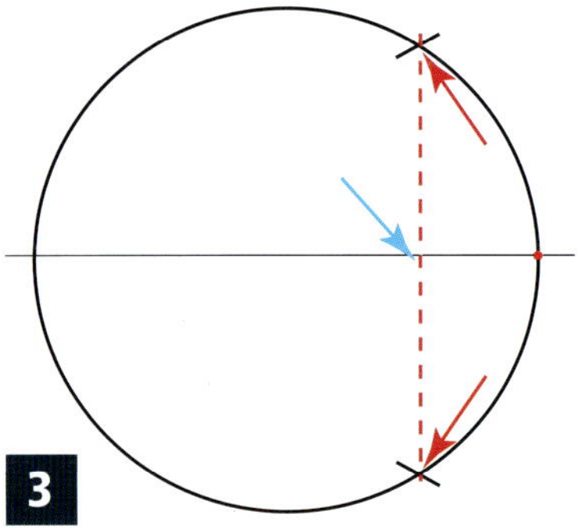

3

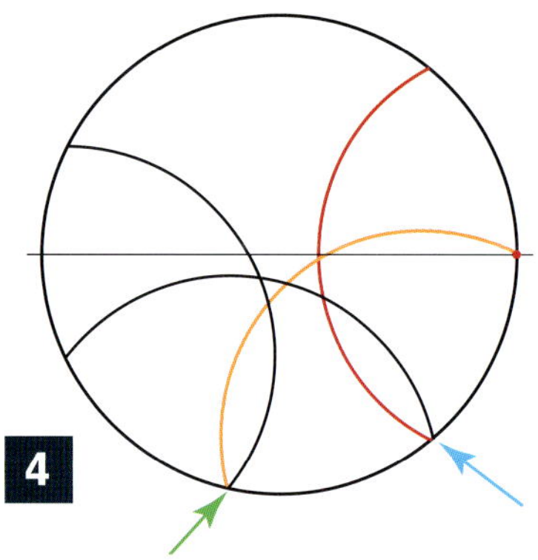

4

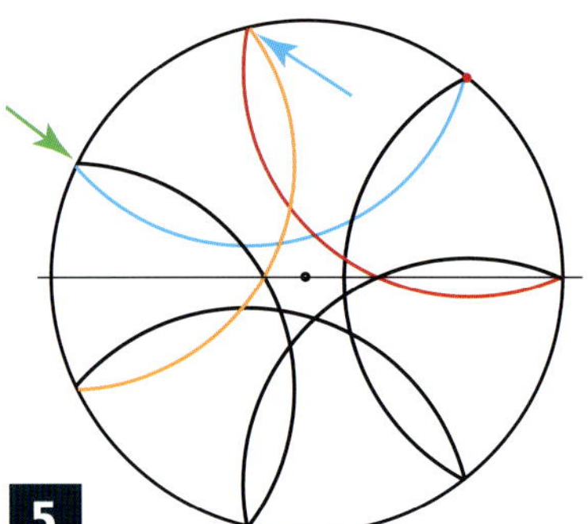

5

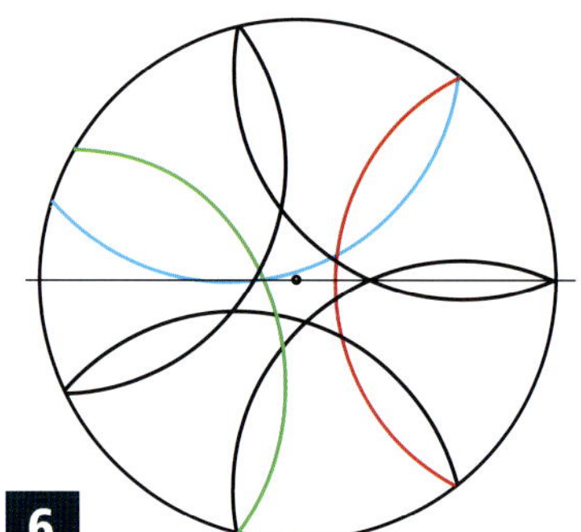

6

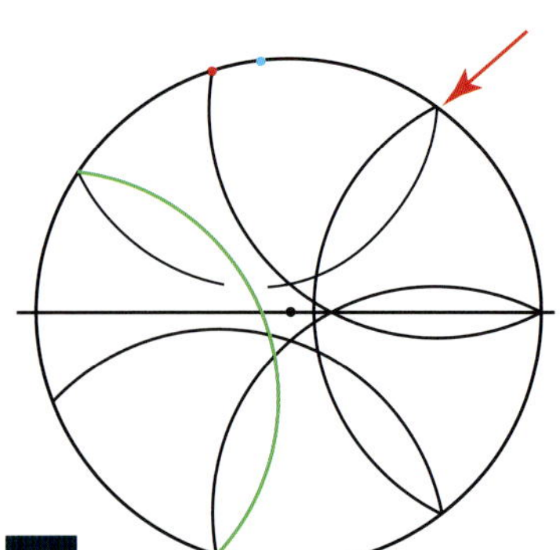

7

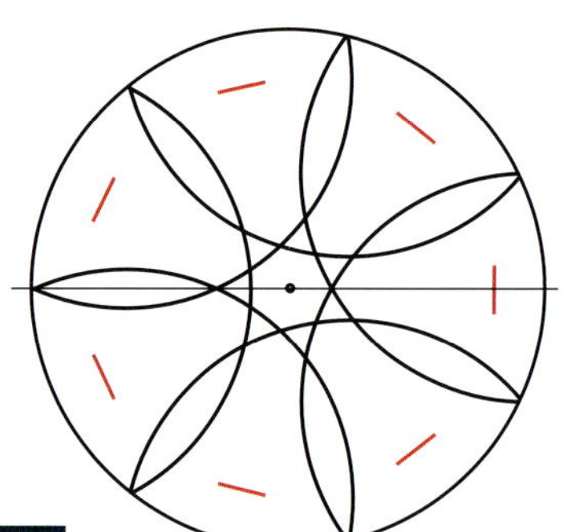

8

Tipp

Zeichnen Sie die Rosette zuerst auf Papier.

Schritt 1: Ziehen Sie eine waagrechte und eine senkrechte Mittellinie (vorher genau nachmessen!). Dann halbieren Sie die beiden senkrechten Felder nochmals (siehe Abbildung).

Schritt 2: Zeichnen Sie mit dem Zirkel die Rosetten (der Kreis wird in 7 gleiche Teile geteilt: dazu siehe Kapitel 10). Mit einem Radius von 25 mm bleibt noch genügend Platz für die Bordüre.

Nehmen Sie den Radius von 25 mm in den Zirkel, stechen Sie in den rot markierten Kreuzungspunkt **(Abb. 1)** ein und zeichnen Sie einen Kreis.

Als Nächstes ermitteln Sie die Strecke, die Sie in den Zirkel nehmen müssen, um den Kreis in 7 Teile zu teilen. Sie erhalten eine Rosette aus 7 stilisierten Glocken, in der Mitte bleibt ein unbeschnitzter Bereich frei. (Wenn Sie mit dem ursprünglichen Radius weiterarbeiten, wird der Kreis in 6 Teile geteilt.)

Schritt 3: Ohne den Radius zu ändern, stechen Sie in den rot markierten Schnittpunkt zwischen der waagrechten Mittellinie und dem Kreisbogen ein **(Abb. 3)** und markieren Sie 2 Punkte auf der Kreislinie (rote Pfeile).

Legen Sie das Lineal an diese beiden Punkte an und machen Sie dort, wo das Lineal die Mittellinie kreuzt (blauer Pfeil), eine Markierung. (Die rot strichlierte Linie auf Abb. 3 wird nicht gezeichnet).

Nun stechen Sie bei dieser Markierung (blauer Pfeil) ein und nehmen Sie den Abstand zu einer der Markierungen auf der Kreislinie (roter Pfeil) in den Zirkel.

Mit diesem Radius können Sie den Kreis in 7 gleiche Teile teilen. Auch wenn Sie genau gearbeitet haben, kann es durchaus passieren, dass der Radius etwas zu kurz oder zu lang ist. Keine Sorge – die kleine Ungenauigkeit kann später kaschiert werden.

Schritt 4: Stechen Sie in den rot markierten Schnittpunkt zwischen der waagrechten Mittellinie und dem Kreisbogen ein und ziehen Sie den roten Kreisbogen **(Abb. 4)**. Bewegen Sie den Zirkel im Uhrzeigersinn zum Schnittpunkt zwischen diesem Kreisbogen und der ursprünglichen Kreislinie (blauer Pfeil). Stechen Sie in diesen Punkt ein und ziehen Sie den orangefarbenen Kreisbogen. Stechen Sie in den Schnittpunkt zwischen diesem Kreisbogen und der ursprünglichen Kreislinie ein (grüner Pfeil). Arbeiten Sie im Uhrzeigersinn ebenso weiter und ziehen Sie noch zwei Kreisbogen, sodass Sie insgesamt 4 Kreisbogen erhalten.

Schritt 5: Für die restlichen 3 Kreisbogen kehren Sie zu dem ersten Kreisbogen zurück und arbeiten Sie gegen den Uhrzeigersinn.

Stechen Sie zuerst in den rot markierten Punkt ein **(Abb. 5)** und ziehen Sie den roten Kreisbogen. Nun stechen Sie in den Schnittpunkt dieses Kreisbogens mit der ursprünglichen Kreislinie ein (blauer Pfeil).

Bevor Sie den blauen Bogen ziehen, überprüfen Sie, ob er genau auf die beiden vorher gezeichneten Bögen treffen wird.

Wenn das nicht der Fall ist, zeichnen Sie den blauen Bogen noch nicht – lesen Sie zuerst Schritt 6 der Anleitung.

Wenn die Bögen genau aufeinandertreffen, ziehen Sie den blauen Bogen. Stechen Sie in den Schnittpunkt ein, der durch den grünen Pfeil markiert ist, und ziehen Sie als Letztes den orangefarbenen Bogen. Die fertige Rosette sollte nun so aussehen wie in **Abb. 5**.

Schritt 6: Wenn der blaue Bogen nicht genau auf beide benachbarte Bögen trifft (etwa so wie in **Abb. 6**, wo der Bogen sich zwar mit dem roten, aber nicht mit dem grünen Bogen trifft), fahren Sie mit Schritt 7 fort.

Schritt 7: Stechen Sie in den rot markierten Schnittpunkt ein **(Abb. 7)**. Wenn die Zirkelmine den mit dem roten Pfeil markierten Punkt mit dem bisherigen Radius genau erreicht, dann ziehen Sie nur einen „halben“ Kreisbogen, der etwa bis zur Mitte des Kreises reicht.

Stechen Sie nun ungefähr beim blau markierten Punkt ein. Ermitteln Sie den richtigen Punkt, indem Sie an der Kreislinie entlang so lange „herumprobieren“, bis die Zirkelmine den grünen Bogen genau erreicht. Nun ziehen Sie die andere „Hälfte“ des Bogens, sodass die beiden Bogen in der Mitte fast genau aufeinandertreffen. Beim letzten Kreisbogen machen Sie es ebenso.

Schritt 8: Zeichnen Sie die Unterseite der Glocken und der Klöppel. Zuerst stechen Sie mit dem Zirkel in den Mittelpunkt der Rosette ein und ziehen Sie etwa 5 mm innerhalb der äußeren Kreislinie kurze **Kreisbogen** (in **Abb. 8** rot), um die Länge der Klöppel zu markieren.

Schritt 9: Bezeichnen Sie den Mittelpunkt jeder Glocken-Unterseite mit einer kleinen Bleistiftmarkierung. Legen Sie dazu entweder das Lineal an den beiden gegenüberliegenden Kreisbogen-Schnittpunkten und am Mittelpunkt der Rosette an (siehe die rot strichlierten Linien in **Abb. 9**) oder messen Sie den Mittelpunkt zwischen den beiden benachbarten Kreisbogen aus.

Schritt 10: Zeichnen Sie bei jeder Glocke zwei kleine Kreisbogen (in **Abb. 10** blau) von den benachbarten Spitzen der Rosette bis zu der in Schritt 9 angebrachten Markierung. Beachten Sie, dass es Kreisbogen und keine geraden Linien sein sollen.

Schritt 11: Jetzt können Sie entweder zu schnitzen beginnen oder noch eine Bordüre zeichnen. Da Sie es geschafft haben, die Rosette zu konstruieren, wird Ihnen auch die Bordüre ohne Hilfe gelingen. Zu den Maßen, die ich für die Rosette angegeben habe, passt eine 4-mm-Bordüre. Die dreieckigen Kerben passen zu den kleinen Dreiecken in der Mitte der beiden Rosetten und sorgen für einen einheitlichen Gesamteindruck.

Fertigstellung: Ich habe einen farblosen Polyurethan-Sprühlack gewählt. Sie können den Briefhalter auch passend zur Umgebung (z. B. zum Schreibtisch) beizen oder das Holz bemalen, bevor Sie zu schnitzen beginnen.

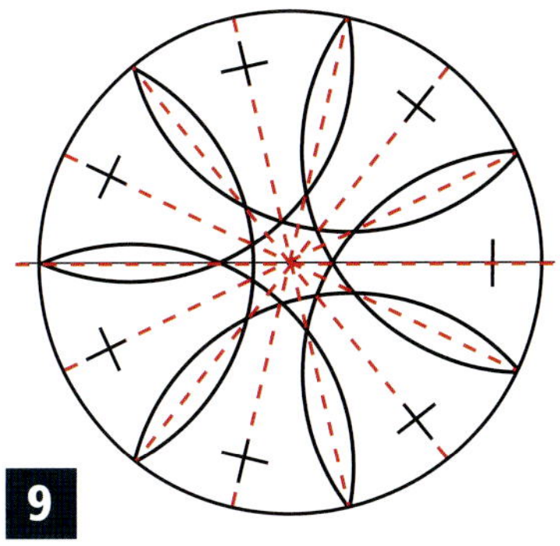
9

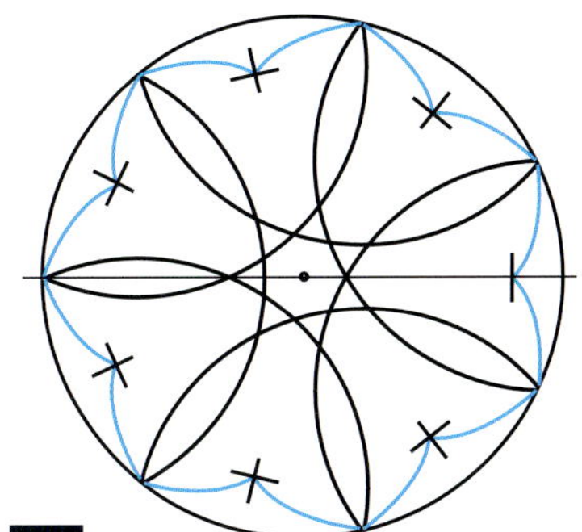
10

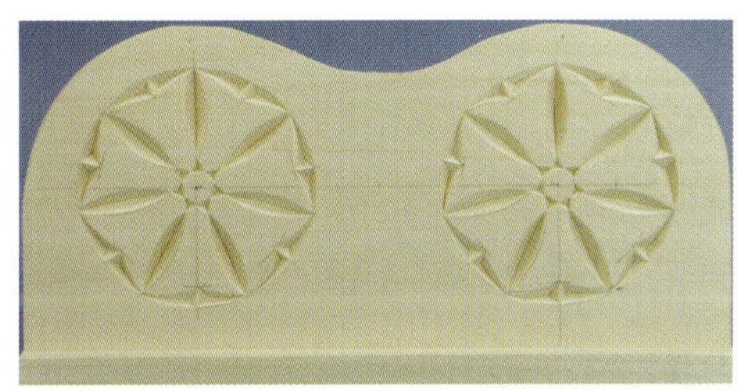

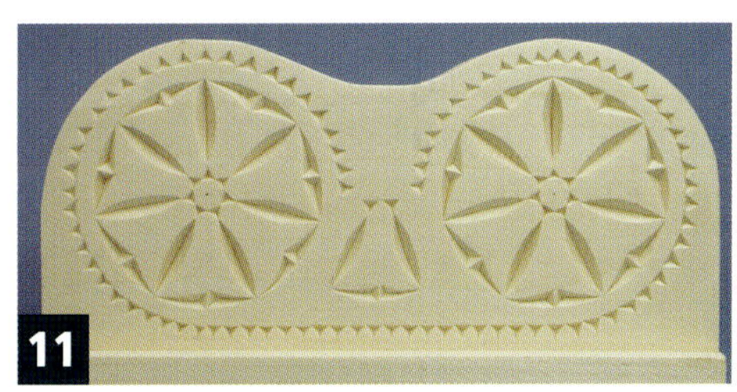
11

Anhand dieser beiden Fotos sehen Sie, welchen Unterschied die Bordüre macht! Zwischen den beiden Rosetten habe ich noch eine weitere Glocke geschnitzt, die ich mit Transparentpapier von einer der Glocken in den Rosetten abgepaust habe.

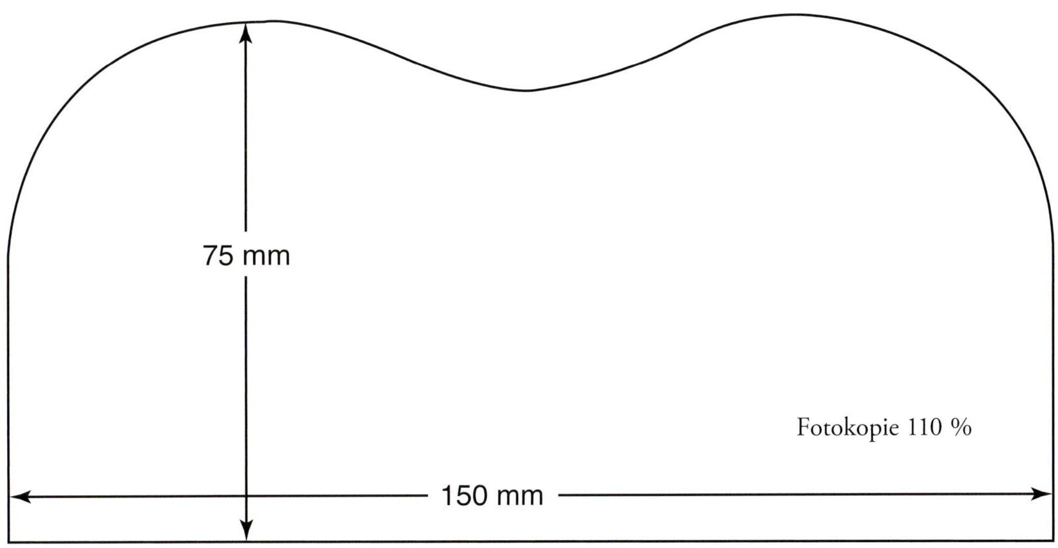

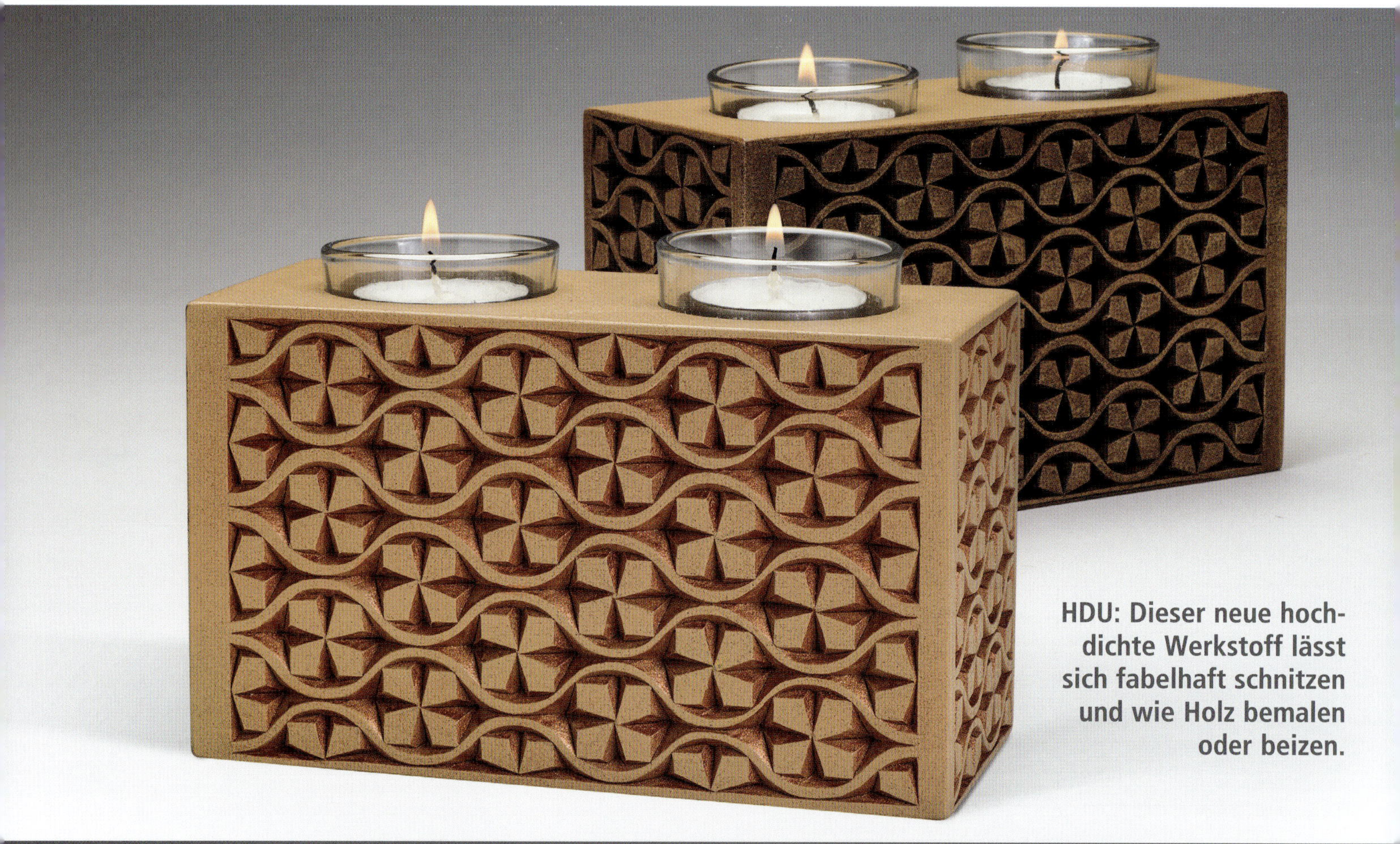

HDU: Dieser neue hochdichte Werkstoff lässt sich fabelhaft schnitzen und wie Holz bemalen oder beizen.

Geschnitzter Teelichthalter (von Marty Leenhouts)

Die Idee

Diesen zweiflammigen Teelichthalter habe ich in nur 60 Minuten geschnitzt. Mit Lindenholz hätte ich doppelt so lange gebraucht. Ein neuartiges Material macht's möglich: EZboard®, ein hochdichter Urathanschaum (HDU), ist weicher als Lindenholz, lässt sich leicht schnitzen und eignet sich für detaillierte Arbeiten.

Material

- EZboard® oder Lindenholz, 102 x 165 x 76 mm
- Schleifpapier (Körnungen: 220, 400, 600)
- Sprühflasche
- Lackverdünner
- Sprühfarbe, z. B. Rust-Oleum 2X Ultra Cover, Farbton: Khaki Hochglanz
- Gelbeize, z. B. General Finishes, Farbton: Brown Mahogany
- Acrylfarbe, Farbton: Bronze-Metallic

Das Muster besteht aus einer Kombination von Quadraten und konvex-konkaven Bögen. Schleifen Sie den Rohling nacheinander mit Schleifpapier der Körnung 220, 400 und 600 ab. Gehen Sie dabei mit leichter Hand zu Werke und Sie erhalten eine wunderbar glatte Oberfläche.

Machen Sie eine Kopie der Vorlage. Wenn Sie sie mit Lackverdünner auf den Rohling übertragen wollen, muss sie von einer Xerox-Maschine oder einem Laserdrucker stammen, der mit To-

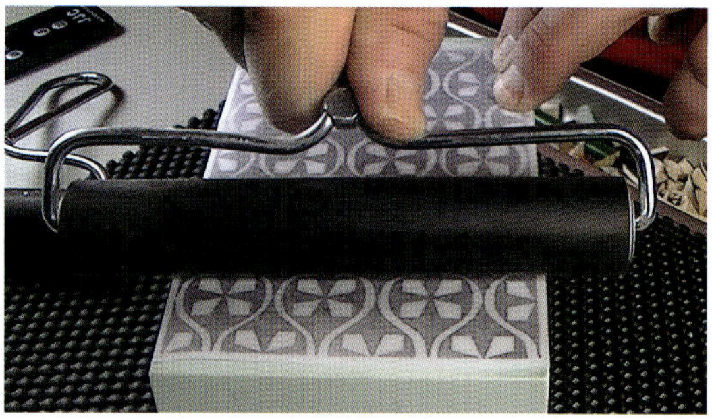

ner (nicht Tinte) arbeitet. Legen Sie die Kopie mit der Vorderseite nach unten auf den Rohling. Besprühen Sie die Rückseite der Kopie mit Lackverdünner und rollen Sie sofort mit einer Hartgummirolle darüber. Der Lackverdünner weicht den Toner auf und die Vorlage wird auf den Rohling übertragen.

Um eine Vorlage auf Lindenholz zu übertragen, verwende ich ebenfalls eine tonerbasierte Kopie und dazu ein Brenngerät. Dabei wirkt die Hitze auf den Toner.

Vergewissern Sie sich, dass Ihr Schnitzmesser scharf ist, und halten Sie ein Abziehgerät bereit. Führen Sie gleichartige Schnitte, die sich auf dem ganzen Projekt wiederholen, möglichst in einem Arbeitsgang aus. Die Wiederholung hilft Ihnen, gleichmäßig und bewegungsökonomisch zu arbeiten. Üben Sie das Kerbschnitzen auf einem Reststück EZboard®, bevor Sie den Teelichthalter in Angriff nehmen.

Schritt 1: Schnitzen Sie zuerst alle konvex-konkaven Bögen. Der Daumen bleibt dabei fest an den Messergriff gedrückt, die freie Hand darf sich nicht in der Schnittlinie befinden. Der Schnittwinkel sollte 55–65° betragen. Schneiden Sie umso tiefer, je mehr sich der Bogen erweitert.

Schritt 2: Schneiden Sie die dreieckigen Kerben am oberen und am unteren Ende jedes Bogens. Jede Kerbe erfordert zwei Schnitte. Beginnen Sie jeden Schnitt dort, wo die Kerbe am breitesten ist, und schneiden Sie zur Mitte; der Schnitt wird dabei flacher. Kippen Sie den Messergriff in der Hand auf die andere Seite und führen Sie den zweiten Schnitt aus. Der Daumen bleibt immer unter dem Messergriff und ist ständig in Berührung mit dem Werkstück. Schneiden Sie immer vom tiefen zum flachen Bereich.

Schritt 3: Um die beiden kleinen Kerben seitlich von den dreieckigen Kerben zu schneiden, setzen Sie die Messerspitze in der soeben geschnittenen Kerbe an und schneiden Sie auf das schmale Ende der neuen Kerbe zu. Bei der einen Kerbe halten Sie das Messer wie gewohnt, bei der zweiten kippen Sie es auf die andere Seite.

Schritt 4: Um die großen dreieckigen Kerben am Ende des Bogens herauszuschneiden, führen Sie zuerst einen Schnitt von oben nach unten und entfernen Sie dann mit einem weiteren Schnitt alle HDU-Reste, die sich noch auf dem Kerbgrund befinden.

Schritt 5: Schneiden Sie die letzte kleine dreieckige Kerbe. Setzen Sie dazu die Messerspitze auf dem Grund der soeben geschnittenen Kerbe an und schneiden Sie genau bis zum Mittelpunkt des Quadrats. Kippen Sie das Messer und führen Sie den gleichen Schnitt auf der anderen Seite aus, um den Span herauszulösen.

Die Vorlagelinien brauchen Sie nicht zu entfernen. Für die Oberflächenbehandlung gibt es viele Möglich-

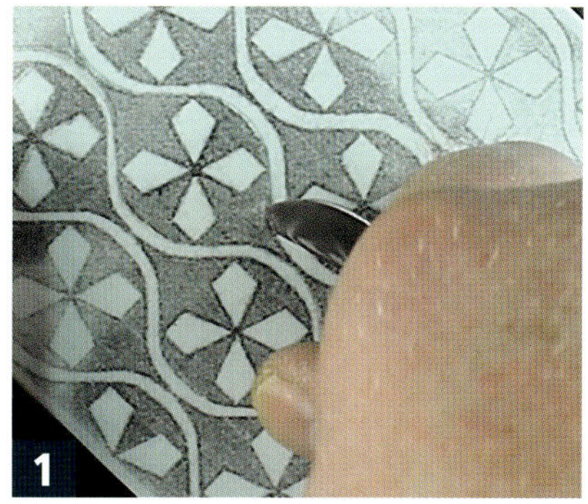
1

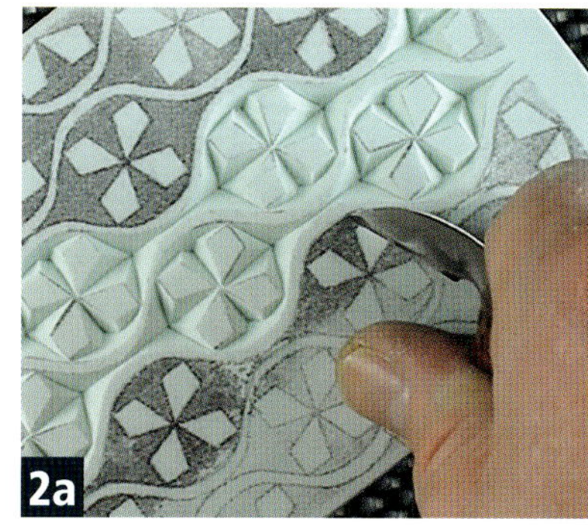
2a

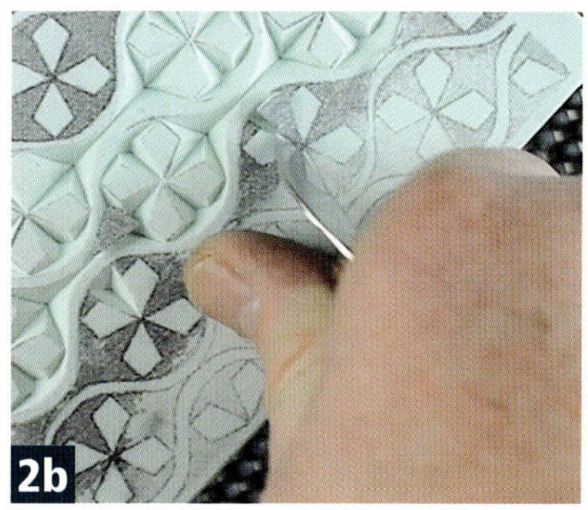
2b

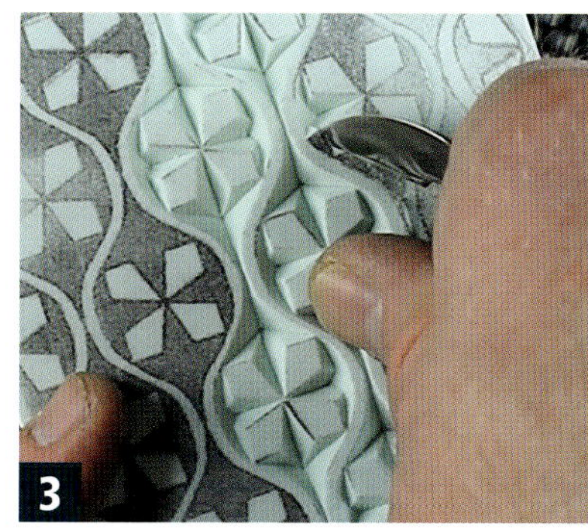
3

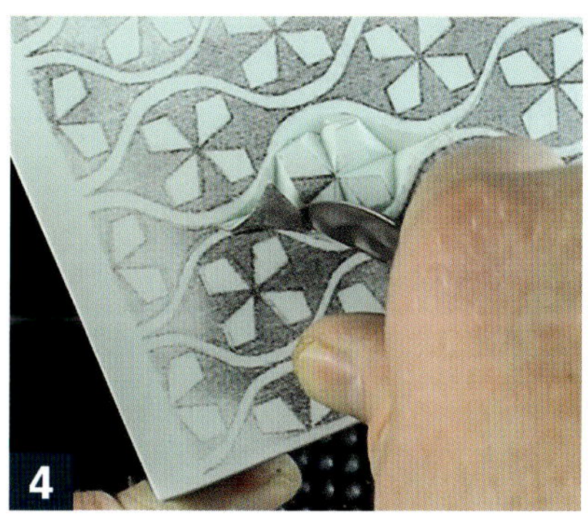
4

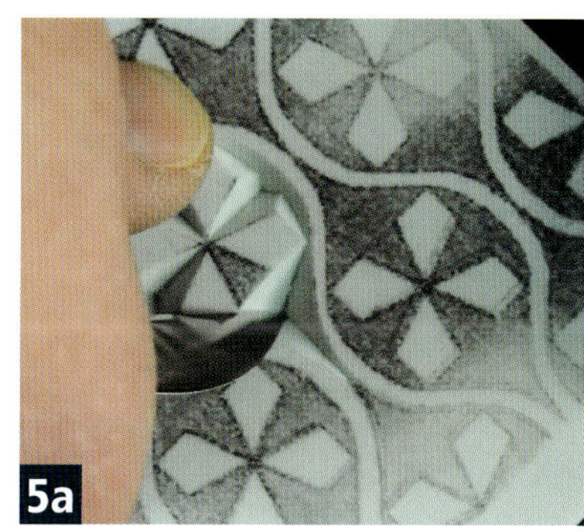
5a

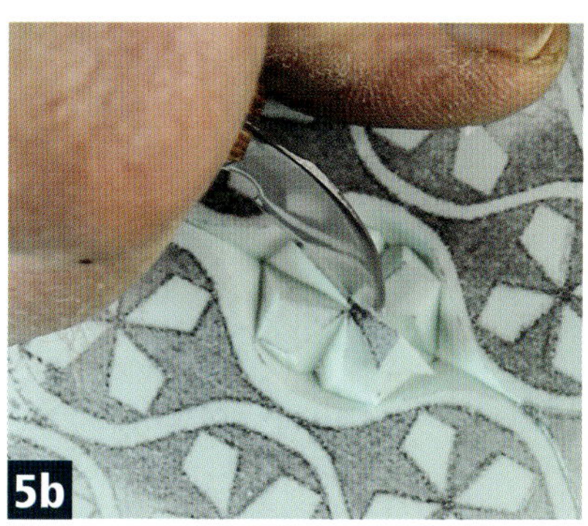
5b

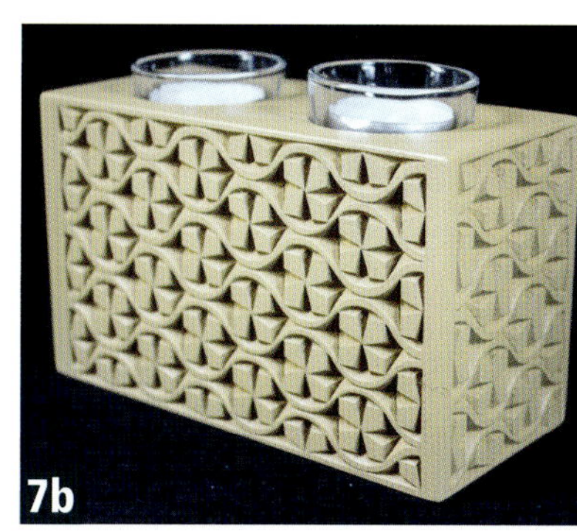
7b

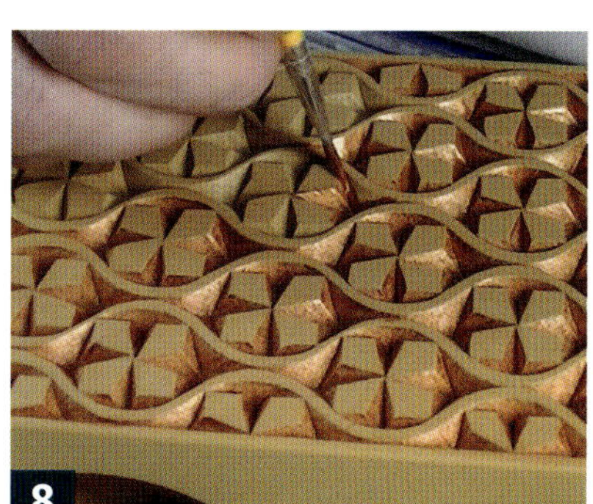
8

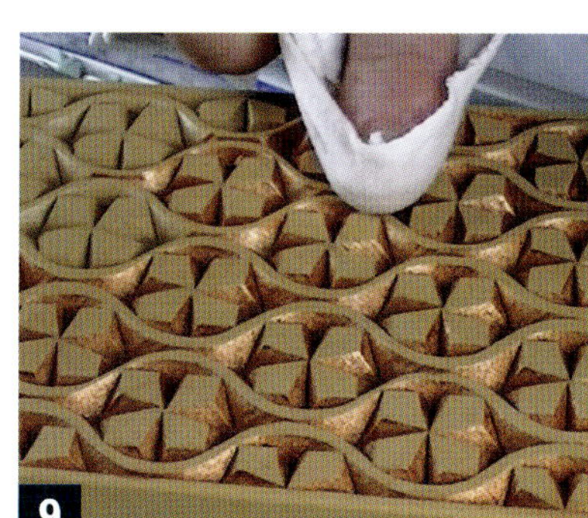
9

Tipp

Sie können auch Lindenholz nehmen

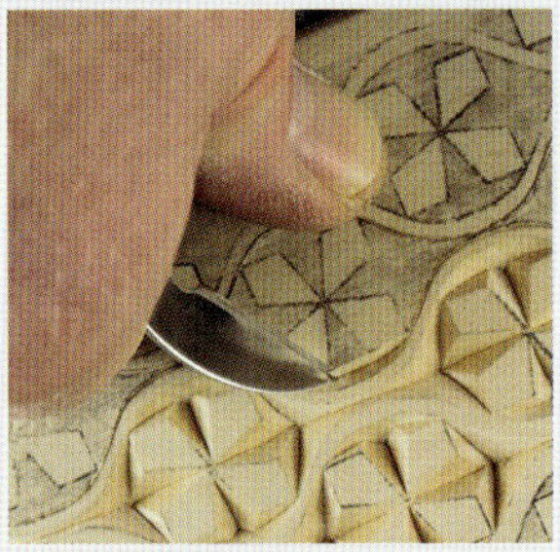

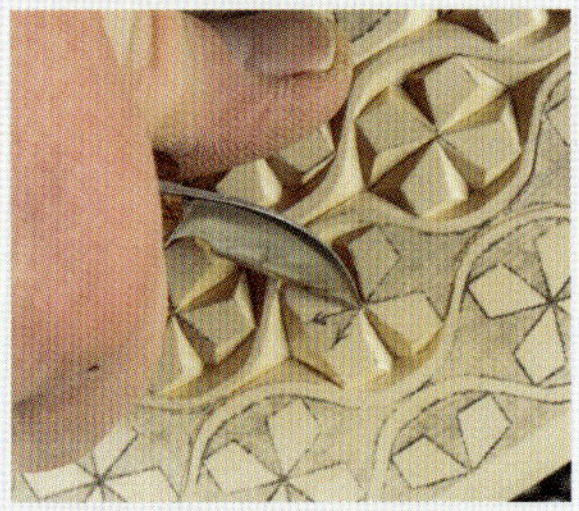

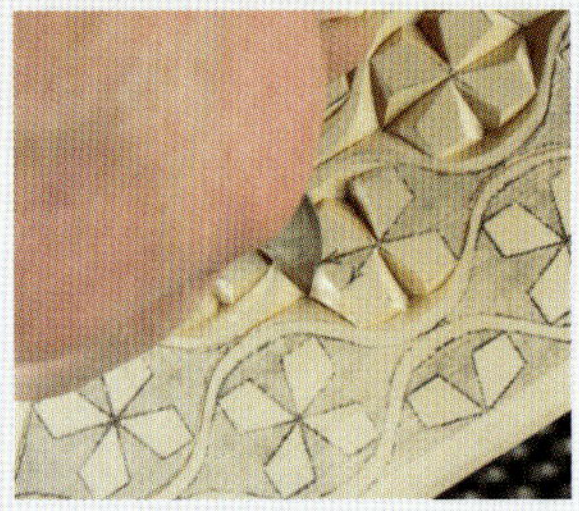

Wenn Sie den Teelichthalter lieber aus Lindenholz schnitzen wollen, empfehle ich, die Schnitte in einer anderen Reihenfolge auszuführen als bei HDU, da sonst wegen der Struktur des Holzes Probleme auftreten könnten.

Führen Sie zuerst alle kurzen Schnitte in Faserrichtung aus. Danach sehen Sie genau, wo Sie die Messerspitze ansetzen müssen, um die größere dreieckige Kerbe zu schneiden. Dazu machen Sie zuerst einen Schnitt von oben nach unten. Wenn der Schnitt nicht tief genug ist, um diesen großen Span herauszuschneiden, schneiden Sie zuerst einen kleineren Span innerhalb des größeren Spans heraus. Dadurch wird die Spannung im Holz verringert und der letzte, tiefere Schnitt wird Ihnen leichter fallen.

Um die kleinen dreieckigen Kerben in Faserrichtung zu schneiden, beginnen Sie in der Mitte und schneiden Sie auf den tiefsten Teil der Kerbe zu. Das ist schwieriger, weil jeder Schnitt auf dem Grund der größeren dreieckigen Kerbe enden soll. Sie müssen „vorausschauend" schneiden und quasi mit einem Röntgenblick „durch das Holz schauen", um die richtige Stelle zu treffen. Mit genügend Übung und einem konstanten Schnittwinkel wird es Ihnen gelingen. Für den zweiten Schnitt kippen Sie das Messer und beginnen Sie wieder in der Mitte. Entfernen Sie alle Vorlagelinien, bevor Sie das Finish auftragen.

keiten. Zwei Varianten möchte ich Ihnen besonders empfehlen.

Schritt 6: Sprühfarbe: Saugen Sie das ganze Werkstück ab und tragen Sie 2–3 Überzüge Sprühfarbe auf. Eine hervorragende Farbauswahl bietet Rust-Oleum 2X Ultra Cover – ich habe den Farbton Khaki in Hochglanzausführung gewählt. Für ein möglichst glattes Finish tragen Sie zuerst eine pastöse Grundierung und erst dann die Farbe auf. Wenn sie getrocknet ist, können Sie nach Wunsch noch mit Gelbeize oder Acrylfarbe kontrastierende Akzente setzen (siehe Punkt 7).

Schritt 7: Gelbeize oder Acrylfarbe werden beide mit dem Pinsel aufgetragen. Gelbeize färbt die Oberfläche stärker ein als Acrylfarbe. Halten Sie einen feuchten Lappen aus Baumwolle bereit und tragen Sie Beize oder Farbe mit einem kleinen Pinsel in den versenkten Bereichen der Schnitzarbeit auf – immer nur in einem kleinen Bereich auf einmal. Wenn Farbe oder Beize auf die erhabenen Bereiche gerät, wischen Sie sie mit dem fest um den Finger gewickelten Lappen sorgfältig ab. Befeuchten Sie den Lappen mit Wasser, wenn Sie Acrylfarben verwenden, und mit Farbverdünner, wenn Sie mit Gelfarbe arbeiten. Fahren Sie auf dem gesamten Werkstück ebenso fort. Lassen Sie es ausreichend lange trocknen und wiederholen Sie den Vorgang, bis Sie mit dem Farbeffekt zufrieden sind.

Ausnehmungen bohren

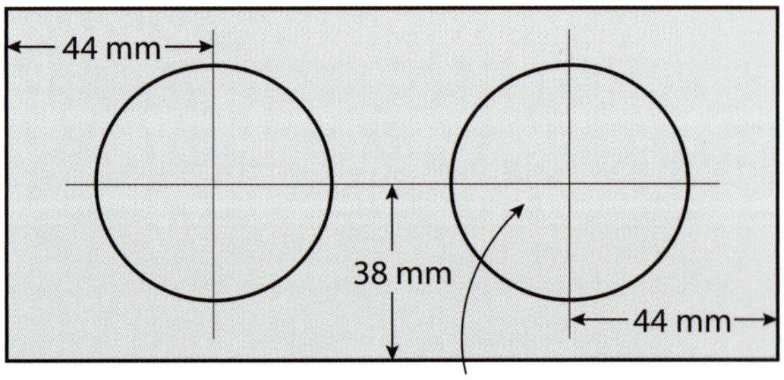

Rohling: 165 x 75 mm

2 Löcher: 50 mm Durchmesser, 25 mm tief

Tipp

Alles über EZboard®: Diese formstabile Alternative zum Schnitzholz kennt keine Faserrichtung.

EZboard® ist ein hochdichter Urethanschaum (HDU). Ich habe mit zahlreichen Werkstoffen experimentiert, um ein Material mit einer optimalen Dichte zu finden, die für möglichst viele Schnitzprojekte und Schnitztechniken geeignet ist. Der Hersteller, mit dem ich zusammenarbeite, produziert den gleichmäßigsten und zugleich preisgünstigsten HDU-Werkstoff, der sich derzeit auf dem Markt befindet. Ein HDU-Rohling hat überall dieselbe Dichte – außerdem kennt HDU keine Faserrichtung. Sie können den gesamten Rohling beschnitzen. EZboard® ist in den verschiedensten Stärken von 19 bis 200 mm erhältlich und kann praktisch auf jede Größe zugeschnitten werden. Damit gehört das zeitraubende Zusammenleimen der Vergangenheit an. Der Preis ist etwa der gleiche wie bei Lindenholz. Jedes Finish ist möglich.

Ich habe 30 Jahre Erfahrung mit Linden- und Butternussholz und werde sicher nicht mit dem Holzschnitzen aufhören – ganz bestimmt werde ich aber oft mit EZboard® arbeiten. Versuchen Sie es doch auch!

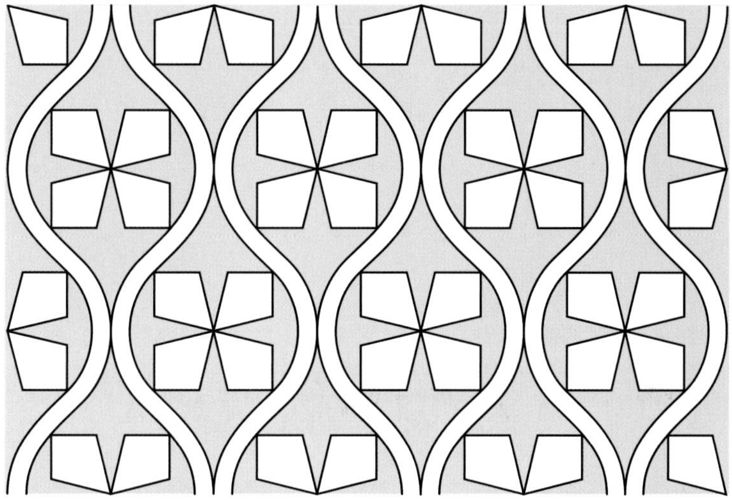

Schmalseiten

Teelichthalter – Kerbschnitzvorlagen

Vorder- und Rückseite

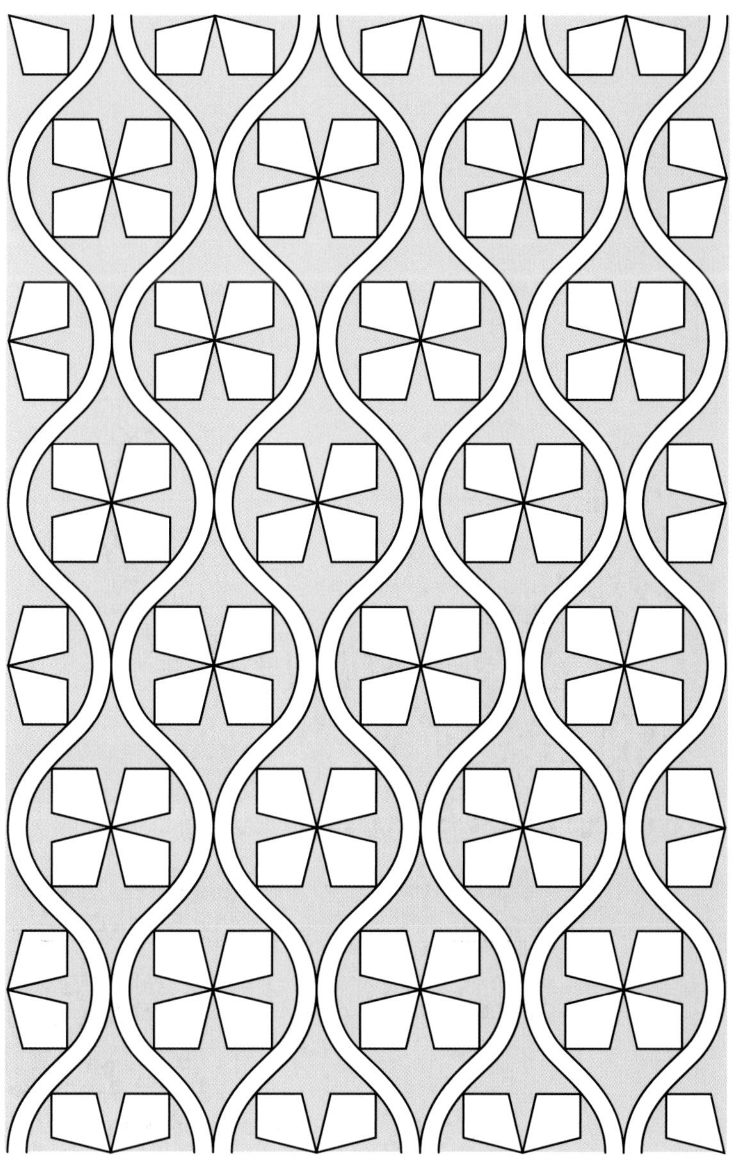

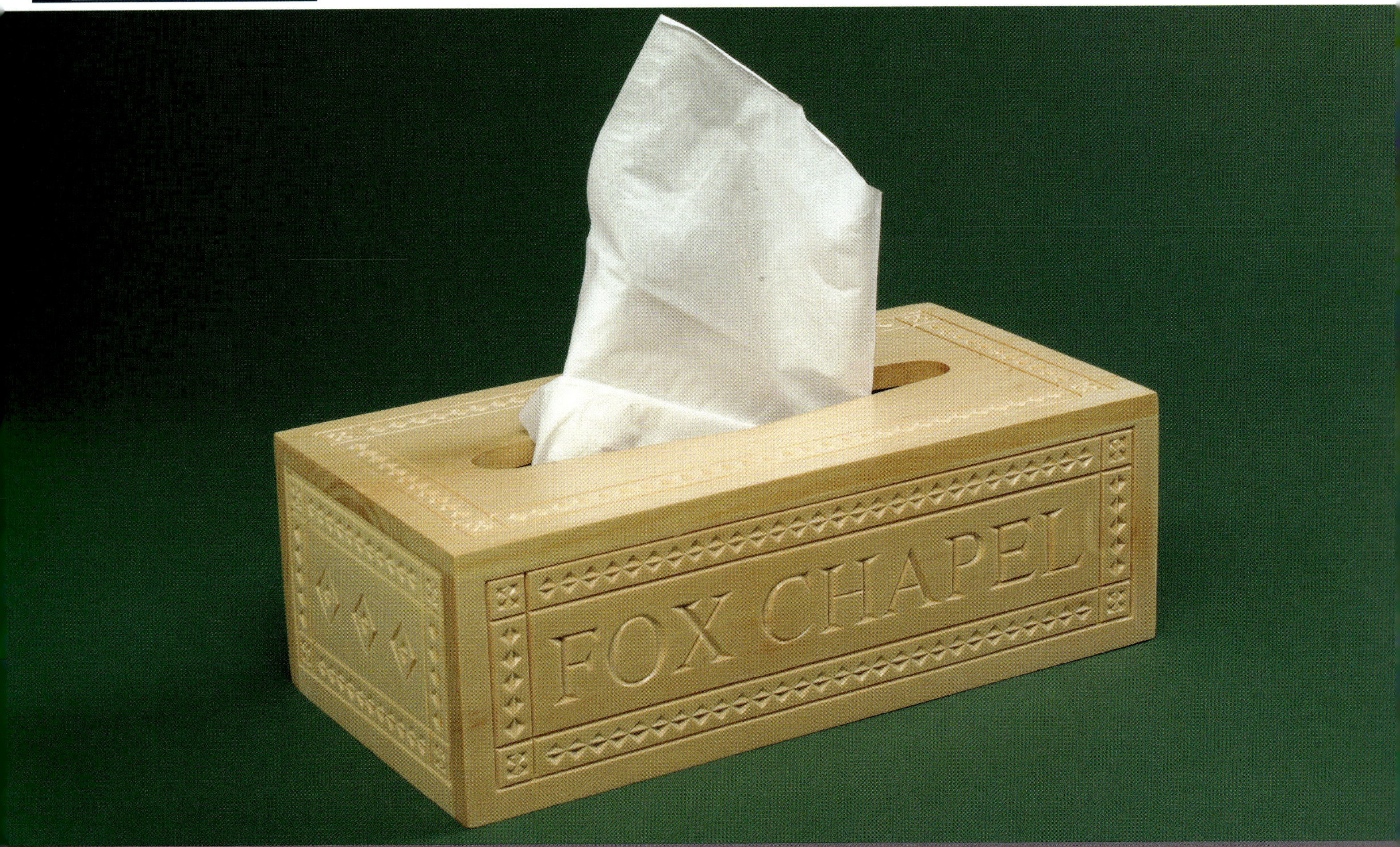

TASCHENTUCHBOX

DIE IDEE

Diese Box zur freien Entnahme von Taschentüchern ist als Geschenk für den Verlag „Fox Chapel" gedacht, der dieses Buch in englischer Sprache herausgebracht hat. Ich kann mir die Box im Empfangsbereich des Verlages, im Sitzungszimmer oder im Büro des Chefs Alan Giagnocavo vorstellen. Ich möchte sie mit einer geometrischen Bordüre verzieren, als Material habe ich Lindenholz gewählt.

Nun muss ich mich noch für eine bestimmte Bordüre und ein Hauptmotiv entscheiden. Ein Muster aus versenkten Karos gefällt mir besonders gut; an den scharfen Graten in der Mitte der einzelnen Karos kann ich meine Geschicklichkeit unter Beweis stellen. Sie finden dieses Muster in Kapitel 6; auf Seite 33 erfahren Sie, wie Sie die Zeichnung anfertigen können. Als Hauptmotiv für die Vorder- und Rückseite wähle ich den Verlagsnamen „Fox Chapel" in Antiqua-Großbuchstaben. Auf der Oberseite möchte ich es mit der Bordüre genug sein lassen, damit das Dekor nicht überladen wirkt. Zusätzliche, größere Karomotive an den beiden Schmalseiten runden den Gesamteindruck ab.

Die hölzerne Taschentuchbox ist als Bausatz erhältlich. Falls Sie die Teile selbst zuschneiden und den Schlitz aussägen wollen, habe ich die Maße in der Materialliste angegeben (Vorlage für den Schlitz siehe Seite 108). Die Holzart hängt von dem Muster ab, das Sie schnitzen wollen. Für mein geometrisches Muster habe ich Lindenholz gewählt. Auf jeden Fall empfehle ich, die Box vor dem Schnitzen zusammenzuleimen und abzuschleifen.

MATERIAL

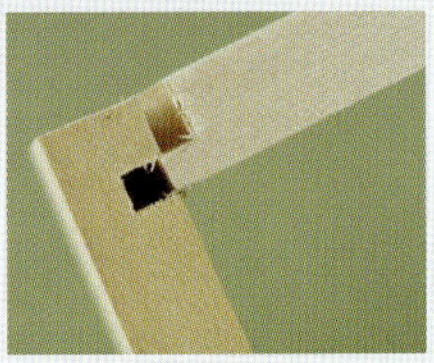

Holz: Lindenholz

Ober- und Unterseite:
140 x 280 x 9 mm

Vorder- und Rückseite:
95 x 280 x 9 mm

Schmalseiten: 95 x 133 x 9 mm

Alle Maße sind Fertigmaße. Der Bausatz, den ich verwende, sieht zwischen den Längs- und Schmalseiten keine Stoßverbindungen, sondern verdeckte Nutverbindungen vor (siehe Detailfoto oben).

Schritt 1: Wenn die Box fertig zusammengebaut und abgeschliffen ist, kann ich mit dem Zeichnen der Vorlage für die Bordüre beginnen. Es soll eine Bordüre in Normalgröße aus 4-mm-Quadraten mit einer beidseitigen Umrahmung aus 2 mm breiten Linienschnitten werden (Näheres dazu siehe Kapitel 6).

Messen Sie von jeder Kante 10 mm einwärts und ziehen Sie mit einem guten Lineal oder einer Reißschiene die äußerste Linie (roter Pfeil).

Schritt 2: Ziehen Sie die anderen Hilfslinien. Der Abstand zwischen den beiden äußersten Linien beträgt 2 mm, dann folgt wieder ein Abstand von 2 mm. Nun kommen die 3 waagrechten Linien für die Doppelreihe aus 4-mm-Quadraten. Nach einem weiteren Abstand von 2 mm folgen die beiden inneren Linien, die 2 mm voneinander entfernt sind. Ziehen Sie diese Hilfslinien auf der Oberseite, der Vorder- und Rückseite und auf den Schmalseiten. Lassen Sie die senkrechten Linien für die 4-mm-Quadrate vorläufig noch weg.

Schritt 3: Nun müssen wir den Zwischenraum zwischen der innersten senkrechten Linie und dem Beginn der 4-mm-Quadrate ausrechnen. Ich habe diesen Zwischenraum auf der Abbildung mit einem blauen Pfeil markiert. Ideal wären 2 mm, weil die Abstände zwischen den Hilfslinien auch 2 mm betragen. Wir müssen den Zwischenraum jedoch an die Länge der Bordüre anpassen.

Messen Sie zuerst an der Oberseite der Box den Abstand zwischen den beiden inneren senkrechten Linien. Bei meiner Box beträgt der Abstand 227 mm. Jedes Karo besteht aus zwei 4-mm-Quadraten, ist also 8 mm breit. 227 dividiert durch 8 ergibt 28,375. Wenn ich 28 Karos schnitze (28 x 8 = 224), bleiben 3 mm übrig. Das trifft sich ausgezeichnet, denn nun kann ich an beiden Seiten je 2 mm Abstand lassen und eines von den 28 Karos nur 7 mm statt 8 mm breit machen. Wetten, dass das 7-mm-Karo niemandem auffallen wird?

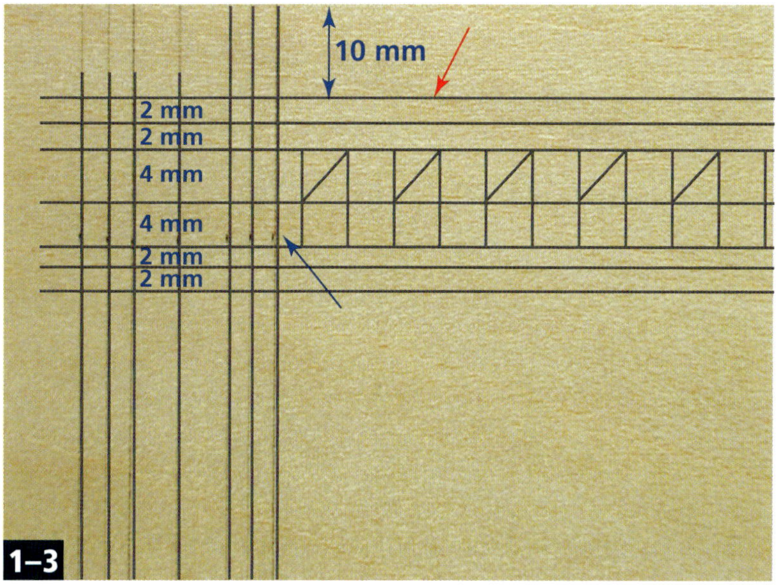

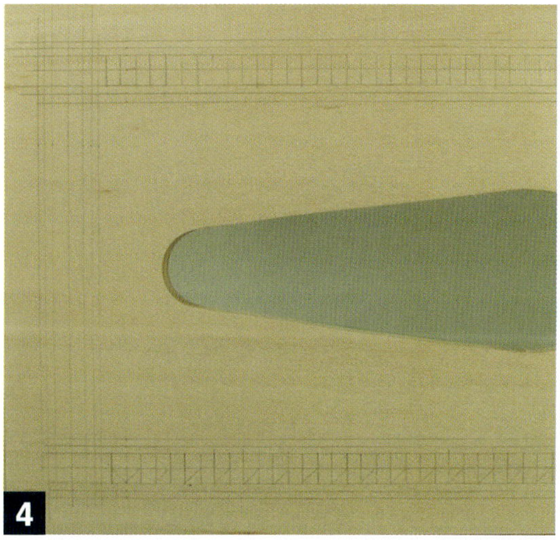

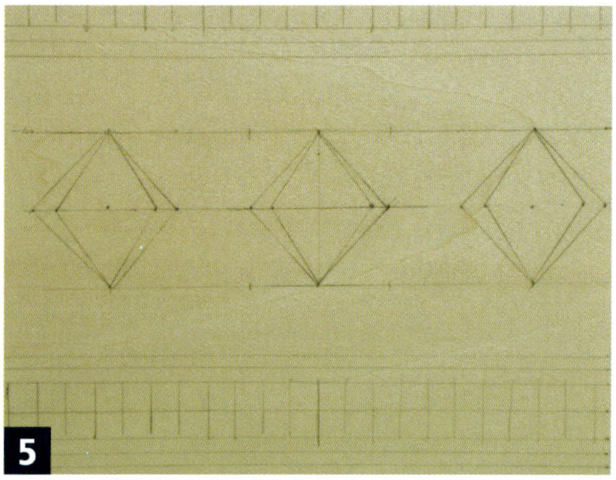

TIPP

Manche Kerbschnitzer beginnen lieber mit der Mittellinie und zeichnen die 4-mm- oder 8-mm-Quadrate der Bordüre „von innen nach außen". Sie erreichen damit eine große Genauigkeit bei den Quadraten, der Abstand zwischen Bordüre und Kante ist aber nicht auf allen Seiten gleich. Nach meiner Methode stimmt der Abstand von der Kante genau.

Tipp

Ich halte die Box zwischen den Knien und schnitze zuerst die Oberseite, dann die Vorder- und Rückseite und zuletzt die Schmalseiten. Durch diese Reihenfolge kann ich am ehesten verhindern, dass die scharfen Grate inmitten der versenkten Karos ausbrechen. Noch ein Extratipp: Besonders zarte, bruchgefährdete Bereiche schütze ich immer mit einem Stück Karton (z. B. der Rückseite eines Schreibblocks), das ich mit Abdeckband auf dem Holz befestige.

Schritt 4: Messen, berechnen und zeichnen Sie nun – immer noch auf der Oberseite – die Quadrate in den senkrecht verlaufenden Bordüren (an den kurzen Seiten des Rechtecks) nach der gleichen Methode. Mit den Maßen sollten Sie keine Schwierigkeiten haben.

Wie Sie auf dem Foto sehen **(Abb. unten links)**, bleibt für weitere Ornamente auf der Oberseite der Box zu wenig Platz – sie würde überladen und unübersichtlich wirken.

Schritt 5: Nun zeichnen Sie die Bordüren an der Vorder- und Rückseite. Bei den „langen" Bordüren (oben und unten) können Sie die Maße von der Oberseite übernehmen. Als Nächstes kommen die „kurzen" (seitlichen) Bordüren dran. Sie werden auch hier mit den Maßen keine Schwierigkeiten haben. Ein Glück – nicht jedes Muster geht sich so gut aus.

Schritt 6: Jetzt kommt die Schrift an die Reihe. Ein Tipp: Lesen Sie Kapitel 13, bevor Sie die Buchstaben schnitzen oder auch nur zeichnen. Ich habe eine Antiqua-Schrift gewählt; für die Höhe der Buchstaben scheinen mir 25 mm optimal. Um die Schrift genau zu zentrieren, zeichnen Sie die Buchstaben nicht auf das Holz, sondern auf Transparentpapier – genau so, wie sie auf der Box aussehen sollen, einschließlich der Abstände zwischen den Buchstaben, den Wörtern und/oder Initialen. Ziehen Sie eine Grundlinie, damit kein Buchstabe „aus der Reihe tanzt". Um die Schrift auf dem Werkstück auszurichten, zeichnen Sie eine waagrechte und eine senkrechte Mittellinie, sodass die Schrift der Länge und der Breite nach halbiert wird. Zeichnen Sie ebensolche Mittellinien auf das Holz. Nun übertragen Sie die Schrift mit Graphitpapier auf die Box (siehe dazu Kapitel 12).

Schritt 7: Jetzt fehlen noch die Schmalseiten. Zeichnen Sie zuerst die Bordüren, falls Sie das nicht schon getan haben. Das Motiv auf der freien Fläche soll zur Bordüre passen und nicht einfach nur den leeren Raum auffüllen. Im Allgemeinen vermeide ich es, geometrische und frei gestaltete Muster zu mischen. Das Karomuster, das ich gewählt habe, passt zur Bordüre und sorgt für einen stimmigen Gesamteindruck.

Fertigstellung: Ich habe auch hier einen seidenmatten Sprühlack gewählt (Professional Clear Finish/ Satin von Varathane). Näheres dazu siehe Kapitel 14.

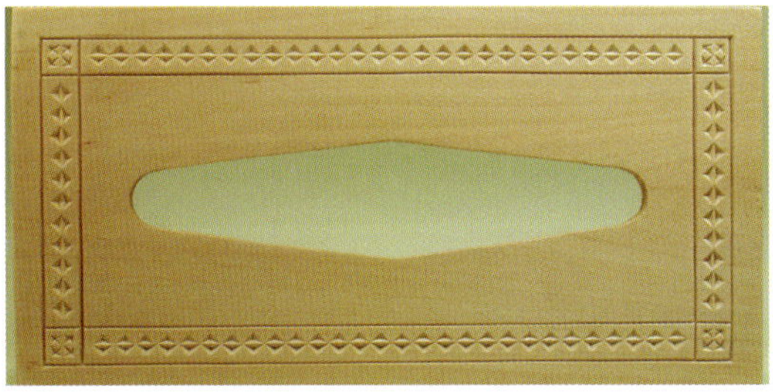

Die fertige Oberseite.

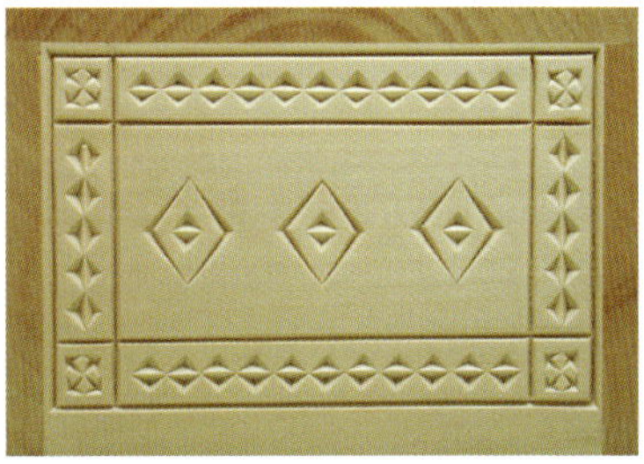

Auch die Schmalseiten sind gut gelungen.

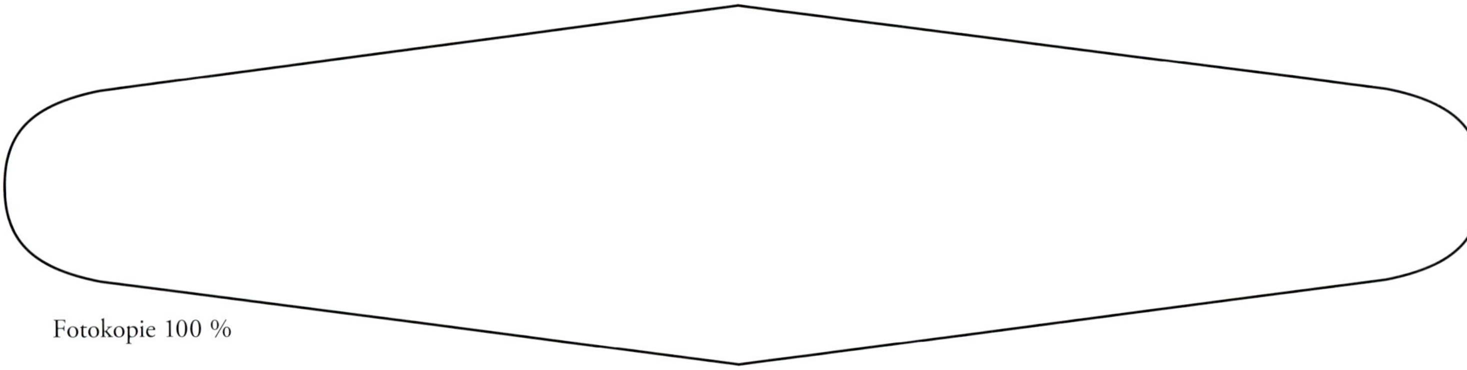

Fotokopie 100 %

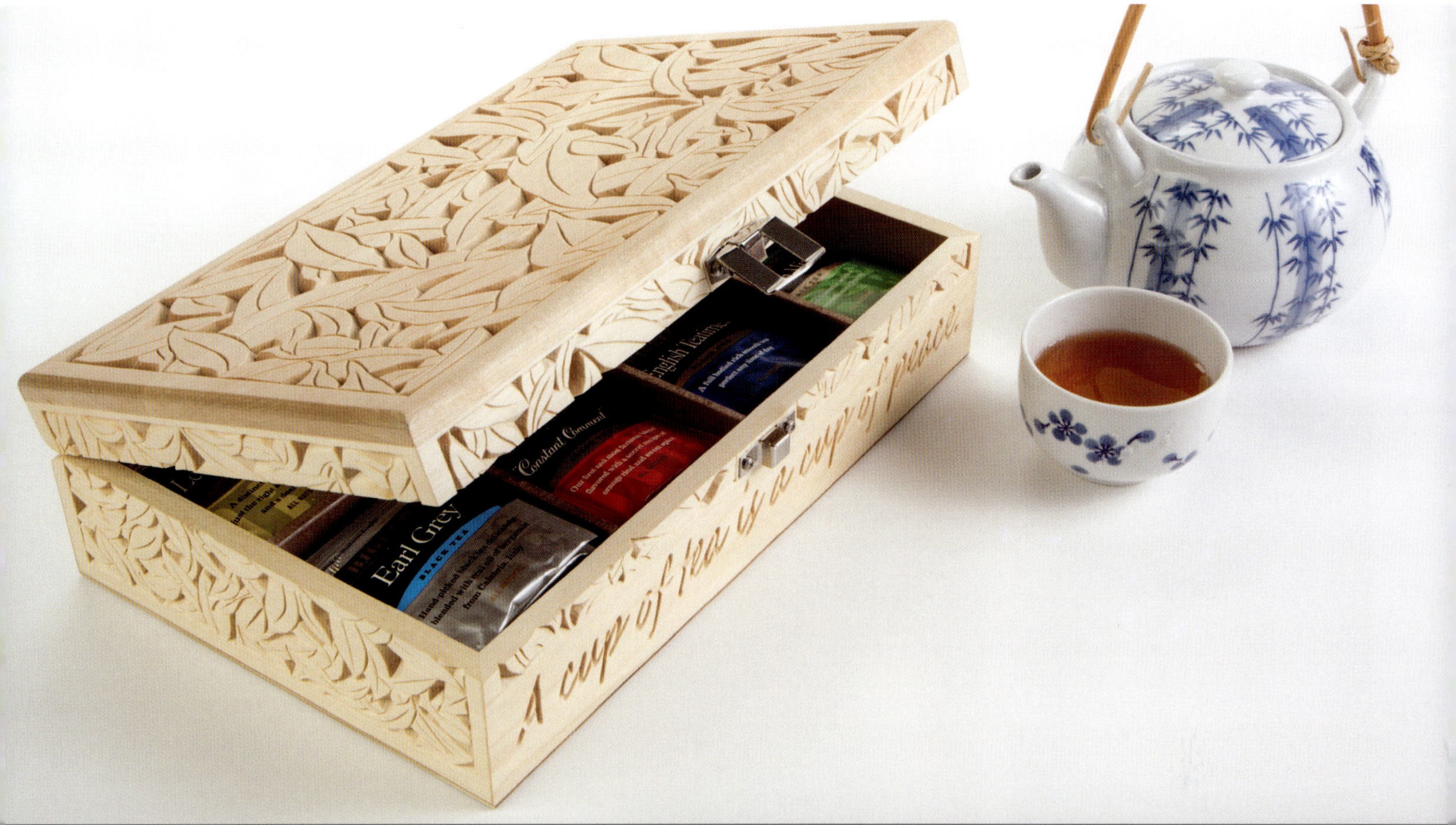

TEEBOX (VON MARTY LEENHOUTS)

Nehmen Sie den Metallverschluss ab, damit Sie die gesamte Box mit immer feineren Körnungen (mindestens 220) abschleifen können. Saugen Sie den Schleifstaub ab. Falls nötig, vergrößern oder verkleinern Sie die Vorlage mit einem Kopierer, sodass sie zu Ihrer Box passt. Die Vorlage ist eigentlich zum Übertragen mit Graphitpapier gedacht. Ich arbeite jedoch lieber mit dem Pattern Transfer Tool (PTT), einem Brenngerät, mit dem ich eine tonerbasierte Laserkopie durch Hitzeeinwirkung übertragen kann. Eine spiegelverkehrte Vorlage für die Übertragung mit dem PTT finden Sie unter www.WoodcarvingIllustrated.com.

Ich habe eine Schrift mit abgerundeten Enden gewählt, die beim Schnitzen Probleme bereiten können; die Mühe lohnt sich aber auf jeden Fall. Nach Wunsch können Sie sich mit dem Computer auch eine andere Schriftart aussuchen. Üben Sie das Schnitzen der Buchstaben, bevor Sie die Box in Angriff nehmen. Übertragen Sie die Buchstaben mit einer Methode Ihrer Wahl auf das Holz.

MATERIAL

Box aus Lindenholz	Schleifversiegelung
Graphitpapier (optional)	Seidenmatter Sprühlack
Radiergummi (z. B. Sand-Radiergummi von Tombow)	Gelbeize (optional)

DIE IDEE

Wasser ist zwar immer noch das am häufigsten konsumierte Getränk weltweit, danach kommt jedoch schon der Tee. Diese hölzerne Box mit 8 Unterteilungen für Teebeutel sieht edel aus, braucht weniger Platz als das übliche Schachtel-Wirrwarr und erleichtert es tee-affinen Gästen, sich eine Sorte auszusuchen.

Um die Box mit Kerbschnitzornamenten zu verzieren, verwende ich nur ein einziges Schnitzmesser, das Spezialmesser „modified knife" von der Firma My Chip Carving. Seine Form erleichtert das Schnitzen der Rundungen und der Buchstaben. Das Messer muss gut geschärft sein! Ich verwende die „Scary Sharp"-Schärfmethode, die in zahlreichen Online-Tutorials erklärt wird.

Bei dem erhabenen Muster wird der grau gefärbte Hintergrund weggeschnitten; die Blätter bleiben stehen. Die Tiefe der Schnitte variiert je nach der Breite der Kerben.

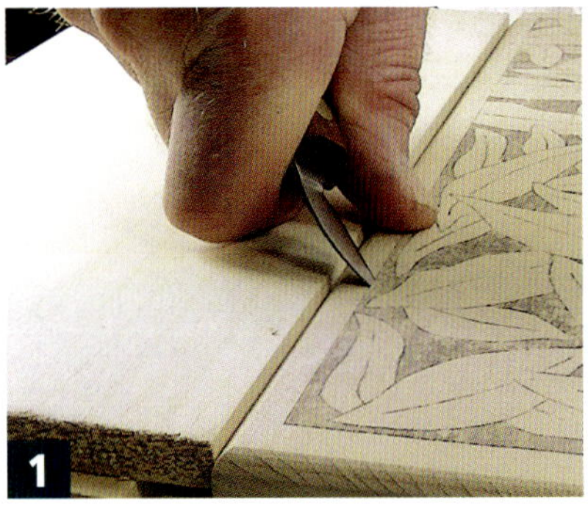
1

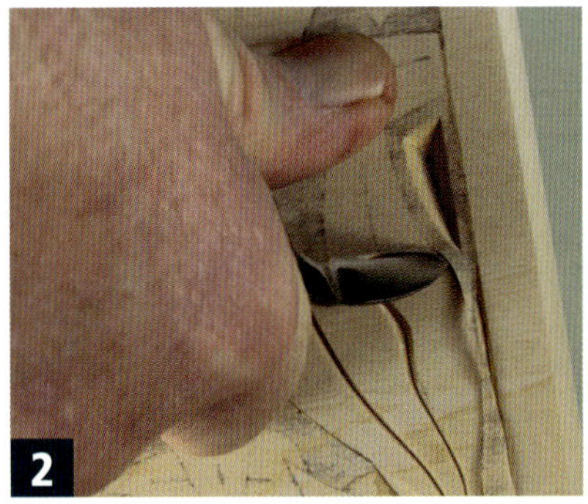
2

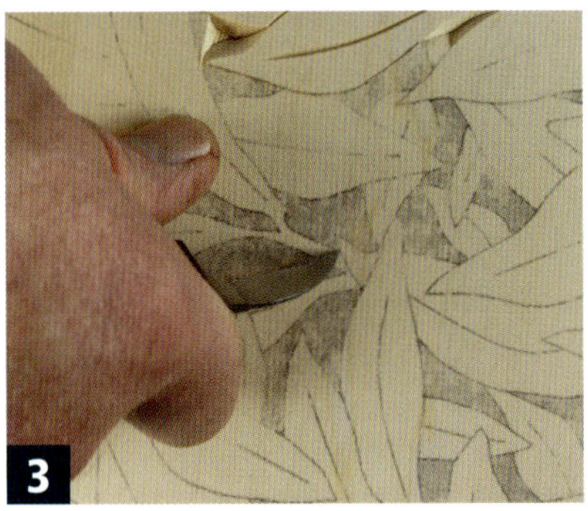
3

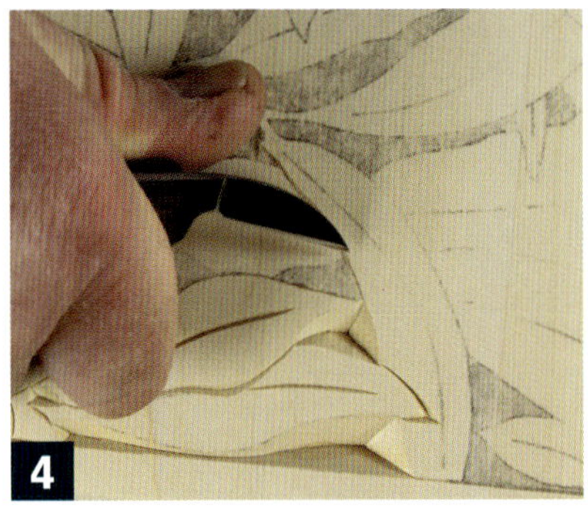
4

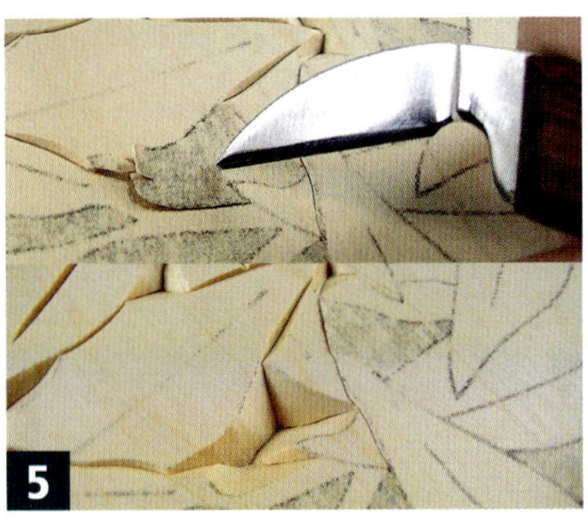
5

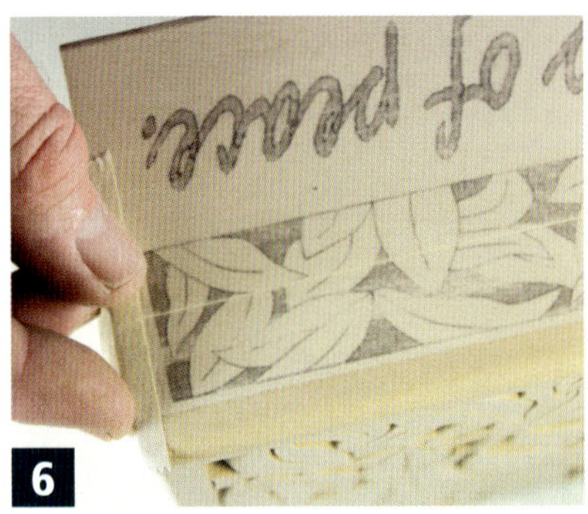
6

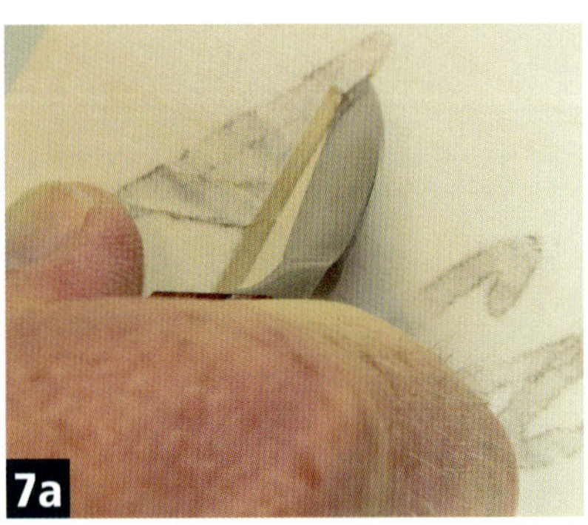
7a

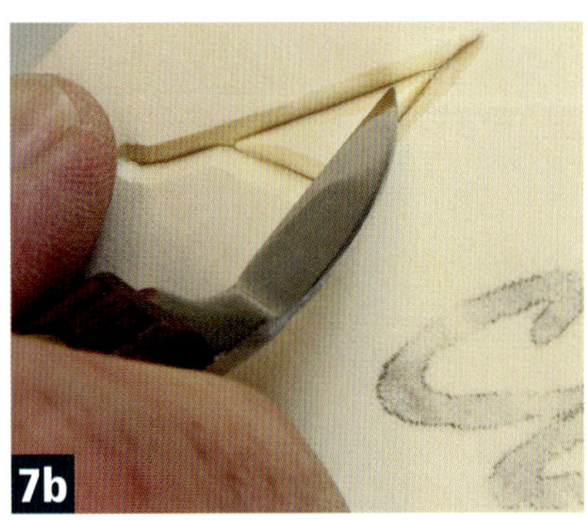
7b

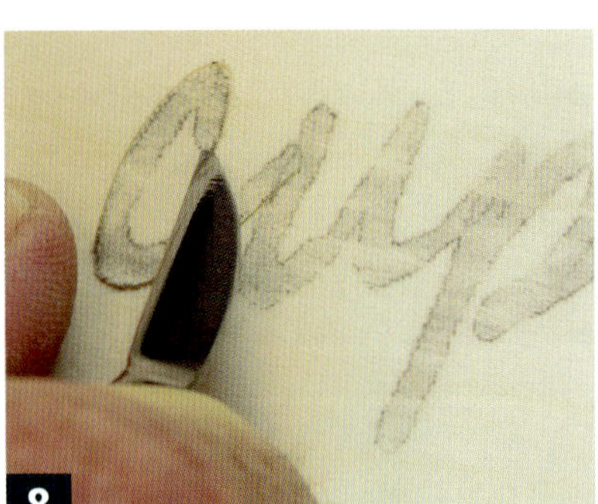
8

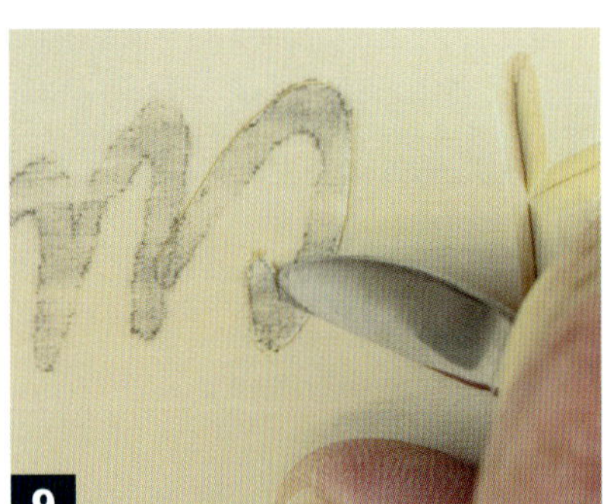
9

Schritt 1: Schneiden Sie an der Umrahmungslinie auf dem Deckel der Box entlang. Wenn Sie einen Stapel aus Brettern oder Büchern neben der Box platzieren und die Hand darauf stützen, können Sie die Hand mit dem Messer sowie den Arm in der richtigen Position halten und genauer schneiden. Versuchen Sie den Schnitt in einem Zug auszuführen und nicht immer neu anzusetzen, damit glatte, ununterbrochene Schnittlinien entstehen.

Schritt 2: Schneiden Sie die großen Kerben. Das geht leichter, wenn Sie in der Mitte einen kleinen Span herausschneiden und erst dann an den äußeren und inneren Begrenzungslinien entlangschneiden, um den großen Span sauber herauszulösen.

Schritt 3: Schnitzen Sie die inneren Blätter. Stellen Sie zuvor die Faserrichtung fest (siehe Tipp rechts). Beginnen Sie am unteren Ende des Blattes und schneiden Sie weiter, bis ein überlappendes Blatt die Schnittlinie kreuzt. In den Bereichen, wo sich die Blätter überlappen, variieren Sie die Breite der Kerben, die dadurch automatisch auch verschieden tief werden. Dadurch wird die Schnitzarbeit abwechslungsreicher und interessanter.

Schritt 4: Drehen Sie die Box nach Bedarf. Auf dem Foto sehen Sie, wie sauber sich der Span herauslösen lässt, wenn der dritte (= letzte) Schnitt in Faserrichtung geführt wird. Lassen Sie das Messer nach Bedarf abrollen (siehe Tipp), um benachbarte Kerben zu schneiden.

Schritt 5: Setzen Sie den Schnitt wenn möglich im Abfallbereich an, sodass der Schnitt in der Mitte des Hintergrundbereichs bis zum Kerbgrund hinunterreicht. Wiederholen Sie diesen Vorgang, wenn Sie die übrigen Hintergrundbereiche rund um die Blätter wegschneiden.

Schritt 6: Fixieren Sie den Deckel mit Abdeckband auf der Box. Nun schnitzen Sie die Blätter an der Vorderseite und auf den Seitenflächen, als ob die geschlossene Box ein massives Holzbrett wäre. Vorsicht bei den Kerben, die sich teilweise auf dem Deckel und teilweise auf dem Unterteil der Box befinden!

Schritt 7: Schnitzen Sie den Buchstabenkörper des Anfangsbuchstabens A. Setzen Sie den inneren Schnitt direkt oberhalb der Spitze des inneren Dreiecks an – sonst bleiben Holzfasern am Kerbgrund zurück. Setzen Sie den Außenschnitt an der Spitze des Buchstabens an.

Schritt 8: Schneiden Sie am äußeren Umriss der gerundeten Buchstaben entlang. Wenn Sie sich der engen Rundung am Ende des jeweiligen Buchstabens nähern, drehen Sie die Box unter der Messerspitze und ziehen Sie am Scheitelpunkt der Kurve die Klinge bis auf die äußerste Spitze aus dem Holz. Mit der Messerspitze können Sie die Rundung sauber schneiden.

Schritt 9: Drehen Sie die Box weiter und lassen Sie weiterhin nur die Messerspitze im Holz. Wenn Sie an der

Engstelle vorbeikommen, drücken Sie die Klinge wieder tiefer ins Holz, sodass der Span herausgelöst wird. Mit dieser Technik können Sie die abgerundeten Enden aller Buchstaben schneiden.

Schritt 10: Setzen Sie die Messerspitze am Grund der soeben geschnittenen Kerbe an. Dadurch stellen Sie sicher, dass sämtliche Schnitte sich im gleichen Punkt treffen. Schneiden Sie von diesem Punkt aus zügig an der Innenseite des Buchstabens entlang.

Schritt 11: Radieren Sie von der fertigen Arbeit alle verbleibenden Vorlagelinien ab. Ich nehme dazu einen Sand-Radierer von Tombow. Durch seine rauhe Konsistenz entfernt er die dunklen Linien, ohne die Oberfläche der Schnitzarbeit anzugreifen.

Schritt 12: Bringen Sie einen Überzug bzw. eine Schleifversiegelung auf. Entfernen Sie raue Stellen, die sich durch das Aufstellen der Fasern gebildet haben, und andere Unebenheiten. Dann bringen Sie einen Überzug aus seidenmattem Sprühlack auf. Lassen Sie den Lack trocknen und tragen Sie einen Gelbeize-Überzug auf, um die Kerben abzudunkeln. Lassen Sie die Beize über Nacht trocknen und bringen Sie noch einen letzten seidenmatten Sprühlack-Überzug auf.

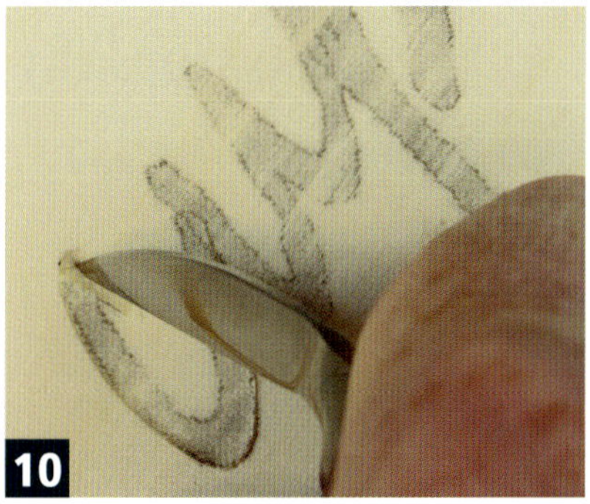
10

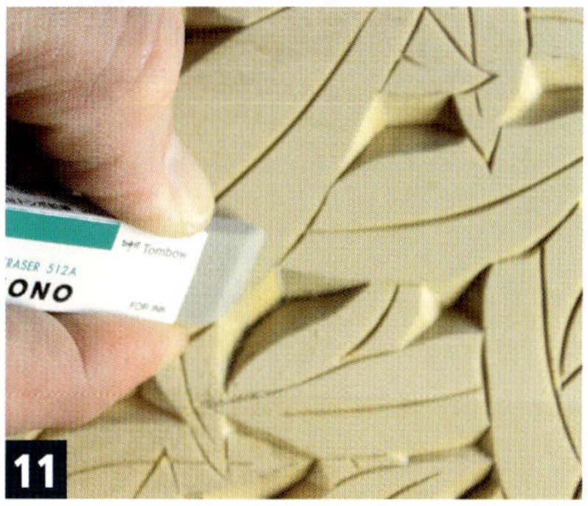

11

Tipp

Faserrichtung ermitteln

Um so viele Schnitte wie möglich in Faserrichtung auszuführen, ermittle ich die Faserrichtung, indem ich ein Paket Spielkarten an den äußeren Rand des Schnittes platziere. Dann kippe ich die Kante des Kartenpakets entlang der Vorlagelinie. Die Kanten der Spielkarten gleiten nur in eine Richtung gleichmäßig, nämlich in Faserrichtung. Um in diesem Bereich in Faserrichtung zu schneiden und den Span herauszulösen, lassen Sie das Messer abrollen und platzieren Sie den Daumen unter dem Messergriff. Der Daumen rastet auf dem Holz auf, stützt den Griff ab und sorgt für einen konstanten Winkel.

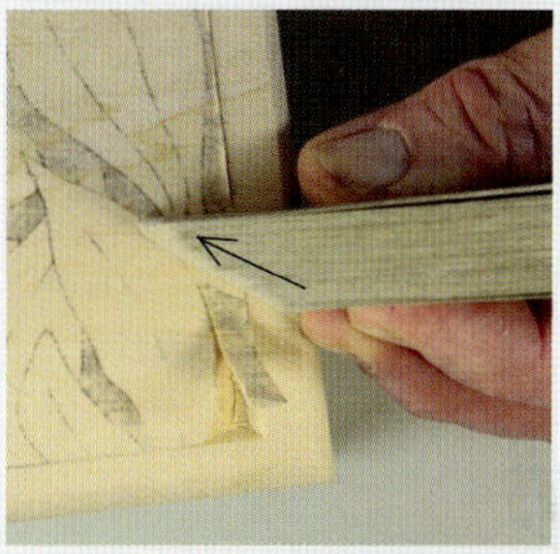

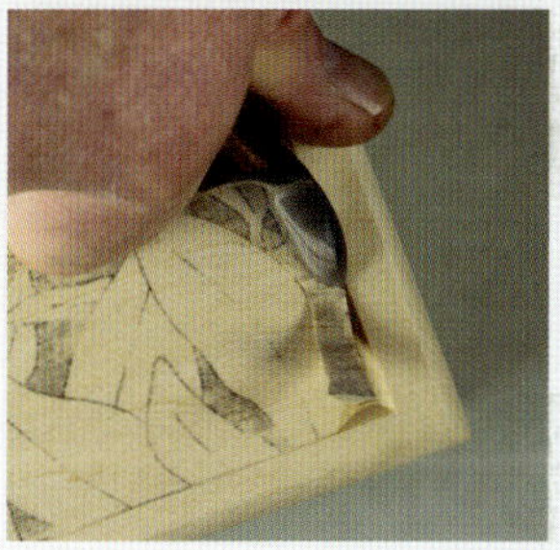

Teebox – Kerbschnitzvorlage (Schmalseite)

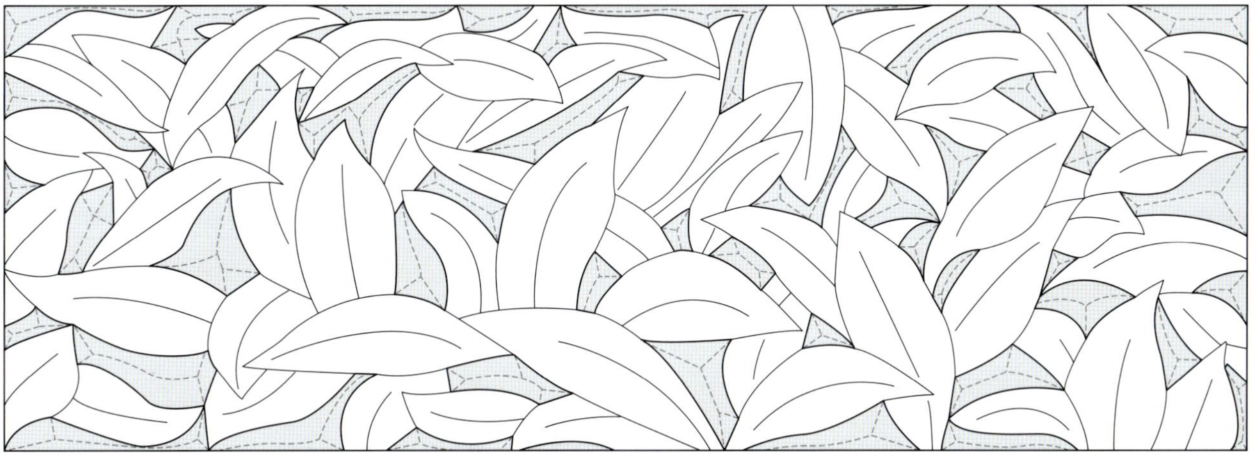

Teebox – Kerbschnitzvorlage (Vorderseite und Deckel)

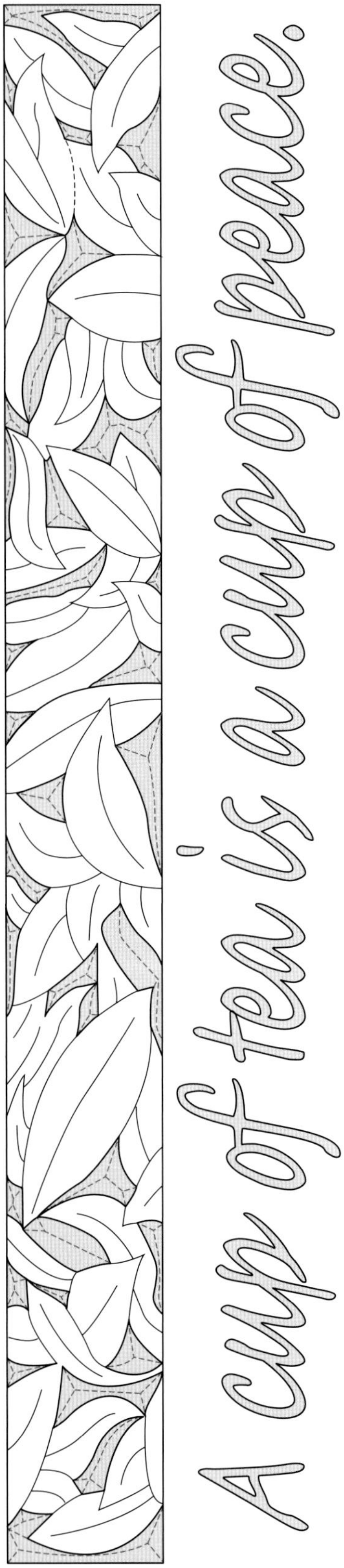

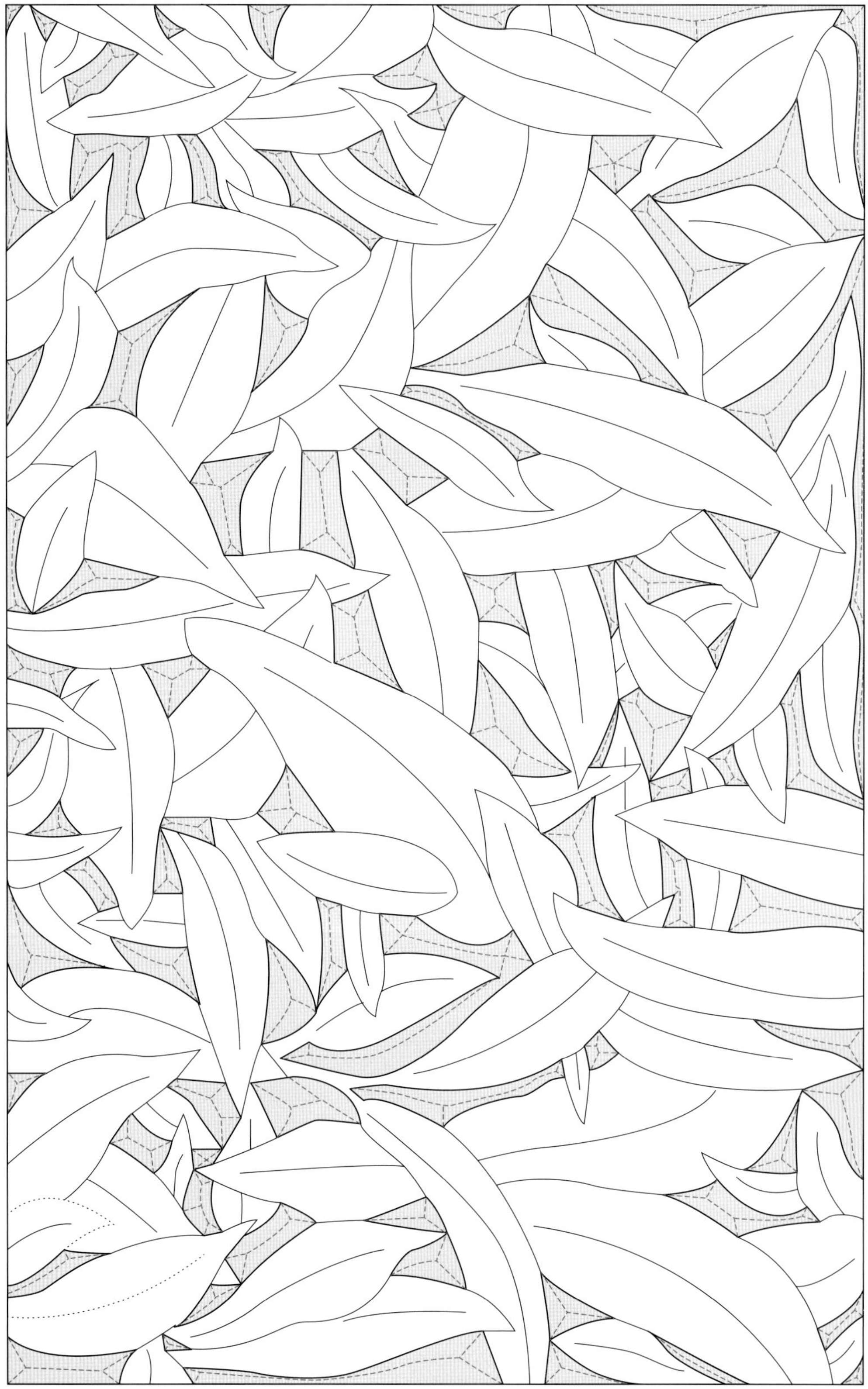

Passen Sie die Vorlagen an
die Größe Ihrer Box an.

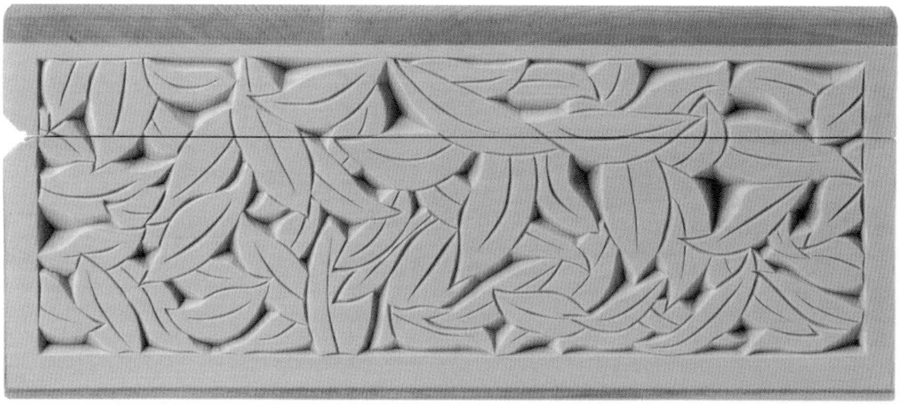

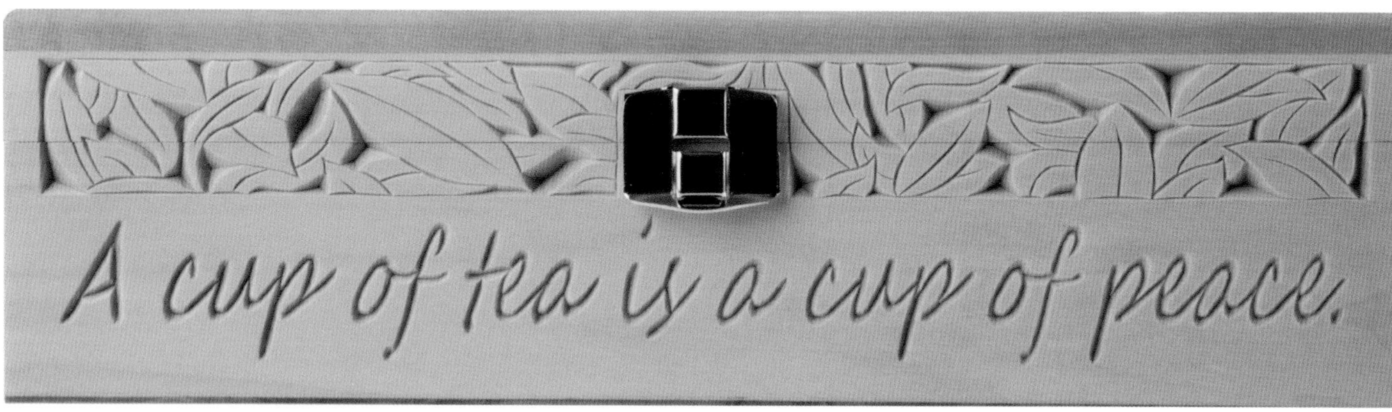
A cup of tea is a cup of peace.

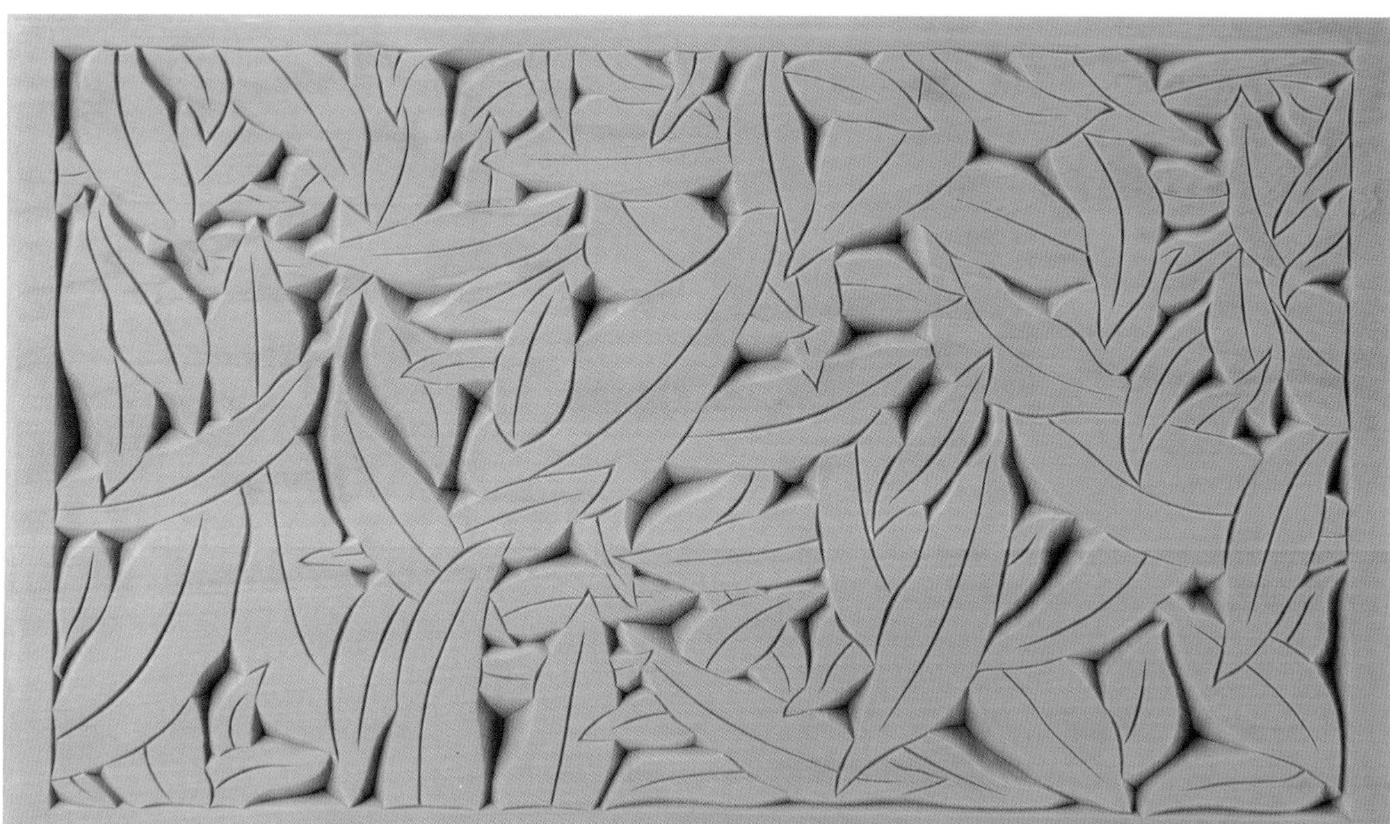

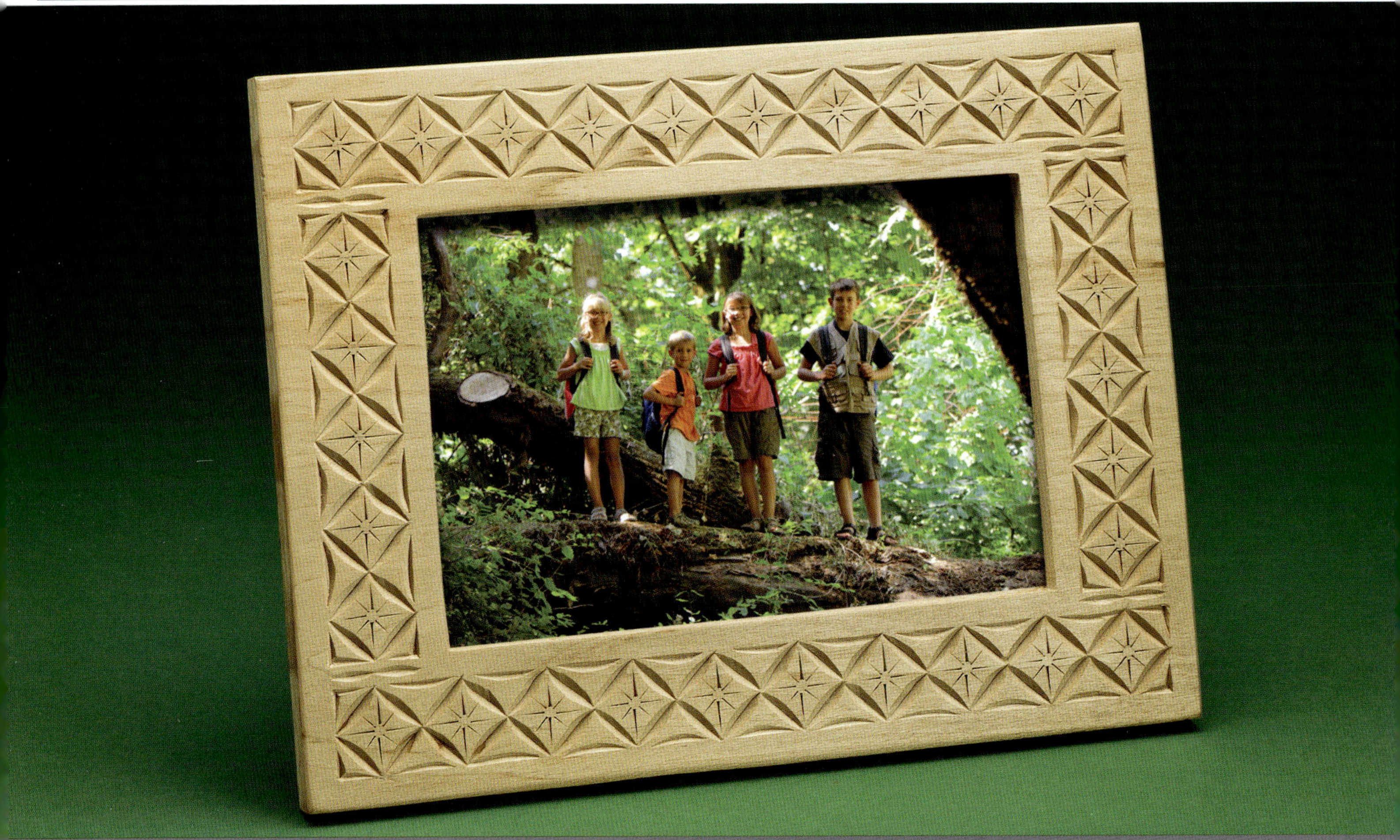

BILDERRAHMEN (VON GARY MACKAY)

DIE IDEE

Mit diesem schönen Rahmen können Sie Ihr Lieblingsfoto im gängigen Format von 100 x 150 mm bestmöglich in Szene setzen. Das Kerbschnitzmuster besteht aus einfachen Stechschnitten und mandelförmigen Zweischnittkerben. Schnitzen Sie zuerst das Muster fertig und schneiden Sie dann die Öffnung für das Foto aus.

Wenn Sie nur ein massives Lindenholzbrett verwenden, müssen Sie die Öffnung aussägen und dann auf der Rückseite einen Falz schneiden. Leichter geht es, wenn Sie – wie hier beschrieben – zwei 6 mm starke Holzschichten zusammenleimen. Vorsicht: Der Feuchtigkeitsgehalt des Holzes ändert sich je nach Jahreszeit. Achten Sie beim Leimen darauf, dass die Maserung beider Schichten in die entgegengesetzte Richtung verläuft (siehe Diagramme rechts), damit der Rahmen sich nicht verzieht.

MATERIAL

Vorder- und Rückseite des Rahmens: 2 Bretter aus Lindenholz, 6 x 165 x 216 mm

Trägerplatte, Halterungen: 1 Sperrholzbrett, 3 x 114 x 178 mm

Füße: 2 Bretter aus Lindenholz, 13 x 51 x 102 mm

4 Holzschrauben Nr. 4 mit Flachköpfen, 13 mm lang

Schleifpapier in verschiedenen Körnungen

Glasscheibe, 102 x 152 mm

Holzleim

Ablösbarer Klebestick oder Sprühkleber

Polyurethan-Sprühkleber, seidenmatt

Kerbschnitzmuster schnitzen

Schritt 1: Übertragen Sie die Schnitzvorlage auf den Rohling für die Vorderseite des Rahmens. Um einen einheitlichen Gesamteindruck zu erhalten, machen Sie alle langen Stechschnitte zuerst. Drücken Sie dabei das Stecheisen senkrecht ins Holz und ziehen Sie die Klinge nach unten, um den Schnitt zu verlängern. Danach arbeiten Sie die kürzeren Stechschnitte.

Schritt 2: Schneiden Sie die zweiseitigen Kerben. Beginnen Sie mit den Karos, dann schnitzen Sie die innere und die äußere Umrahmung und zuletzt die Ecken. Achten Sie auf gleichmäßige Schnittwinkel bei allen Kerben.

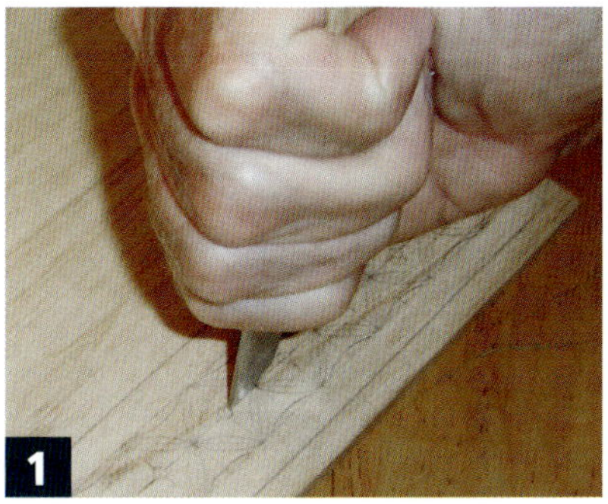
1

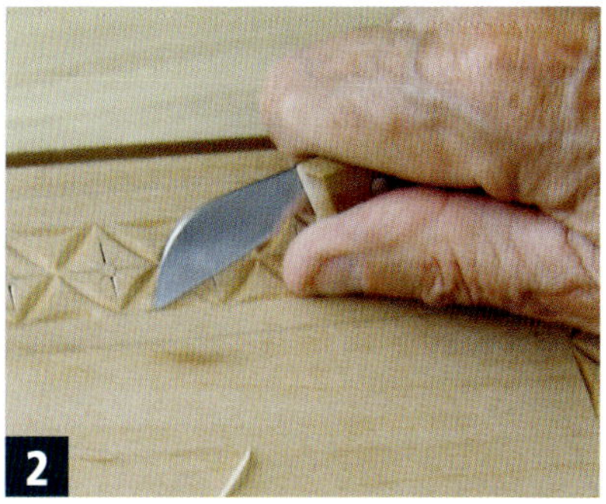
2

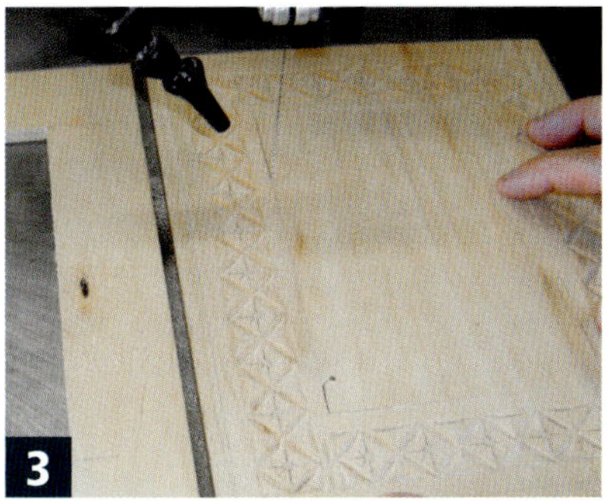
3

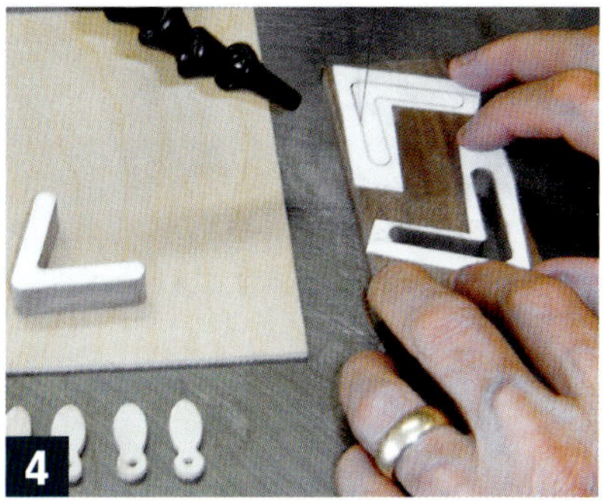
4

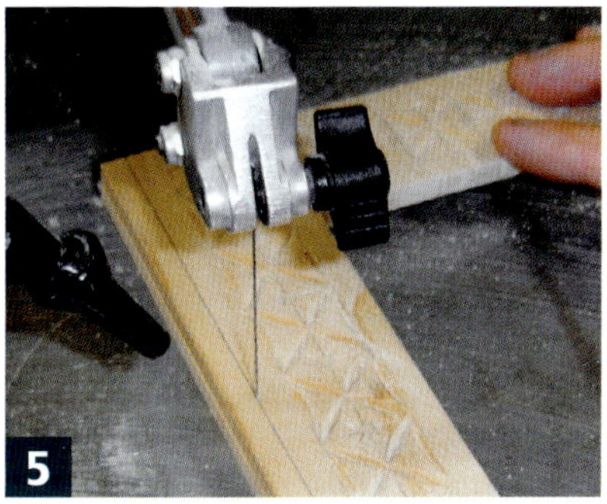
5

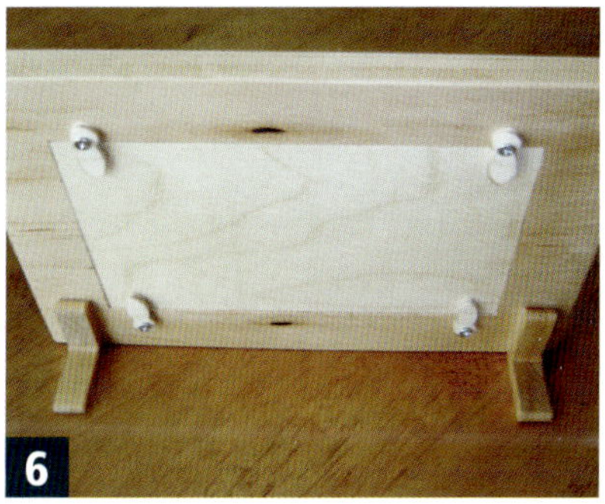
6

Rahmen zusammenbauen

Schritt 3: Übertragen Sie die strichlierte Linie auf den Rohling für die Rückseite des Rahmens. Bohren Sie innerhalb des Rechtecks ein Startloch und sägen Sie an der strichlierten Linie entlang. Dann bohren Sie ein Startloch innerhalb des Rechtecks auf der Vorderseite des Rahmens und sägen Sie an der ununterbrochenen Linie entlang.

Schritt 4: Übertragen Sie die strichlierte Linie auf den Sperrholz-Rohling für die Trägerplatte. Kleben Sie die Papiervorlagen für die Halterungen auf den Sperrholz-Rohling und die Papiervorlagen für die Füße auf die dafür vorgesehenen Holzrohlinge. Bohren Sie in jede Halterung ein Loch mit 2,5 mm Durchmesser. Sägen Sie alle Teile aus. Entfernen Sie die Papiervorlagen und schleifen Sie alle Teile ab.

Schritt 5: Um den Rahmen zusammenzuleimen, bringen Sie vorne auf der Rahmen-Rückseite Holzleim auf. Legen Sie die Rahmen-Vorderseite darauf, richten Sie die Kanten sorgfältig aus und fixieren Sie die Teile über Nacht mit Klemmen. Dann sägen Sie an der Umrisslinie des Rahmens entlang.

Schritt 6: Leimen Sie die Füße am Rahmen an. Bringen Sie zwei oder mehr Überzüge Polyurethan-Sprühlack auf den Rahmen und die Trägerplatte auf. Markieren Sie die Stellen, wo die Halterungen angebracht werden sollen, und bohren Sie für jede Halterung ein 10 mm tiefes Loch mit 2,5 mm Durchmesser in den Rahmen. Befestigen Sie die Halterungen mit Holzschrauben.

Maserungsverlauf beim Zusammenleimen

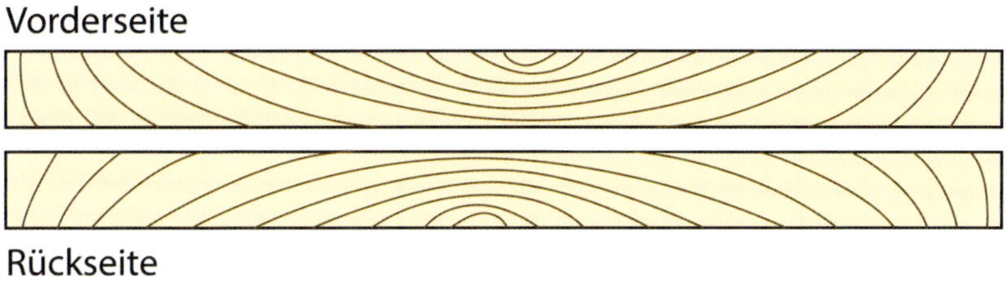

Bilderrahmen – Vorlage

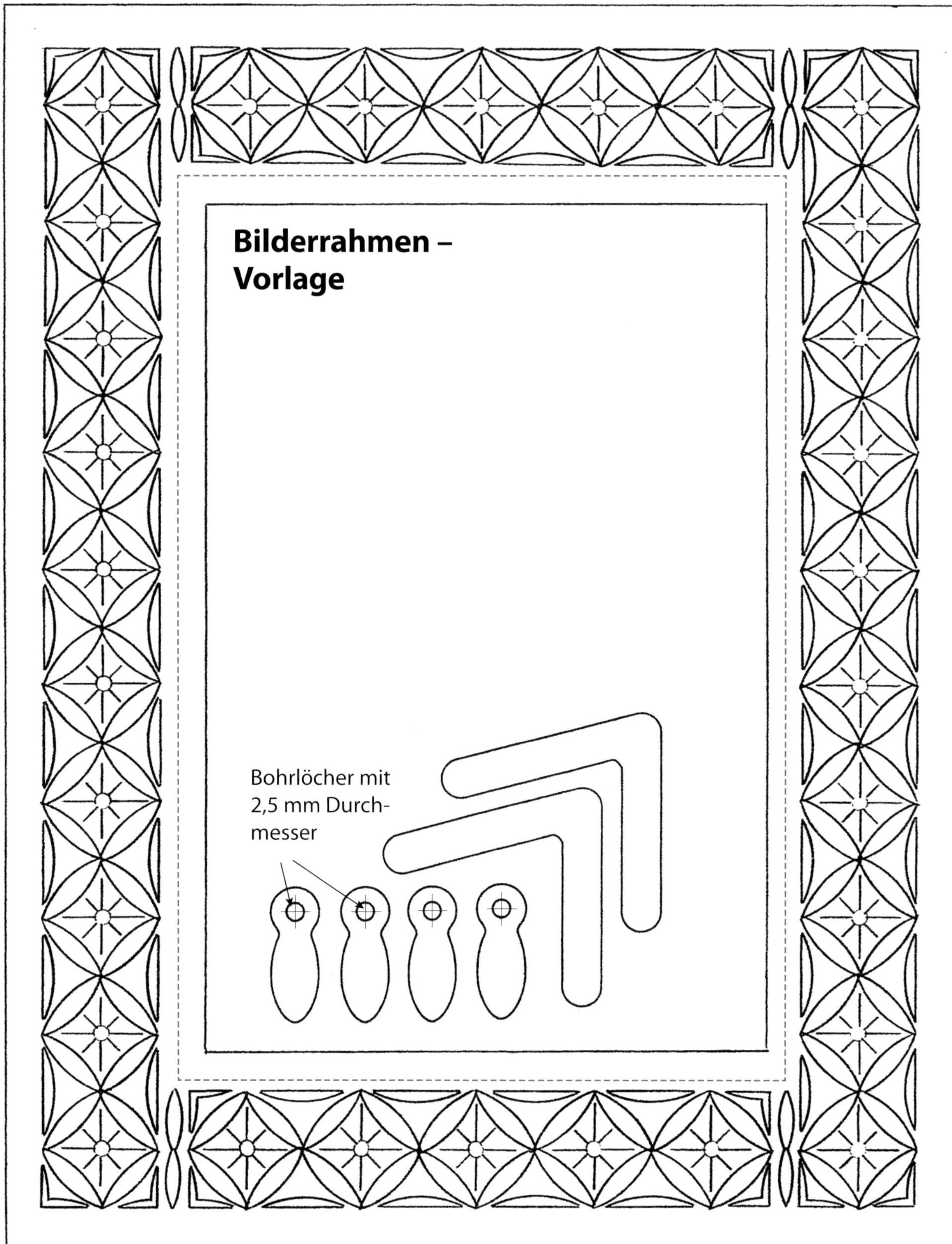

Anhang

Bezugsquellenregister

EMPFEHLUNGEN DES AUTORS

Chipping AWAY, Inc.
www.chippingaway.com

Woodcraft Shop
www.thewoodcraftshop.com

Highland Hardware dba Highland Woodworking
www.highlandwoodworking.com

Woodcraft Supply
www.woodcraft.com

DEUTSCHSPRACHIGE ONLINESHOPS

Adler Lackfabrik
www.adler-lacke.com

Ashley
www.ashley.de

Complex Farben
www.complex-farben.eu

Contorion GmbH
www.contorion.at

DICTUM GmbH
www.dictum.com

Schnitz- und Bildhauerschule Geisler-Moroder
www.schnitzeisen.at

Gittmeier GmbH
www.gittmeier.at

Carl Heidtmann Werkzeughandel
www.carl-heidtmann.de

Magma – Fine Woodworking
www.magma-tools.com/de/index.html

Holzprofi Pichlmann
www.holzprofi.com

Sachseneder GmbH
www.sachseneder.at

Dieter Schmid Werkzeuge GmbH
www.feinewerkzeuge.de

Wilh. Schmitt & Comp. GmbH & Co. KG
www.kirschen.de

Schreinerhandel HP GmbH
www.schreinerhandel.de

David Strasmann & Co.
www.dastra.net

Stubai ZMV GmbH
www.stubai.com

F. Zulauf Messerschmiede und Werkzeugfabrikations AG
www.pfeiltools.com

FOTOGALERIE

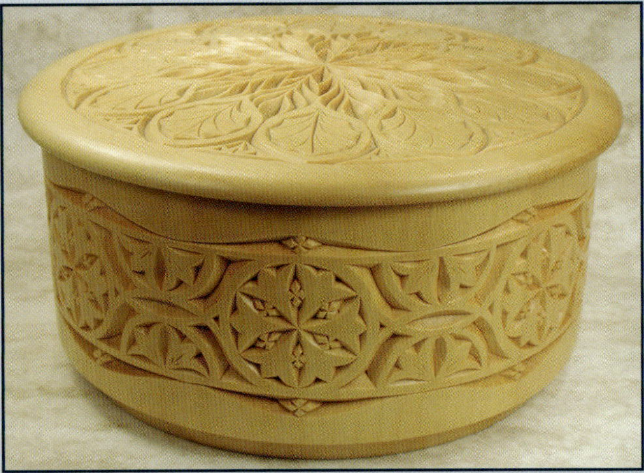

Deckelschale aus Lindenholz, geschnitzt von Wayne Boniface aus Kitchener, Ontario (Kanada)

Die Schale ist 112 mm hoch, der Deckel hat einen Durchmesser von 225 mm.

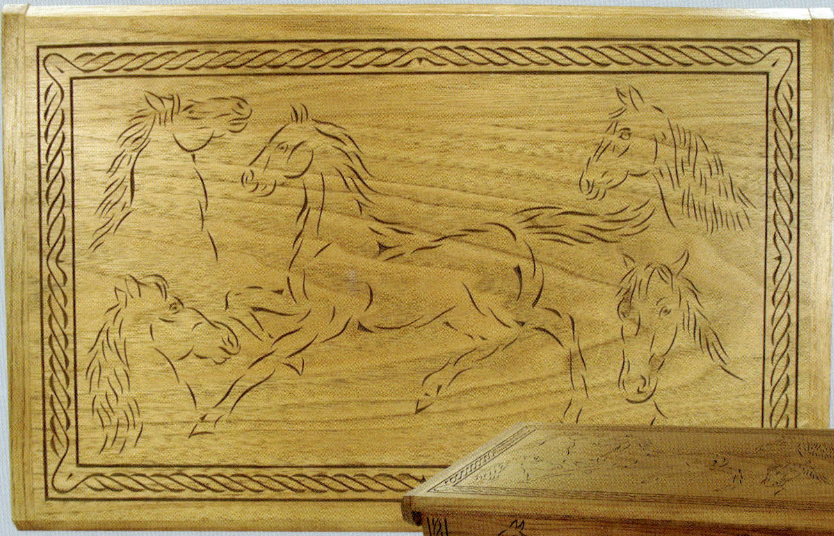

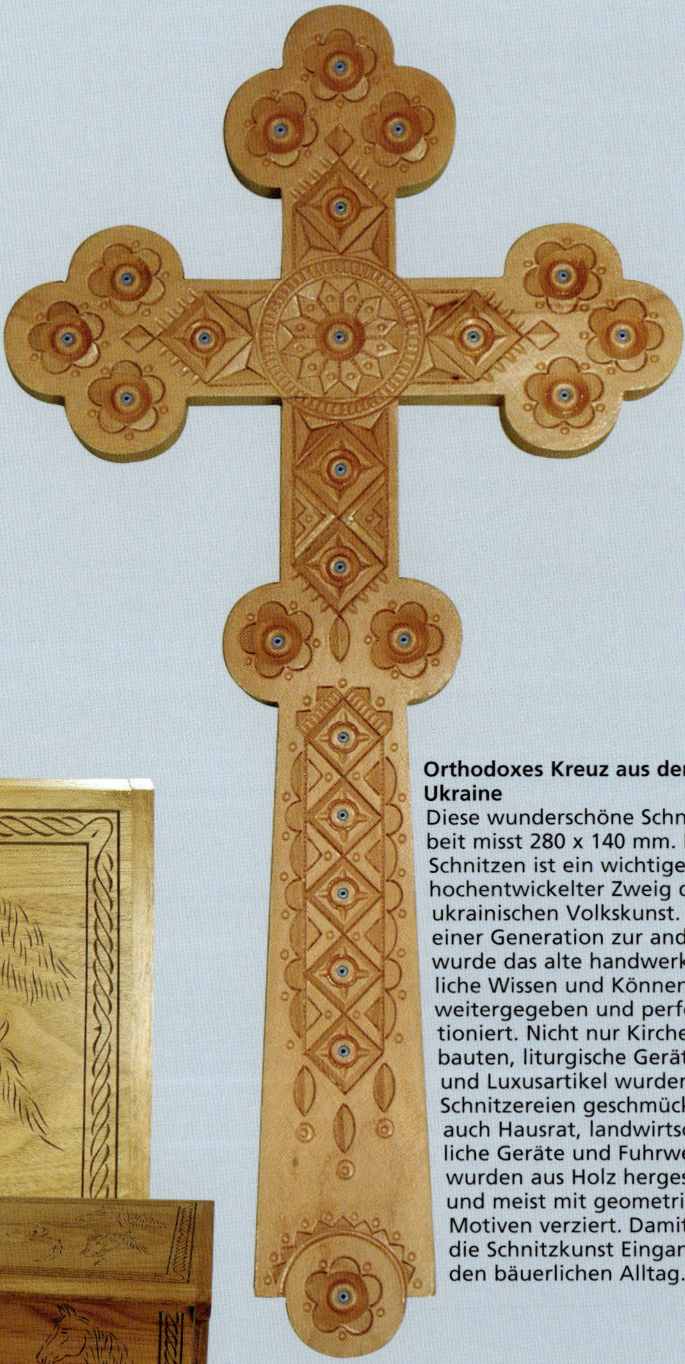

Orthodoxes Kreuz aus der Ukraine
Diese wunderschöne Schnitzarbeit misst 280 x 140 mm. Das Schnitzen ist ein wichtiger, hochentwickelter Zweig der ukrainischen Volkskunst. Von einer Generation zur anderen wurde das alte handwerkliche Wissen und Können weitergegeben und perfektioniert. Nicht nur Kirchenbauten, liturgische Geräte und Luxusartikel wurden mit Schnitzereien geschmückt, auch Hausrat, landwirtschaftliche Geräte und Fuhrwerke wurden aus Holz hergestellt und meist mit geometrischen Motiven verziert. Damit fand die Schnitzkunst Eingang in den bäuerlichen Alltag.

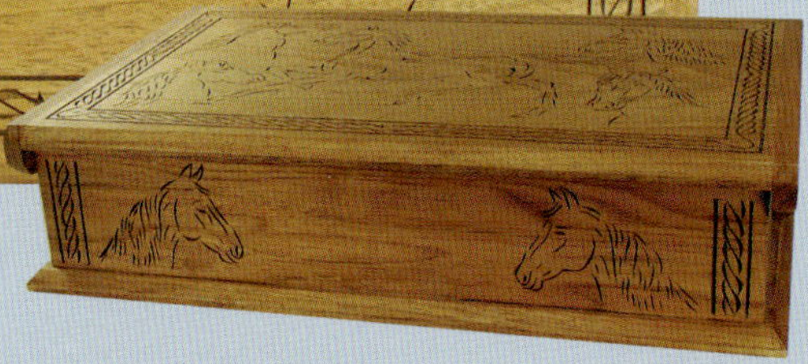

Holzkassette mit Pferdemotiven,
entworfen und geschnitzt von Dennis Moor

Diese Schmuckkassette aus Butternussholz ist bei Chipping Away als Bausatz erhältlich. Die Oberseite sowie die Vorder- und Rückseite werden mit Pferdemotiven verziert. Ein Schnurornament dient als Bordüre. Auf der Vorderseite ist Platz für eine Inschrift, etwa den Namen der beschenkten Person.

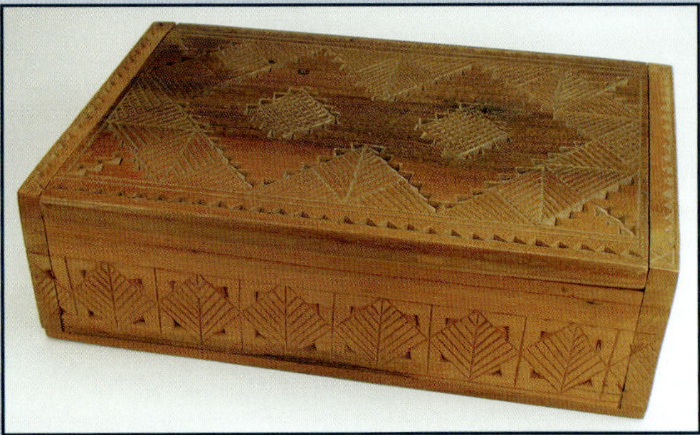

Antike Holzkassette
Diese Kassette ist 100 x 150 mm groß. Der Künstler ist unbekannt. Bemerkenswert sind die Linienschnitte, die zueinander im Winkel von 90 oder 45° stehen. Diese Technik ist bei Kerbschnitzern in verschiedenen Ländern Osteuropas sehr beliebt.

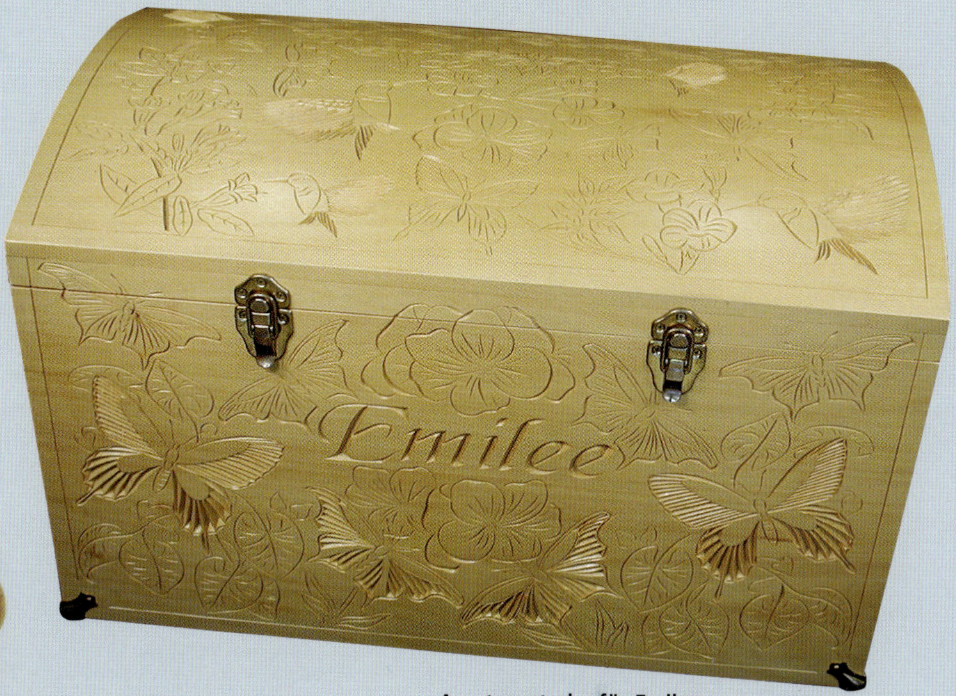

Aussteuertruhe für Emilee,
geschnitzt von Dennis Moor

Die Truhe aus Lindenholz habe ich für meine Enkelin Emilee geschnitzt. Sie misst 600 x 400 x 400 mm und hat zwei Einlegeböden mit mehreren Unterteilungen. Das Schnitzdekor besteht aus Schmetterlingen und Kolibris, Blumen und Blättern.

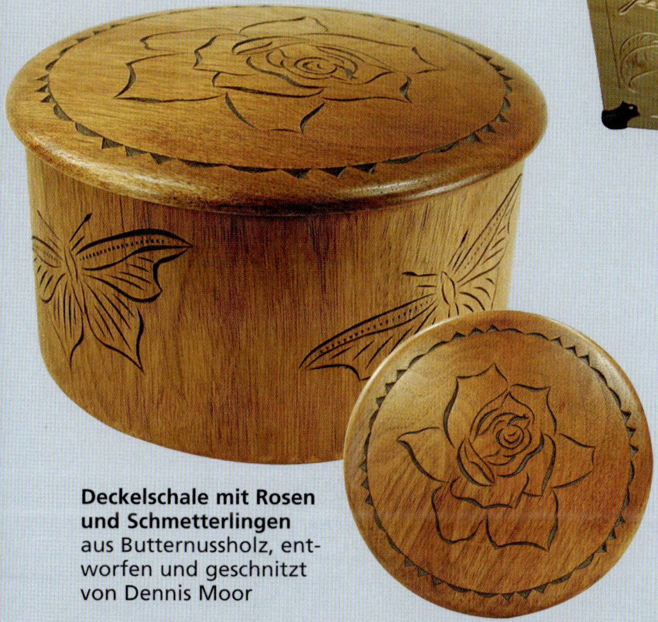

Deckelschale mit Rosen und Schmetterlingen aus Butternussholz, entworfen und geschnitzt von Dennis Moor

Die Schale ist 100 mm hoch, der Durchmesser des Deckels beträgt 150 mm.

Türplakette aus Butternussholz, Vorlage von Lora S. Irish (aus dem Buch Chip Carving Classics, Band 2), geschnitzt von Dennis Moor

Im unteren Teil der Plakette (230 x 305 mm) ist Platz für einen (oder auch mehrere) Namen.

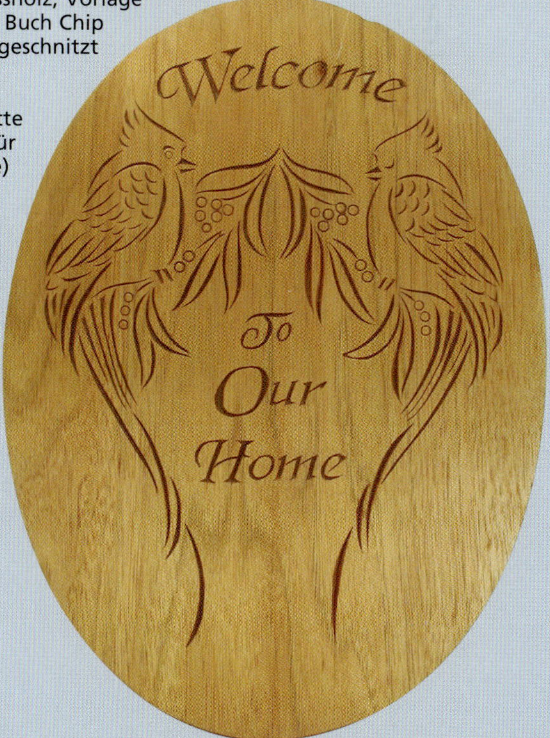

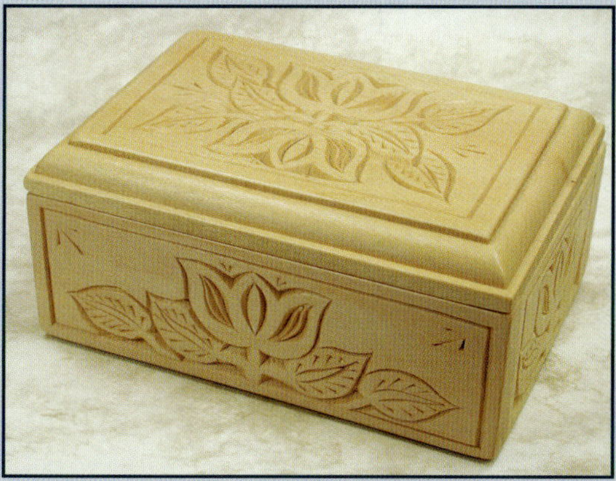

Kleine Kassette aus Lindenholz, entworfen und geschnitzt von Dennis Moor.

Diese Kassette misst nur 75 x 125 mm und ist die ideale „Luxusverpackung" für ein kleines, edles Geschenk, zum Beispiel ein Schmuckstück. Das Blumenmuster auf den Seitenflächen scheint in einer spiegelbildlichen Version auf dem Deckel auf – eine einfache, aber höchst effektvolle Arbeit!

Aus unserem Programm

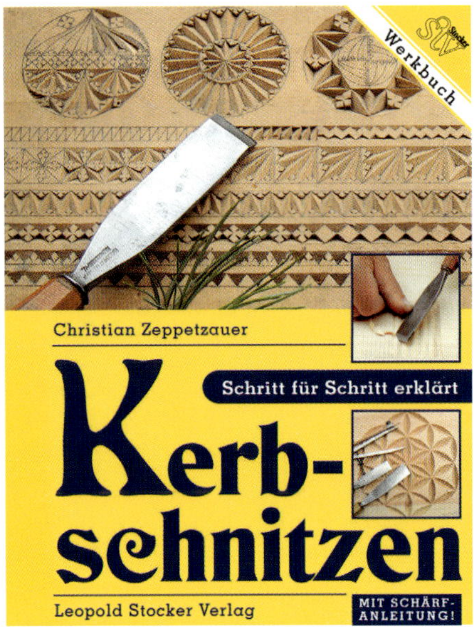

ISBN 978-3-7020-1057-7

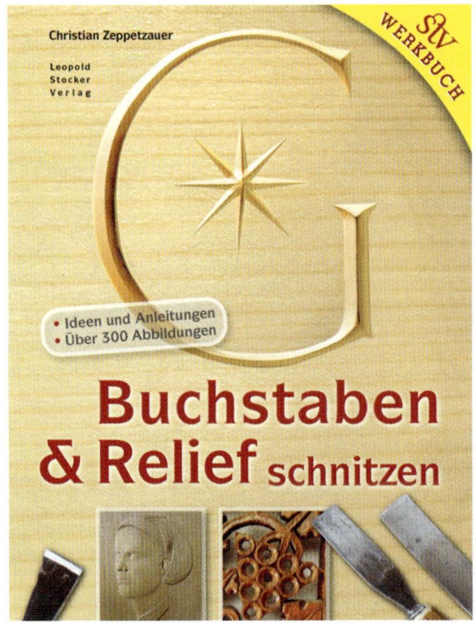

ISBN 978-3-7020-1490-2

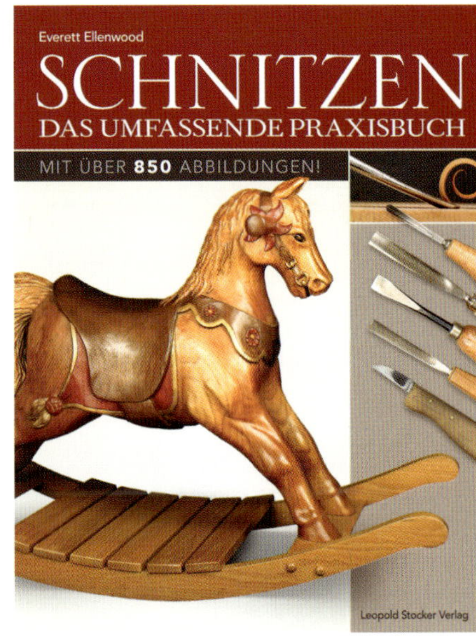

ISBN 978-3-7020-1587-9

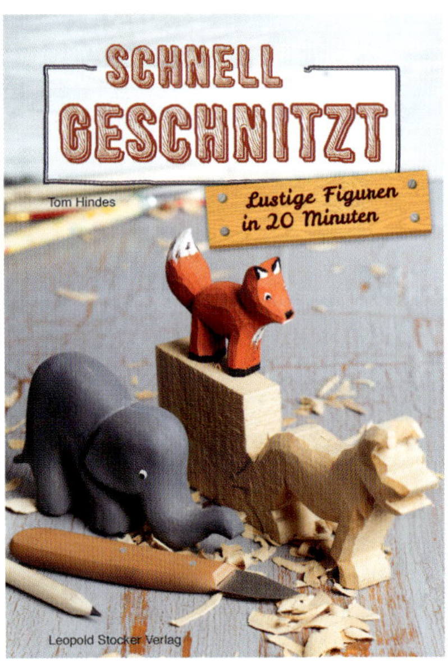

ISBN 978-3-7020-1614-2

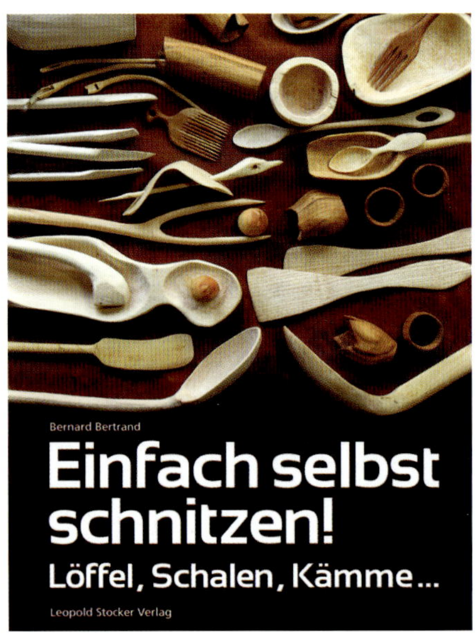

ISBN 978-3-7020-1322-6

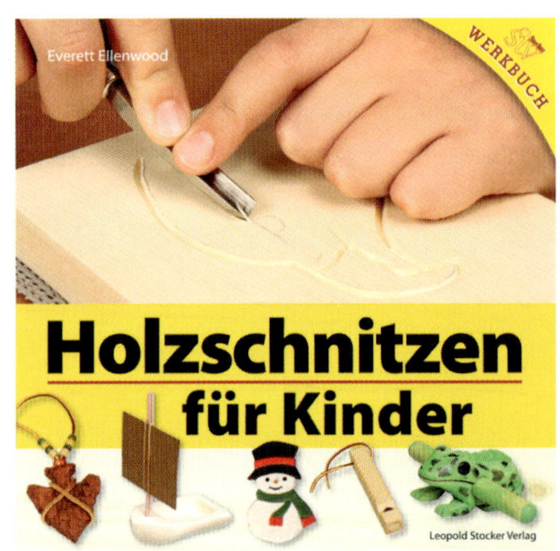

ISBN 978-3-7020-1373-8

Leopold Stocker Verlag
Graz – Stuttgart
www.stocker-verlag.com